21世纪普通高等院校系列规划教材

会计电算化实务

Kuaiji Diansuanhua Shiwu

（第三版）

主　编　陈英蓉

副主编　文兴斌

西南财经大学出版社

图书在版编目(CIP)数据

会计电算化实务/陈英蓉主编 . —3 版.—成都:西南财经大学出版社,
2019.7

ISBN 978-7-5504-3772-2

Ⅰ.①会… Ⅱ.①陈… Ⅲ.①会计电算化—教材 Ⅳ.①F232

中国版本图书馆 CIP 数据核字(2018)第 245018 号

会计电算化实务(第三版)

主 编 陈英蓉

副主编 文兴斌

责任编辑:王青杰

封面设计:杨红鹰 张姗姗

责任印制:朱曼丽

出版发行	西南财经大学出版社(四川省成都市光华村街 55 号)
网 址	http://www.bookcj.com
电子邮件	bookcj@ foxmail.com
邮政编码	610074
电 话	028-87353785
照 排	四川胜翔数码印务设计有限公司
印 刷	四川五洲彩印有限责任公司
成品尺寸	185mm×260mm
印 张	17
字 数	381 千字
版 次	2019 年 7 月第 3 版
印 次	2019 年 7 月第 1 次印刷
印 数	1— 2000 册
书 号	ISBN 978-7-5504-3772-2
定 价	35.00 元

总 序

为推进中国高等教育事业可持续发展，经国务院批准，教育部、财政部启动实施了"高等学校本科教学质量与教学改革工程"（下面简称"本科质量工程"），《国家中长期教育改革和发展规划纲要（2010—2020）》也强调全面实施"高等学校本科教学质量与教学改革工程"的重要性。这是落实"把高等教育的工作重点放在提高质量上"的战略部署，是在新时期实施的一项意义重大的本科教学改革举措。"本科质量工程"以提高高等学校本科教学质量为目标，以推进改革和实现优质资源共享为手段，按照"分类指导、鼓励特色、重在改革"的原则，对推进课程建设、优化专业结构、改革培养模式、提高培养质量发挥了重要的作用。为满足本科层次经济类、管理类教学改革与发展的需求，培养具有国际视野、批判精神、创新意识和精湛业务能力的高素质应用型和复合型人才，迫切需要普通本科院校经管类学院开展深度合作，加强信息交流。在此背景下，我们协调和组织部分高等院校特别是四川的高校，通过定期召开普通本科院校经济管理学院院长联席会议，就学术前沿、教育教学改革、人才培养、学科建设、师资建设和社会科学研究等方面的问题进行广泛交流、研讨和合作。

为了切实推进"本科质量工程"，2008年的第一次联席会议将"精品课程、教材建设与资源共享"作为讨论、落实的重点。与会人员对普通本科的教材内容建设问题进行了深入探讨并认为，在高等教育进入大众化教育的新时期，各普通高校使用的教材与其分类人才培养模式脱节，除少数"985"高校定位于培养拔尖创新型和学术型人才外，大多数高校定位于培养复合型和应用型经管人才，而现有的经管类教材存在理论性较深、实践性不强、针对性不够等问题，需要编写一套满足复合型和应用型人才培养要求的高质量的普通本科教材，以促进人才培养和课程体系的合理构建，推动教学内容和教学方法的改革创新，形成指向明确、定位清晰和特色鲜明的课程体系，奋力推进经济管理类高等教育质量的稳步提高。与会人员一致认为，共同打造符合高教改革潮流、深刻把握普通本科教育内涵特征、满足教学需求的系列规划教材，非常必要。鉴于此，本编委会与西南财经大学出版社合作，组织了30余所普通本科院校的经济学类、管理学类的学院教师共同编写本系列规划教材。

本系列规划教材编写的指导思想是：在适度的基础知识与理论体系覆盖下，针对普通本科院校学生的特点，夯实基础，强化实训。编写时，一是注重教材的科学性和前沿性，二是注重教材的基础性，三是注重教材的实践性，力争使本系列教材做到"教师易教、学生乐学、方便实用"。

本系列规划教材以立体化、系列化和精品化为特色。一是除纸质教材外，还建设课件、视频、案例、习题等数字化教学资源；二是力争做到"基础课横向广覆盖，专业课纵向成系统"；三是力争把每种教材都打造成精品，让多数教材能成为省级精品课教材、部分教材成为国家级精品课教材。

为了编好本系列教材，我们在西南财经大学出版社的协调下，经过多次磋商和讨论，成立了首届编委会。首届编委会主任委员由西华大学管理学院院长章道云教授担任。2017年，由于相关学院院长职务变动，编委会的构成也做了相应调整。调整后的编委会由西南财经大学副校长张邦富教授任名誉主任，蒋远胜教授任主任，李成文教授、张华教授、周佩教授、赵鹏程教授、董洪清教授、傅江景教授任副主任，20余所院校经济管理及相关学院院长或教授任编委会委员。

在编委会的组织、协调下，该系列教材由各院校具有丰富教学经验并有教授或副教授职称的教师担任主编，由各书主编拟订大纲，经编委会审核后再编写。同时，每一种教材均吸收多所院校的教师参加编写，以集众家之长。自2008年启动以来，经过近十年的打造，该系列现已出版公共基础、工商管理、财务与会计、旅游管理、电子商务、国际商务、专业实训、金融经济、综合类九大系列近百种教材。该系列教材出版后，社会反响好，师生认可度高。截至2017年年底，已有30多种图书获评四川省"十二五"规划教材，多个品种成为省级精品课程教材，教材在西南地区甚至全国普通高校的影响力也在不断增强。

当前，中国特色社会主义进入了新时代，我们要建设教育强国，习近平总书记在党的十九大报告中对高等教育提出明确要求，加快一流大学和一流学科（简称"双一流"）建设，实现高等教育内涵式发展。"双一流"建设的核心是提升学校自身的办学水平，关键是提高人才培养质量和学科建设水平，同时办学声誉得到国际社会的认可。为此，高等学校要更新教育思想观念，遵循教育教学规律，坚持内涵式发展，进一步深化本科人才培养模式改革。而教材是体现高校教学内容和方法的知识载体，是高等院校教学中最基本的工具，也是高校人才培养的基础，因此，高校必须加强教材建设。

为适应"双一流"建设的需要，全面提升高校人才培养质量，构建学术型人才和应用型人才分类、通识教育和专业教育结合的培养制度，满足普通本科院校教师和学生需求，需要对已出版的教材进行升级换代。一是结合教学需要对现有教材进行精心打造。具体而言，贯穿厚基础、重双创的理念，突出创新性、应用性、操作性的特色，反映新知识、新技术和新成果的学科前沿；利用数字技术平台，加快数字化教材建设，打造立体化的优质教学资源库，嵌入可供学生自主学习和个性化学习的网络资源模块。二是根据学科发展的需要，不断补充新的教材，特别是规划旅游类、实训类、应用型教材。

我们希望，通过编委会、主编和编写人员及使用教材的师生共同努力，将此系列教材打造成适应新时期普通本科院校需要的高质量教材。在此，我们对各经济管理学院领导的大力支持、各位作者的智力成果以及西南财经大学出版社员工的辛勤劳动表示衷心的感谢！

21世纪普通高等院校系列规划教材编委会

2018年5月

前 言

《会计电算化实务》（第三版）是 21 世纪普通高等院校系列规划教材。本教材共九章，介绍了会计电算化的基本概念和实施会计电算化的基本要求，结合实用技术从最新的应用层面讲述了会计软件中账务处理子系统、报表处理子系统、薪资核算子系统和固定资产核算子系统的完整操作过程。这本教材强化实务应用，以满足普通高等院校教学需要。因此，本教材既注重教材的科学性和先进性，又注重教材的基础性，还注重教材的实践性，力求做到"教师易教，学生乐学，技能实用"。

本教材是在计算机技术进步、高校学科发展不断完善使得会计电算化实务课程的课堂教学内容相对稳定的基础上编制的。随着计算机的广泛应用，会计核算与管理领域也开始应用计算机核算和管理会计相关事务，而且社会也急需大量的既懂会计业务，又懂计算机技术的复合型人才。大部分高校，无论是信息管理与信息系统专业还是会计电算化及会计专业，在人才培养方面均注重软件的开发。目前，我国会计电算化已普及，商业财务软件已成熟并向高智能方向发展。因此，普通高校会计专门人才的培养不应再仅仅注重会计软件的开发，而应使学生了解管理型会计软件的开发原理、掌握会计电算化的基本原理和管理型网络会计软件的应用与维护。本教材将为培养这方面的人才发挥应有的作用。

本书由攀枝花学院陈英蓉任主编，成都信息工程大学文兴斌任副主编。全书编写分工如下：第一章由陈英蓉编写；第二章由李文红（宜宾学院）编写；第三章由刘军（成都信息工程大学）编写；第四章由张育强（成都信息工程大学）编写，第五章由张帆（攀枝花学院）编写；第六章由兰庆莲（成都信息工程大学）编写；第七章由陈英蓉编写；第八章由党国英（西南林学院）编写；第九章由贾林蓉、张千友（西昌学院）编写；附录由柳秋红（攀枝花学院）、马清元（华北油田公司油气井测试公司）编写；第一章至第三章的思考题由王丹（攀枝花学院）编写，第四章至第六章的思考题由韦霞（攀枝花学院）编写，第七章至第九章的思考题由蒲林霞（攀枝花学院）编写。陈英蓉拟定了编写本教材的详细大纲及各章的学习目的及要求，并负责全书的统稿工作。

本教材在编写过程中得到了攀枝花学院经济与管理学院领导的支持和会计教研室各位教师的协助和支持，在此向他们表示由衷的谢意。另外，本教材在编写过程中参阅并引用了相关的文献资料，在此向其作者和出版者一并致谢。

本教材可作为普通高等院校经济管理类各专业的教材，也可供会计人员等参考使用。

尽管编者为本教材的出版倾注了多年的时间和心血，但书中难免存在疏漏和不妥之处，恳请读者提出宝贵意见。

编者

2019 年 5 月

目 录

第一章 会计电算化概述

学习目的及要求

1. 了解国外会计电算化的概况、我国会计电算化的发展历程及发展趋势。

2. 理解会计电算化信息系统与企业管理信息系统（ERP）的关系、电算化会计信息系统与手工会计信息系统的异同点、网络财务软件的发展对会计理论与实务的影响。

3. 掌握会计电算化的相关概念及其作用。

会计电算化是融会计学、计算机技术和管理信息学为一体的交叉学科。在整个社会都围绕着计算机技术这一中心改造和演进时，将计算机技术应用于会计工作已经成为历史的必然，会计电算化已成为现代会计学科的重要组成部分。

第一节 会计电算化的概念

为了更好地理解和掌握会计电算化理论与实务，本书将简要介绍会计电算化有关的基本概念和基础知识，作为会计电算化理论与实务的概念基础。

一、会计电算化的定义

会计电算化的概念有广义和狭义之分。广义的会计电算化是指与实现会计工作电算化有关的所有工作，包括会计电算化软件的开发和应用、会计电算化人才的培训、会计电算化的宏观规划、会计电算化的制度建设、会计电算化软件市场的培育与发展等。狭义的会计电算化是以电子计算机为主的当代电子和信息技术应用到会计工作中的简称。它主要是应用电子计算机代替人工记账、算账、报账以及代替部分由人工完成的对会计信息的处理、分析和判断的过程。

会计电算化是会计发展史上的一次革命，对会计工作的各个方面都产生了深刻的影响。发展会计电算化，有利于促进会计工作的规范化，提高会计工作质量；减轻会计人员的劳动强度；提高会计工作的效率；更好地发挥会计的职能作用，为实现会计工作现代化奠定良好的基础。

二、数据与信息

（一）数据与信息的概念

（1）数据是指记录下来的事物的属性和其属性值。这里强调：①数据包括了事物的属性和属性值两方面。只有属性值（数字），没有属性的数据是没有任何意义的。例如，仅列出一系列会计科目的余额数：500、7 000、6 531.50……如果不列出其对应的科目，就只是一组没有任何意义的数字。②数据必须是已记录下来的，未被记录下来的则不是数据。例如，一个企业某一时点的各会计科目实际余额是客观存在的，但如果没有人去确认、计量并记录下来，就没有各科目余额数据。数据可以是记在纸上的，也可以是记在计算机内存里的或外部存储介质上的，甚至可以是记在人们头脑里面的。

（2）信息是由数据或其他途径（如谈话、文字等）所能直接或间接推导得到的认识、知识或消息。因而有些信息高于数据，它比数据更综合、更有用。

（3）数据和信息并不是绝对对立的、绝对不同的两个概念，而是相联系的、相对应的概念，它们在一定条件下是可以互相转化的。例如，上级单位用多个下级单位的报表编制汇总报表，可以认为下级的报表是数据，是从编制的汇总报表得到的信息。但当把它再送往更高一级编制更高一级的汇总报表时，它相对于其更上级的报表来说又是源数据了。

（4）数据和信息在许多场合甚至是可以通用的，没有区别的。例如，在计算机科学、信息系统科学、通信科学和网络技术中，我们经常看到：数据处理—信息处理，数据传输—信息传输，数据输入—信息输入，输出数据—输出信息，数据流程图—信息流程图等这些用法，它们的意义并无本质区别。

因此，一本总账账簿，我们可以说"这是××厂的总账数据"，也可以说"这是××厂的总账信息"。

（5）在计算机的"数据"概念中，表中所有的内容都是数据。即不仅一张表中的"数字"是数据（不能离开栏目名称，即事物属性），表中的文字包括汉字（如姓名、产品名称、凭证摘要等）、字母和其他符号等也是数据，也就是说一张二维表中全部内容都是数据，因为它们都是记录下来的某事物的属性或属性值。

（二）会计数据与会计信息

会计数据包括所有会计凭证、账簿和报表上的数据。会计信息是从会计数据中所获得的认识、知识和消息。它包括所有的会计凭证上的原始数据和从这些数据经会计核算处理而产生的账簿、报表的全部内容，以及从这些凭证、账簿、报表所能得到的其他认识、知识和消息。这些不同综合层次的信息分别适合于不同层次的信息用户的需要。大多数企业外部的使用者主要关心的是会计报表上的信息，因而狭义的会计信息往往指会计报表。

（三）会计数据与会计信息的特点

会计数据与会计信息是反映与资产、负债或所有者权益的增减变动有关的经济业务的数据或信息。量大、种类多、来源广、用户多，要求客观、真实、公允。处理具有周期性。

（四）会计数据与会计信息的分类

（1）按用户对象与处理规则分，可分为财务会计数据与会计信息、管理会计数据与会计信息。

（2）按用途层次分，可分为业务处理型、管理控制型、决策支持型的会计数据与会计信息。

（3）按综合程度分，可分为凭证型、账簿与业务报表型、会计报表型的会计数据与会计信息。

（4）按数据信息载体分，可分为纸质会计数据与会计信息、电子会计数据与会计信息。

（5）按其流向分，可分为输入的与输出的会计数据与会计信息。

三、系统

随着科学技术的发展和社会活动的日益增多，人类所要处理和解决的问题越来越复杂。这些问题又都表现出整体性和系统性的特征，因此，人们在一些领域中普遍运用"整体"和"系统"的思想来处理问题。在会计信息系统的开发和研制过程中也不例外。

（一）系统、子系统的概念

系统是指具有某些特定功能或为了实现某些特定目标，由相互联系又相对独立的多个部分组成的统一体。子系统指一个系统中相对独立的部分。

系统、子系统是相对的。例如，会计信息系统对全厂的管理信息系统来说，是管理信息系统下的一个子系统。但当我们仅研究会计信息子系统而不考虑全厂的整个管理信息系统时，我们可以把会计信息子系统称为会计信息系统。同样，会计信息系统下的每个子系统，如账务处理子系统、人事薪资管理子系统等，当我们专门研究某一个子系统时，也可把它称为账务处理系统、人事薪资管理系统等。子系统有时又称为模块。

（二）系统的基本特征

任何系统都由若干部分组成，系统的组成部分成为子系统，子系统是系统中的系统。子系统还可以进一步分解成更细一层的下一级子系统。同时，一个系统可以是某个更大系统的子系统，每个系统都存在于一个系统层次上，这就是系统的层次。系统中的任一子系统都有自己的输入、处理和输出，这些输入、处理和输出提供各子系统之间以及与外部环境之间相互作用、相互影响的手段。任何一个系统都具有以下一些特征：

（1）整体性。系统是诸要素的有机组合，而不是简单的相加。系统的性质、功能与运行规律，不同于它的各组成要素在独立运行时的性质、功能与运行规律，即系统具有其整体属性、功能和运行规律。这种整体性是系统各要素之间相互联系、相互作用、协同运作的结果。

（2）相关性。系统各要素之间、各子系统之间、系统与环境之间都是相互联系、相互作用、相互依存、相互制约的，这一特征即为"相关性"或"关联性"。系统中每个要素和子系统都依赖于其他要素和子系统而存在，整个系统则依赖于环境而存在。

任何一个要素或子系统发生变化，都会导致相关要素或子系统发生变化，并引起系统整体属性、功能和运行规律的变化。系统环境的变化也会对系统功能不断提出新的要求。

（3）层次性。系统可逐级分解细化，形成子系统。层次越低，所完成的功能越具体，结构就越简单；层次越高，所完成的功能越多种多样，结构就越复杂。上层系统对下层系统起到统驭和控制作用；下层系统必须服从上层系统的总目标。

（4）动态性。系统均有其生命周期，即有一个从孕育、形成、完善、成熟到改进或消亡的过程。这一过程就是系统的"动态性"。

（5）目的性。任何系统都是为达到一定目的而建立的，即系统的目标是确定系统功能结构的依据。

（6）环境适应性。任何系统都存在于特定的环境之中，为适应不断变化的外部环境，就必须不断地调整和改进系统的目标和功能。系统的这种适应环境变化的能力，就是系统的环境适应性。

四、信息系统

信息系统是一个人造系统，它一般由以计算机为基础的一组设备和一些手工处理单元组成一个整体，用于收集、存储、管理数据和对用户提供有用信息。有时也会把非计算机的、全部人工处理信息的系统称为信息系统。一个信息系统通常应有数据输入、数据处理、打印输出、查询和系统维护等基本功能。

五、会计信息系统

会计信息系统专门用于收集、存储来自企业内部活动的数据和外界环境的信息，加工为对企业内外用户决策有用的信息，以有效地调节企业的人流与物流，从而帮助企业达到其经营目标，帮助外部关系人准确了解企业状况。

六、会计电算化信息系统

会计电算化信息系统也称为计算机会计信息系统，是企业管理信息系统的一个重要组成部分，同时也是企业管理信息系统的一个核心子系统。会计电算化信息系统主要反映企业的经济活动，反映企业的资金、成本、利润及供、销、存等有关信息。实际上，企业职能组织的全部成员都在一定范围内参与会计数据的产生，企业的每一项管理活动都在一定程度上利用会计信息。在会计电算化信息系统中，原始数据都来自于企业各部门，如材料核算数据来自物资供应部门，销售数据来自销售部门，固定资产核算数据来自设备管理部门，成本核算数据来自生产、技术、物资、设备管理等部门，所以会计电算化信息系统被视为企业管理信息系统的核心和基础。企业在建立管理信息系统时大多是从建立会计电算化信息系统入手，通过会计电算化信息系统的建立带动整个企业管理信息系统的建立，而在建立会计电算化信息系统时，则要考虑留有与企业管理信息系统其他子系统的接口。

七、电算化会计信息系统与手工会计信息系统的异同点

（一）两者的相同点

（1）系统目标基本相同。其最终目标都是通过会计信息处理实现加强经营管理，参与经营决策，以达到提高经济效益的目的。

（2）遵守相同的会计规范及各项政策制度。因为电算化会计信息系统必须严格遵守会计规范和政策制度，所以会计信息处理手段和工具的变化不能动摇会计处理的合法性和合规性。

（3）遵守相同的会计理论和会计方法。会计理论是会计学科的结晶，会计方法是会计工作的总结。电算化会计信息系统的实现虽然会引起会计理论与方法上的变革，但是这种变革是渐进型的。因此，目前建立的电算化会计信息系统仍然遵循基本的会计理论和会计方法。

（4）信息系统的基本功能相同。任何一种信息系统都有五个方面的基本功能，即①信息的收集与记录；②信息的存储；③信息的加工处理；④信息的传输；⑤信息的输出。无论手工会计信息系统还是电算化会计信息系统，要达到系统目标，都必须具备上述五个功能。电算化会计信息系统的功能由于使用了现代的工具和科学的管理体制，因此比手工会计信息系统的功能更强。

（二）两者的不同点

（1）运算工具不同。手工会计信息系统使用的运算工具是算盘、计算器等，计算速度慢、出错率高；而电算化会计信息系统的运算工具是不断更新换代的计算机，数据处理过程由程序控制计算机自动完成，运算速度快，准确率高，并且可存储大量的运算结果。

（2）信息载体不同。在手工会计信息系统中，会计信息的载体是凭证、账簿和报表等纸介质，这些会计信息不经任何转换即可查阅。而在电算化会计信息系统中，会计信息本记录在 U 盘、硬盘等电子载体中，这些电子介质中的会计信息是以肉眼不可见的形式存在的。以电子载体记录和存储的会计信息具有体积小、查找方便、易于保管和复制迅速等优点。其缺点是很容易被删除或被篡改而不留痕迹，且电子介质容易损坏而导致信息丢失。因此，建立电算化会计信息系统必须解决好如何保证会计信息的安全可靠等问题。

（3）会计信息的表示方法不同。在手工会计信息系统中，会计信息主要用文字和数字表示。而在电算化会计信息系统中，为了使会计信息更便于计算机处理，大量的会计信息要加以代码化。例如，常见的会计科目、部门、职工、产成品、材料、固定资产、主要客户或供应商等都需要用适当的代码来表示。会计信息代码化便于计算机进行数据处理，但不便于人们对会计信息的阅读、理解和使用，因此，科学合理地进行代码设计是电算化会计信息系统设计的基础内容。

（4）信息处理方式不同。电算化会计信息系统改变了手工会计信息系统由许多人分工协作共同完成记账、算账、报账的工作方式。各种凭证一经输入，便由计算机自

动完成各种工作，账、证、表间的核对钩稽关系在计算过程中由程序自动给予保证。各类人员的工作内容也随之发生改变，工作变得简便、更易操作，这使得会计人员有更多的精力从事对财务活动的分析和控制。同时，由于计算机的信息处理速度和加工速度比手工有较大提高，会计工作也由原来的核算型向管理型发展。

（5）内部控制制度和控制方法不同。在手工会计信息系统中，为了提高系统处理会计信息的准确性和可靠性，也为了查错防弊、加强财务管理，需要采用一系列内部控制方法，建立起一整套内部控制制度。其主要措施是通过会计人员之间的职责分离来实现相互牵制，并由人工完成各种检查、核对和审核等工作。在电算化会计信息系统中，由于会计信息由计算机集中化、程序化处理，会使手工会计信息系统中的某些职责分离、相互牵制的控制措施也会失去效用，同时，计算机电磁存储介质也不同于纸张载体，其数据容易被不留痕迹地进行修改和删除。因此，为了系统的安全可靠，为了系统处理和存储的会计信息的准确与完整，必须结合电算化会计信息系统的特点，建立起一整套更为严格的内部控制制度。这些内部控制措施除了包括有关电算化数据处理的制度、规定和人工执行的一些审核、检查外，还包括很多建立在应用系统中，由计算机自动执行的一些控制措施。

（6）信息输出的内容和方式不同。电算化会计信息系统所能提供的会计信息无论在数量上还是在质量上都远远优于手工会计信息系统。具体表现在：利用计算机对会计数据进行批量处理和实时处理，大大地提高了会计信息处理的及时性，缩短了会计结算周期，可以做到日结算或周结算，从而及时地提交日报、月报、季报和年报。会计数据的集中管理可实现一数多用、充分共享、联机快速查询、远程信息交换和网上查询等。通过建立数学模型辅助进行财务管理，全面开展财务分析、控制和预测及决策工作，突破手工处理的局限性，扩大了会计信息的运用领域，为会计信息的深加工和再利用提供更加广阔的前景。

（7）会计档案的保管形式不同。手工会计信息系统的会计信息是以纸质作为载体进行保存的；在电算化会计信息系统中，会计档案的保存方式变为以磁性介质为主、纸介质为辅，因此，不仅要建立纸介质会计档案的管理制度，而且还要建立健全严格的数据备份、数据恢复等与计算机电磁存储介质相关的数据保管制度，并使会计资料保存的环境在温度、湿度等方面符合电磁介质的要求。

（8）系统运行环境要求不同。电算化会计信息系统所使用的计算机、打印机、通信设备等精密设备，要求防震、防磁、防尘、防潮，所以系统运行环境必须保证计算机硬件的正常运行。

第二节　国内外会计电算化综述

一、美国会计电算化概况

美国会计软件的应用已普及，据有关专家估计，有300～400种商品化会计软件在市场上流通。会计软件产业已成为计算机软件产业的一个重要分支。

（1）专用会计软件和通用会计软件同时并存。专用会计软件是结合使用单位具体情况定点开发的会计软件，它能很好地适应使用单位的实际情况，但开发周期长，开发成本高。大型企业和特殊行业一般都应用定点开发的专用会计软件；而通用会计软件投入使用较快，价格较低，主要应用于中、小型企业。

（2）会计软件的开放性不断增强。一般的通用会计软件都可以应用于不同的软硬件环境，不仅可以在微机和局域网上使用，而且在 Unix 操作系统环境、Windows 环境和大、中、小型机上均可使用。利用 Unix 系统的会计软件有增加的趋势。

（3）各种会计软件的功能日趋接近。美国的商品化会计软件一般都包括总账、应收账款和应付账款三个最基本的功能模块。功能较复杂的会计软件还包括存货、工资、购货、销售、固定资产、报表生成和预算编制等了系统。多数功能较强的会计软件或多或少地包括一些非会计的业务处理，从而增强了会计软件的数据处理能力，扩大了会计信息加工的深度和广度。

（4）会计软件规范引起重视。由于会计信息的处理关系到各方面的经济利益，世界各国对会计软件的标准化和规范化都比较重视。美国注册会计师协会（AICPA）于1976 年发布了《计算机应用开发和实施指南》（管理咨询服务公告第 4 号）。国际会计师联合会（IFAC）分别于 1984 年 2 月、1984 年 10 月和 1985 年 6 月公布了有关电算化会计信息系统的"国际审计准则"，分别为：《国际审计准则 15——电子数据处理环境下的审计》《国际审计准则 16——计算机辅助设计技术》和《国际审计准则 20——电子计算机数据处理环境对会计制度和有关的内部控制研究与评价的影响》。这些有关电算化会计信息系统的有关规范性文件对美国会计软件的生产起到了良好的引导作用。

（5）以通用电子表格软件作为会计软件使用。在美国，许多小型企业将 Excel 电子表格软件作为会计工作的主要软件工具来使用。虽然这种软件并不是专门为会计工作而设计的，但是由于它能够以二维表形式处理所有数据，所以它在会计领域中得到了最为广泛的应用。

二、日本会计电算化概况

日本的会计电算化起步较早，发展也较快。在会计电算化的初期首先采用了从美国引进会计软件的方式，在吸收美国会计软件经验的基础上，日本的会计软件形成了自己的风格。

（1）日本的会计专用计算机。会计专用计算机是一种专门用于会计数据处理的计算机系统。简单的会计专用计算机就是在一般微型计算机上，将专用的操作系统和会计软件在机器内固化而成；较复杂的会计专用计算机则是适用会计数据处理的特点，在主机上配置专用的键盘、大型显示器、账票打印机及专用会计软件而成。会计专用计算机自成系统，专机专用，在数据处理效率及数据安全保密方面有独到之处。

（2）日本的专用会计软件。日本大公司技术力量雄厚，计算机设备先进，有足够开发会计软件的能力，因此，日本各大公司通常都自己开发本公司的会计软件。这些定制开发的会计软件的水平都比较高，主要表现在：

①系统性强，网络化程度高。大公司自己开发的会计信息系统一般都不是孤立系统，而是和库存管理系统、生产管理系统、劳资管理系统、设备管理系统等共同组成企业完整的管理信息系统。这使得会计信息系统输出的信息，既包括了满足一般会计核算需要的各种账表，又包括了大量用于管理目的的分析资料，为企业进行预测、决策提供了更为丰富的信息支持。

②先进的数据输入方法。日本的条形码技术应用非常普遍，使会计数据实现了现场采集、实时处理，大大提高了会计信息系统的运行效率。

（3）日本的会计软件规范性较强。由于日本的计算机应用相当普遍，信息系统的安全可靠性受到社会各方面的广泛重视。近几年日本各省厅及民间团体先后公布了一些关于计算机系统安全可靠性的方针和基准。归纳起来，这些规范对会计软件的要求主要有以下几方面：

①输入要求。输入计算机的原始凭证应能足以明确地反映经济业务的真实情况，并成为重要的审计线索。

②保密要求。例如，机房管理制度、密码控制等，含有机密的中间处理文件在使用后应及时删除。

③安全性要求。例如，要求数据处理程序在增、删、改时必须留有痕迹，并能在事后明确区分出责任人。

④可审计要求。例如，可以检验程序的准确性，要有比较详细的软件文档资料，能够从最原始的数据再现最终的输出结果，数据丢失或被破坏后易于恢复等。

三、国外会计软件的特点

国外的会计软件在研制思想、注重审计线索和高度集成性等方面都表现得很不错。

（1）国外会计软件重视软件的内部控制功能。一个好的企业管理软件，有利于相互牵制、相互监督，有利于加强管理、堵塞漏洞。因此，高品质软件需要结构清晰、便于使用，不能太复杂。因此，国外在开发软件时，会考虑某一种处理是否适合由计算机完成，在开发时更注重有主有次，在技术上、功能上有自己的特色，有自己的竞争优势。

（2）国外会计软件适应现代审计的需要。国外绝大多数会计软件都能适应现代审计的需要，具有充分的保留和提供审计线索的功能。在会计电算化程度较高的国家，例如，在美国，软件是否有充分的保留和提供审计线索的功能，已成为对会计软件进行评价的重要标志之一。在国外，许多软件提供双向查询的功能，即可按原始凭证—记账凭证—日记账—明细账—总账—报表的顺序进行双向查询。另外，对数据的变动处理均保留痕迹，为审计工作提供线索。

（3）国外软件集成化程度高。国外的企业管理软件一般以生产为中心，以物料需要计划为基础，发展到制造资源规划和企业资源规划。其中，财务和成本是这个大系统中的一个子系统，财务子系统虽然不像我国企业管理软件那样占有整个系统的很大的比例，但它与其他子系统确是高度集成的，真正实现了物流、资金流和信息流的统一。国外的财务都作为企业管理系统的一个有机组成部分，软件都是对整个企业而言的，所有数据都是从销售、生产的业务开始，财务部分与生产、采购、库存等环节紧密相连，环环紧扣。而且有的软件能够单独运行，组合自如。例如，美国四班（Fourth Shift）公司的财务软件，销售从销售订单开始，在实际开出销售发票和提供货物出库时，系统都自动进行账务处理，自动生成记账凭证传到财务部门，财会人员既可以自动审核、记账，也可以人工干预，但数量、金额等数据必须与销售部一致，这样就保障了销售与财务处理的一致性，两者同一数据源，不会发生不一致的情况；同时，系统中财务子系统和销售子系统又是相互独立的，可分开运行，从逻辑结构到功能操作都比较清晰。

四、我国会计电算化概况

（一）我国会计电算化的发展历程

我国会计电算化工作始于 1979 年。其主要标志是，1979 年财政部支持并参与了长春第一汽车制造厂的会计电算化试点工作。1981 年 8 月，在财政部、第一机械工业部和中国会计学会的支持下，"财务、会计、成本应用电子计算机专题讨论会"在长春召开，这次会议成为我国会计电算化理论研究的一个里程碑。这次会议提出把计算机在会计上的应用统称为"会计电算化"。从此，随着 20 世纪 80 年代计算机在全国各个领域的应用、推广和普及，计算机在会计领域的应用也得以迅速发展。概括起来，可以分为以下几个阶段：

1. 缓慢发展阶段（1983 年以前）

这个阶段起始于 20 世纪 70 年代少数企事业单位单项会计业务的电算化，计算机技术在会计领域应用的范围十分狭窄，涉及的业务十分单一，最普遍的是工资核算的电算化。在这个阶段，由于会计电算化人员缺乏，计算机硬件比较昂贵，软件汉化不理想，会计电算化没有得到高度重视。因此，会计电算化的发展比较缓慢。

2. 自发发展阶段（1983—1987 年）

从 1983 年下半年起，全国掀起了一个应用计算机的热潮，微型计算机在国民经济各个领域得到了广泛的应用。然而，由于应用电子计算机的经验不足，理论准备与人才培训不够，管理水平跟不上，造成在会计电算化过程中出现了许多盲目的低水平重复开发的现象，浪费了许多人力、物力和财力。

这一阶段的主要表现：一是没有经过认真调查研究就匆匆上马的会计软件开发项目占大多数，而且许多单位先买计算机，然后才确定上什么项目，没有全盘考虑如何一步一步地实现会计电算化；还有的单位为了评先进、上等级等，买一台计算机来摆样子。二是开展会计电算化的单位之间缺乏必要的交流，闭门造车、低水平、重复开发的现象严重。三是会计软件的开发多为专用定点开发，通用会计软件开发的研究不够，会计软件的规范化、标准化程度低，商品化受到很大的限制。四是会计电算化的管理落后于客观形势发展的需要，全国只有少数地方财政部门开展了会计电算化组织管理工作，配备了管理会计电算化的专职人员，制定了相应的管理制度，而多数地区还没有着手开展管理工作。五是既懂会计又懂计算机的人才正在培养之中，从 1984 年开始，各大中专院校及研究院所纷纷开始培养会计电算化的专门人才。六是会计电算化的理论研究开始得到重视，许多高等院校、研究院所及企业组织了专门的班子研究会计电算化理论。1987 年 11 月中国会计学会成立了会计电算化研究组，为有组织地开展理论研究做好了准备。

3. 普及与提高阶段（1987 年至今）

这一阶段相继出现了以开发经营会计核算软件为主的专业公司，而且业务发展很快，逐步形成了会计软件产业。由于我国经济发展水平的影响和计算机技术发展的限制，会计电算化的演进具有多态性。可以说，我国会计电算化的演进过程是：①从单项数据处理，发展到全面应用计算机、建立会计信息系统的过程；②从计算机处理和手工操作并行，发展到甩掉手工账本，靠计算机独立运行完成记账、算账及报账等任务的过程；③从计算机应用于企业内部会计信息处理，发展到用计算机汇总并报送会计报表，为国家宏观经济提供可靠的会计信息的过程；④从最初采用原始的软件开发方法，发展到运用现代软件工程学方法开发会计软件的过程；⑤从单家独户开发会计软件，发展到设置专门机构，集中专门人才，开发通用化、商品化的会计软件的过程。

这一发展阶段有如下几个主要标志：一是会计软件的开发向通用化、规范化、专业化和商品化方向发展；二是各级行政部门和业务主管部门加强了对会计电算化的管理，许多地区和部门制定了相应的发展规划、管理制度和会计软件开发标准；三是急于求成的思想逐渐被克服。

（二）我国会计电算化未来的发展趋势

（1）会计电算化功能的综合化。由于一个企业的生产经营活动，是一个相互联系、相互制约的有机整体，而会计是从价值方面综合反映和监督企业的财务状况和经营成果。企业的供、产、销各项经营业务的好坏，人、财、物各项消耗的节约与浪费都直接影响企业的财务状况和经营成果。因此，要管好财务及进行预测、决策、控制、分析，不仅需要财务数据，而且还必须有供、产、销、劳资、物资、设备等多方面的经济业务信息。未来的会计信息系统需综合提供以上的信息。

（2）会计电算化信息的多维化。为了满足企业预测、决策、控制、分析和管理上的要求，不仅需要单位内部的数据，也需要外部数据；不仅需要当前数据，也需要历史的和未来发展的数据；不仅需要反映企业生产经营活动的有关数据，也需要市场、物价、金融、投资等有关方面的数据。在信息化环境下，不仅能够集中大量数据将其科学有序地加以存储，并且能够利用数据库等系统技术进行归类、排序、重组、分析、查询等灵活地加以处理，使信息呈现多维化，满足管理上的需求。

（3）会计电算化反映的信息实时化。会计信息化发展的最终目的是充分利用现代信息技术的优势，建立开放、实时的会计信息系统，满足现代经营管理及投资决策的需要。通过实时的会计信息系统，企业各级管理者可以随时获取企业的最新会计信息，并可分析特定事项的财务影响；适时反馈的会计信息可以使其在经营决策中被及时利用，如存货的实际价值能得到实时反映。同时，企业外部的其他信息使用者同样可以享受实时会计信息系统带来的好处，如实时披露的会计报表，在证券市场上可以为投资者提供实时、有用的决策信息，并有助于减少会计账面价值与企业市场价值的差距。

（4）信息传递的双向性和资源高度共享性。传统会计信息系统的信息传播模式是报告式，信息传播是单项的，需求者只能被动接受。在信息化时代，信息传播模式变为多元化实时报告模式。信息需求者既可以通过传统的方式接受会计报表，也可以通过联机在线的方式，主动地请求企事业单位根据自己的需求，加工并提供相应的会计信息。同时，会计信息需求者还可以在授权范围内，直接从会计信息系统中获取所需的信息。采用现代化的信息技术构架的会计信息系统，使得系统与企事业内外部信息系统有机地结合起来，数据处理高度自动化，会计信息资源高度共享。

（5）会计信息处理的智能化。会计电算化后，会计信息处理的效率大大提高，然而由于其依据的是手工会计模式，仅仅把计算机信息技术作为处理会计业务的一种工具。会计信息输入、输出仍依赖会计人员，因此建立在会计电算化理论基础上的会计信息系统仍是模拟型的。会计信息化依据会计目标，利用现代信息技术对传统会计组织和业务处理流程进行重整。按现代管理思想、模式重组会计组织和会计流程，可以支持"网上企业""虚拟公司"等新的组织形式和管理模式。同时，建立起来的开放的、智能型的会计信息系统，使会计业务处理高度自动化并使得信息能够共享，能够主动和实时报告会计信息。因此，会计信息系统是一个由人、计算机、网络和数据通信有机结合的人机交互作用的智能化系统。

五、网络财务软件的发展对会计理论与实务的影响

会计系统是经济信息系统的子系统，互联网使会计系统的环境和内容都发生了深刻的变革，会计数据载体的变化，使利用同一基础数据实现信息的多元化重组成为可能，从而为会计数据的分类、重组、再分类、再重组提供了无限的自由空间。

会计数据处理工具由算盘、草稿纸变为高速运算的计算机，并且可以进行远程计算。数据处理、加工速度成千上万倍地提高，不同人员、部门之间数据处理、加工的相互合作、信息共享不再受到空间范围的限制。这种改变将使会计人员从传统的日常业务中解脱出来，进行会计信息的深加工，注重信息的分析，为企业经营管理决策提供高效率和高质量的信息支持。网络财务软件的出现，不仅使会计信息输入、输出模式由慢速、单向向高速、多向转变，而且适应网上交易的需要，实现了实时数据的直接输入和输出。

（一）对传统会计基本假设的影响

传统会计理论是建立在一系列假设基础之上的，它包括会计主体假设、持续经营假设、会计分期假设和货币计量假设。传统会计的四个假设适应传统社会环境，并为会计实践所检验，证明了其合理性，但是，随着网络财务软件的普及，以前会计假设所依据的环境发生了巨大变革。在新的环境下，四个会计假设势必面临挑战。

（1）对会计主体假设的影响。会计主体又称会计个体，是指会计工作特定的空间范围，它为有关记录和报表所涉及的空间范围提供了基础，这个个体是有形的实体。而网络公司存在于计算机中，它是一种临时性质的联合体，没有固定的形态，也没有

确定的空间范围。网络公司是一个"虚拟公司",它可以由各个相互独立的公司,将其中密切联系的业务划分出来,经过整合、重组而形成,同时也可以根据市场或业务的发展不断调整其成员公司。因此,企业在网络空间中非常灵活,会计主体变化频繁,传统会计主体在这种条件下已经失去意义。所以,在互联网环境下对会计主体应该做出新的界定,或是对会计主体假设本身进行修改。

(2)对持续经营假设的影响。持续经营假设,是指会计上假定企业将持续经营,在可以预见的未来,企业不会被清算或破产。在持续经营假设下,企业所持有的资产将在正常过程中被耗用、出售或转换,其所承担的债务也将在正常的经营过程中被清偿。在互联网环境下,会计主体十分灵活,存在的时间长短有很大的不确定性。"虚拟公司"可以随业务活动的需要随时成立,当该项业务活动结束或者需要调整时,"虚拟公司"可以随时终止。这时,持续经营假设不再适用。在传统财务会计中,非持续经营条件下应适用清算会计;在网络会计中,清算会计还是适用于非持续经营假设的,但是基于网络的复杂性,应该创新会计方法和体系。

(3)对会计分期假设的影响。会计分期假设,指为了在会计主体终止之前,能够向信息的需求者及时提供会计主体的财务状况和经营成果的信息,而人为地将会计主体持续不断的经营过程按照一定的时间间隔分割开来,形成一个个会计期间。计算机网络的采用,可以使一笔交易瞬间完成,网络公司可能在某项交易完成后立即解散。换言之,网络公司可以因某种业务或交易而成立,因某种业务或交易的完成而终止,其存在时间长度伸缩性很强,在存在时间长短具有不确定性的情况下,尤其是在存在时间很短的情况下,要人为地将经营过程分开,不仅是一件很困难的事情,而且意义也不大。与此相对应,在会计分期假设下的成本、费用的分配和摊销,在网络会计中的必要性有多大,还有待进一步探讨。

(4)对货币计量假设的影响。货币计量假设,是指会计核算以货币作为计量单位的假设。尽管会计数据不只限于货币单位,但传统会计报告主要包括以货币计量的财务信息。货币计量假设有三层含义:第一,货币是众多计量单位中最基本的计量单位;第二,货币价值稳定不变;第三,会计主体必须确定记账本位币。网络会计不会对货币计量假设造成大的冲击,相反,其优势主要表现为:由于互联网突破了时间和空间的限制,不同货币之间的交易变得非常容易,尤其在通过互联网进行跨国金融工具交易时,在传统会计中尚未得到很好解决的外币会计,在网络会计中应该可以得到较好的解决。

(二)网络财务软件对传统会计实务的影响

网络财务软件对传统会计实务的影响十分广泛,例如权责发生制、历史成本、财务报告、会计职能、会计模式、会计核算手段等方面都会受到一定的影响。

(1)网络财务软件对历史成本的影响。历史成本原则是传统会计的一个重要原则,指会计人员在进行资产计价时并不考虑资产的现时成本或变现价值,而是根据它的原始购进成本计价。因此,会计记录和会计报表上所反映的是资产的历史成本。历史成本由于客观、可靠而得到普遍采用。但是,历史成本所提供的信息对信息需求者来说缺乏相关性，在通货膨胀条件下，它受到了来自各方面的尖锐批评。在互联网环境下，这一原则将受到更大的冲击。

首先，网络公司的交易对象大多是存在活跃市场的商品或金融工具，其市场价格波动频繁，历史成本信息不能公允地反映其财务状况和经营成果，与会计信息使用者决策相关性弱。其次，网络公司的解散可能经常发生，并且从成立到解散可能只有较短甚至很短的时间，在这种情况下，尽管历史成本计价的时点与清算的时点相距不远。但此时已属非持续经营阶段，历史成本不能反映公司的现金流量信息。最后，历史成本是一种静态的计量属性，它对网络公司经营的反映是滞后的，公司管理层无法根据市场变化及时调整经营策略，会计为企业提供决策支持的职能无法发挥出来。因此，无论是在传统会计中还是在网络财务软件中，一方面要继承历史成本计量的客观、可靠的优点，另一方面，要创建出新的计量方法，使之更好地在网络会计计量中运用。

（2）网络财务软件对财务报告的影响。财务报告由财务报表、附注及财务情况说明书组成，它包括定期报告和重大事项报告。财务报表提供可以用货币计量的经营信息。在传统会计中，财务报表是财务报告的核心；互联网在财务会计中的运用，使得财务数据的收集、加工、处理都可以实时进行，不仅迅捷，而且可以提高双向交流财务信息的及时性。甚至报表阅读者可以根据自身的需要，以会计的原始数据为基础进行再加工，获得更深入的信息。另外，互联网是高科技的产物，并将日益成为人类经济生活中不可缺少的一部分。在以知识尤其是高科技为基础的经济社会，财务报告中包含的人力资源、环境保护等信息重要性迅速提高，以前并不重要的信息或受成本效益原则约束无法披露的信息，都必须进行充分、及时的披露。由此，传统会计报表的结构和内容都需要进行较大的变革。在遵循原有会计报告制度的基础上，要增加报告中对人力资源、环境保护等重要信息的披露情况。

思考题

1. 会计信息系统与企业管理信息系统有怎样的关系？
2. 简述手工会计与电算化会计的异同点。
3. 简述会计电算化的发展趋势。

第二章　会计电算化基本要求

学习目的及要求

1. 了解会计电算化相关的法规制度，以及会计电算化档案的基本要求。
2. 理解会计核算软件的基本要求和计算机代替手工记账的基本要求。
3. 掌握会计电算化岗位及其权限设置的基本要求。

第一节　会计电算化法规制度

会计电算化，就是电子计算机在会计核算中的应用。由于会计电算化涉及两个行业的结合，属于交叉性学科，因此对于会计电算化的管理存在独特性，同时也有一定的难度。世界各国特别是发达国家对这一问题都比较重视，例如，美国注册会计师协会（AICPA）1976 年就发布了《计算机应用系统开发和实施指南》（管理咨询服务公告第 4 号）。国际会计师联合会（IFAC）分别于 1984 年 2 月、1984 年 10 月和 1985 年 6 月公布了三个有关会计电算化的"国际审计准则"。

我国政府对会计电算化的管理也一直给予了高度的重视，并且通过制度建设加强了宏观管理。自 20 世纪 80 年代以来，我国相继颁布了不少法律法规规范管理会计电算化的各项工作。在 1989—1991 年这三年期间内，财政部先后制定了三个与会计电算化有关的管理文件。1994 年 6 月，根据《中华人民共和国会计法》（以下简称《会计法》）的相关规定，财政部正式制定了《会计电算化管理办法》《会计核算软件基本功能规范》《商品化会计核算软件评审规则》等一系列法规，进一步加强了对会计电算化工作的管理，促进了我国会计电算化事业的健康发展。这些法规制度涉及会计核算软件的开发、评审和使用，以计算机代替手工记账的审批，会计电算化后的会计档案生成与管理等诸多方面，对单位使用会计核算软件、软件生成的会计资料、采用电子计算机代替手工记账、电算化会计档案保管等与会计电算化工作相关的内容均做了具体的规范。

一、《会计法》及相关法规

在国家颁布的相关会计法规中，尤其是《会计法》及财政部发布的《会计基础工作规范》《会计档案管理办法》等国家统一的会计制度中，对会计电算化工作给出了具体的规范。

1999 年 10 月 31 日通过的《会计法》规定，使用电子计算机进行会计核算的，其软件及其生成的会计凭证、会计账簿、财务会计报告和其他会计资料必须符合国家统一的会计制度规定；会计账簿的登记、更正应当符合国家统一的会计制度规定。

2019年3月14日，财政部对《会计基础工作规范》进行了修订，其中有多个条文对会计电算化工作做出了具体的规范。例如：

第十一条规定，开展会计电算化和管理会计的单位，可以根据需要设置相应工作岗位，也可以与其他工作岗位相结合。

第二十七条规定，实行会计电算化的单位，从事该项工作的移交人员还应当在移交清册中列明会计软件及密码、会计软件数据磁盘（磁带等）及有关资料、实物等内容。

第二十九条规定，移交人员从事会计电算化工作的，要对有关电子数据在实际操作状态下进行交接。

第四十四条规定，实行会计电算化的单位，对使用的会计软件及其生成的会计凭证、会计账簿、会计报表和其他会计资料的要求，应当符合财政部关于会计电算化的有关规定。

第四十五条规定，实行会计电算化的单位，有关电子数据、会计软件资料等应当作为会计档案进行管理。

第五十三条规定，实行会计电算化的单位，对于机制记账凭证，要认真审核，做到会计科目使用正确，数字准确无误。打印出的机制记账凭证要加盖制单人员、审核人员、记账人员及会计机构负责人、会计主管人员印章或者签字。

第五十八条规定，实行会计电算化的单位，用计算机打印的会计账簿必须连续编号，经审核无误后装订成册，并由记账人员和会计机构负责人、会计主管人员签字或者盖章。

第九十七条规定，实行会计电算化的单位，填制会计凭证和登记会计账簿的有关要求，应当符合财政部关于会计电算化的有关规定。

二、会计电算化专门法规

按照《会计法》的规定，财政部制定并发布了《会计电算化管理办法》《会计核算软件基本功能规范》《会计电算化工作规范》等一系列国家统一的会计电算化专门法规制度，对单位使用会计核算软件、软件生成的会计资料、采用电子计算机替代手工记账、电算化会计档案保管等会计电算化工作做出了更加具体的规范。例如，《会计核算软件基本功能规范》中有以下规定：

第十三条规定，会计核算软件应当提供输入记账凭证的功能，输入项目包括：填制凭证日期、凭证编号、经济业务内容摘要、会计科目或编号、金额等。输入的记账凭证的格式和种类应当符合国家统一会计制度的规定。

第二十五条规定，会计核算软件应当提供自动进行银行对账的功能，根据机内银行存款日记账与输入的银行对账单及适当的手工辅助，自动生成银行存款余额调节表。

第三十二条规定，会计核算软件可以提供机内原始凭证的打印输出功能，打印输出原始凭证的格式和内容应当符合国家统一会计制度的规定。

第二节　会计核算软件的基本要求

我国财政部颁布的《会计电算化管理办法》《会计核算软件基本功能规范》《会计电算化工作规范》等相关会计电算化的法规文件，对会计核算软件提出了具体的要求，其中《会计核算软件基本功能规范》从数据的输入、处理、输出和安全等角度，全面对会计核算软件进行了规范。

一、会计核算软件的基本要求

根据《会计法》和国家统一的会计制度规定，会计核算软件设计、应用、维护应当符合以下基本要求：

（1）会计核算软件设计应当符合我国法律、法规、制度的规定，保证会计数据合法、真实、准确、完整，有利于提高会计核算工作效率。

（2）会计核算软件应当按照国家统一的会计制度的规定划分会计期间，分期结算账目和编制会计报表。

（3）会计核算软件中的文字输入、屏幕提示和打印输出必须采用中文，可以同时提供少数民族文字或者外国文字对照。

（4）会计核算软件必须提供人员岗位及操作权限设置的功能。

（5）会计核算软件应当符合 GB/T19581—2004《信息技术会计核算软件数据接口》国家标准的要求。

（6）会计核算软件在设计性能允许使用范围内，不得出现由于自身原因造成死机或者非正常退出等情况。

（7）会计核算软件应当具有在机内会计数据被破坏的情况下，利用现有数据恢复到最近状态的功能。

（8）单位修改、升级正在使用的会计核算软件，改变会计核算软件运行环境，应当建立相应的审批手续。

（9）会计核算软件开发销售单位必须为使用单位提供会计核算软件操作人员培训、会计核算软件维护、版本更新等方面的服务。

二、会计数据输入功能的基本要求

会计数据的输入正确与否是整个会计电算化核算的关键。为了保证会计数据输入的正确性，提高会计信息质量，会计核算软件在数据输入上具有强大的防错功能和充分的经验措施，严格数据输入的各个环节，最大限度发现错误，并提供相应修改手段，提高会计电算化工作效率。因此，对会计数据功能要求如下：

（1）会计核算软件应当具备初始化功能。①输入会计核算所必需的期初数字及有关资料，包括总分类会计科目和明细分类会计科目名称、编号、年初数、累计发生额及有关数量指标等；②输入需要在本期进行对账的未达账项；③选择会计核算方法，包括记账方法、固定资产折旧方法、存货计价方法、成本核算方法等。会计核算软件对会计核算方法的更改过程，在计算机内应当有相应的记录；④定义自动转账凭证，包括会计制度允许的自动冲回凭证等；⑤输入操作人员岗位分工情况，包括操作人员姓名、操作权限、操作密码等；⑥提供必要的方法对输入的初始数据进行正确性校验。

（2）应当具备输入记账凭证的功能。

（3）对记账凭证编号的连续性应当进行控制。

（4）数据输入应有必要的提示功能。①正在输入的记账凭证编号与已输入的机内记账凭证编号重复的，应予以提示并拒绝保存；②以编号形式输入会计科目的，应当提示该编号所对应的会计科目名称；③正在输入的记账凭证中的会计科目借贷双方金额不平衡，或没有输入金额，应予以提示并拒绝执行；④正在输入的记账凭证有借方会计科目而无贷方会计科目，或有贷方会计科目而无借方会计科目的，应予以提示并拒绝执行；⑤正在输入的收款凭证借方科目不是"库存现金"或"银行存款"科目、付款凭证贷方科目不是"库存现金"或"银行存款"科目的，应予以提示并拒绝执行。

（5）对已经输入但未登记会计账簿的机内记账凭证，应提供修改和审核的功能，审核通过后，不能再对机内凭证进行修改。

（6）对同一张记账凭证，应当对审核功能与输入、修改功能的使用权限进行控制。

（7）发现已经输入并审核通过或者登账的记账凭证有错误的，应当采用红字凭证冲销法或者补充凭证法进行更正，红字可用负号"－"表示。

（8）采用直接输入原始凭证由会计核算软件自动生成记账凭证的，在生成正式机内记账凭证前，应当进行审核确认。

（9）由账务处理模块以外的其他业务子系统生成会计凭证数据的，应当经审核确认后生成记账凭证。

三、会计数据输出功能的基本要求

会计电算化条件下，会计数据输出主要有屏幕查询输出、打印输出、向移动硬盘输出以及网络传输输出等形式。《会计核算软件基本功能规范》对输出的基本要求是内容完整可靠、格式符合规范。其具体如下：①应当具有对机内会计数据进行查询的功能。②应当按照国家统一的会计制度规定的内容和格式打印输出机内原始凭证、记账凭证、日记账、明细账、总账、会计报表。③总分类账可以用总分类账户本期发生额、余额对照表替代。④在保证会计账簿清晰的条件下，计算机打印输出的会计账簿中的表格线条可以适当减少。⑤对于业务量较少的账户，会计软件可以提供会计账簿的满页打印输出功能。

四、会计数据处理功能的基本要求

会计数据输入完成以后，需要会计核算软件根据所输入的数据自动进行数据处理，快速、准确、可靠地提供所需会计信息。其具体要求如下：①应当具有根据审核通过的机内记账凭证及所附原始凭证登记账簿的功能。②应当具有自动进行银行对账并自动生成银行存款余额调节表的功能。③应当具有机内会计数据按照规定的会计期间进行结账的功能。④结账前，应当自动检查本期输入的会计凭证是否全部登记入账，全部登记入账后才能结账。⑤结账后，不允许再输入已结账会计期间的会计凭证。⑥应当具有自动编制符合国家统一会计制度规定的会计报表功能。对于根据机内会计账簿生成的会计报表数据，会计软件不能提供直接修改功能。⑦应当具有确保会计数据安全保密，防止对数据和软件的非法修改和删除功能。

第三节　会计电算化岗位及其权限设置的基本要求

一、会计电算化岗位的分类

建立会计电算化信息系统的岗位责任制，定人员、定岗位、明确分工，各司其职，有利于会计工作程序化、规范化，有利于落实责任和会计人员分管业务，有利于提高工作效率和工作质量。《会计电算化工作规范》中提出了建立会计电算化岗位责任制的原则，"实行会计电算化的单位，要建立会计电算化岗位责任制，要明确每个岗位的职责范围，切实做到事事有人管，人人有专责，办事有要求，工作有检查"。

依据上述原则，可以根据内部牵制制度的要求和本单位的工作需要，对会计岗位的划分进行调整和设立必要的工作岗位。会计电算化信息系统的岗位一般可划分为基本会计岗位和电算化会计岗位。

基本会计岗位可分为：会计主管、出纳、会计核算各岗位、稽核、会计档案管理等工作岗位。基本会计岗位人员要求持有会计证，可以一人一岗、一人多岗或一岗多人，但应当符合内部牵制制度的要求，出纳人员不得兼管稽核、会计档案保管和收入、费用、债权、债务账目的登记工作。基本会计岗位的会计人员还应当有计划地进行轮换，以促进会计人员全面熟悉业务，不断提高业务素质。会计人员还必须实行回避制度。

电算化会计岗位可设电算主管、软件操作、审核记账、电算维护、电算审查、数据分析、会计档案保管、软件开发等岗位。基本会计岗位和电算化会计岗位，可在保证会计数据安全的前提下交叉设置，各岗位人员要保持相对稳定。中小型单位和使用小规模会计电算化系统的单位，可根据本单位的工作情况，单独设立一些必要的电算化岗位，其余岗位可不单独设立，由人兼任。

二、会计电算化岗位责任制的基本内容

（一）电算主管的要求与责任

电算主管要求具备会计和计算机知识以及相关的会计电算化组织管理的经验。电算主管可由会计主管兼任，其岗位职责如下：

（1）负责电算化会计系统的日常管理工作，监督并保证电算化系统的正常运行，达到合法、安全、可靠、审计的要求。在系统发生故障时，应及时组织有关人员尽快恢复系统的正常运行。

（2）负责协调电算化系统各类人员之间的工作关系，制定岗位责任与经济责任考核制度，负责对电算化系统各类人员的工作质量考评，以及提出任免意见。

（3）负责计算机输出账、表、凭证的数据正确性、及时性，并检查相关工作。

（4）负责建立电算化系统各种资源（硬件资源和软件资源）的调用、修改和更新的审批制度，并监督执行。

（5）负责完善企业现有管理制度，充分发挥电算化的优势，提出单位会计工作的改进意见。

（6）保守本单位经济秘密和会计数据的安全，不得将本单位会计数据以任何形式带出本单位或对外提供。

（二）软件操作员的要求与责任

会计电算化的软件操作员负责会计数据的录入与输出工作，能够使用会计电算化系统的部分或全部功能。软件操作员要根据会计电算化制度的要求，严格执行计算机硬件、软件的操作规程和防范计算机病毒的措施。基本会计岗位人员可兼任软件操作岗位的工作。软件操作员的工作职责如下：

（1）负责将经过审核的原始凭证或记账凭证及时、准确地录入计算机，未经审核的会计凭证不得录入计算机。

（2）应严格按照操作程序操作计算机和会计软件。

（3）数据输出完毕，应进行自检核对工作，核对无误后交数据审核员复核；对审核员提出的会计数据输入错误，应及时修改。

（4）根据数据审核员核实过的会计数据进行记账，并打印出有关的账表。

（5）每天操作结束后，应及时做好数据备份并妥善保管。

（6）注意安全保密，各自的操作口令不得随意泄露，备份数据应妥善保管。

（7）离开机房前，应执行相应指令退出会计软件。

（8）每次操作后，应按照有关规定填写上机记录。

（9）出纳人员应做到"日清月结"，现金出纳每天必须将现金日记账的余额与库存现金进行核对，银行出纳每月都必须将银行存款账户的余额与银行对账单进行核对。

（10）由原始凭证直接录入计算机并打印输出的情况下，记账凭证上应有录入人员的签名或盖章，收付款记账凭证还应由出纳人员签名或盖章。

（11）操作过程中发现问题，应记录故障情况并及时向系统管理员报告。

（三）审核记账员的要求与责任

审核记账员要求具备会计和计算机知识，达到会计电算化中级知识水平，此岗位可由会计主管兼任。审核记账员的工作职责如下：

（1）负责审核原始凭证的真实性、正确性与完整性，对不合规定的原始单据取消作为记账凭证的依据。

（2）负责对不真实、不合法、不完整、不规范的凭证退还给有关人员更正或修改后，再进行审核。

（3）负责对操作人员录入的凭证进行审核并及时记账，并打印输出有关账表。

（4）对不符合要求的凭证和输出的账表不予签章确认。

（5）审核记账人员不得兼任出纳工作。

（6）结账前，检查已审核签字的记账凭证是否全部记账。

（7）为保守本单位经济秘密和保证会计数据的安全，不得将本单位会计数据以任何形式带出本单位或对外提供。

（四）电算维护员的要求与责任

电算维护员要求具备计算机和会计知识，经过会计电算化中、高级知识培训。此岗位应由专职人员担任，其岗位工作职责如下：

（1）负责系统的安装和调试工作。

（2）负责指导有关人员正确掌握会计软件的使用方法。

（3）负责系统运行中软件、硬件故障的消除工作。

（4）保守本单位经济秘密和会计数据的安全，不得将本单位会计数据以任何形式带出本单位或对外提供。

（五）电算审查员的要求与责任

电算审查员要求具备会计和计算机知识，达到会计电算化中级知识水平，此岗位可由会计稽核人员兼任。电算审查员的工作职责如下：

（1）负责监督计算机及会计软件系统的运行，防止利用计算机进行舞弊。

（2）负责审查电算化会计系统各类人员的工作岗位的设置是否合理，制定的内部牵制制度是否合理，各类人员是否越权使用软件，防止利用计算机进行舞弊。

（3）当发现系统问题或隐患时，应及时向会计主管反映，提出处理意见。

（六）数据分析员的要求与责任

数据分析员要求具备计算机和会计知识，达到会计电算化中级知识水平，此岗位可由会计主管兼任。数据分析员的工作职责如下：

（1）负责对计算机内的会计数据进行分析。

（2）制定适合本单位实际情况的会计数据分析方法、分析模型和分析时间，为企业经营管理及时提供信息。

（3）每日、旬、月、季度、年，都要对企业的各种报表、账簿进行分析，为单位领导提供必要的信息。

（4）负责提供本企业重大项目实施前后及过程中需要的会计数据分析报告。

（5）能根据单位领导提出的分析要求，及时利用会计数据进行分析，以满足单位经营管理的需要。

（七）会计档案资料保管员的要求与责任

会计档案资料保管员要求具备档案保管的知识，达到电算化初级知识水平，其职责如下：

（1）负责会计电算化系统各类数据备份盘及各类账表、凭证纸质资料的存档保管工作。

（2）做好各类数据、资料、凭证的安全保密工作，不得擅自出借。

（3）按规定期限，向各类电算化岗位人员催交各种有关会计数据的备份盘和账表凭证等纸质会计档案资料。

（八）软件开发员的要求与责任

软件开发员的要求是计算机专业人员且熟悉会计业务工作流程，其岗位应为专职人员，其工作职责如下：

（1）负责本单位会计软件开发和维护工作。

（2）按规定的程序实施软件的完善性、适应性和正确性的维护。

（3）软件开发人员不得用会计软件进行会计业务处理。

（4）按电算主管的要求，及时完成对本单位会计软件的修改和更新，并建立相关的文档资料。

三、会计电算化岗位权限的设置

上述电算化会计岗位中，软件操作岗位与审核记账、电算维护、电算审查岗位为不相容岗位。

针对会计电算化各岗位应设置相应的权限，比如，记账人员应有查询凭证、修改凭证等相应的权限。会计电算化各岗位及其权限的设置在账套初始化时就应该完成，电算主管负责定义各操作人员的权限，在平时的工作中，可根据人员变动做出相应的调整。各操作人员只有修改自己密码的权限，无权更改自己及他人的操作权限。涉及操作权限的调整与变更的，须由会计主管负责调整。

第四节　计算机替代手工记账的基本要求

一、试运行

电算化会计信息系统正式使用之前，必须与手工并行一段时间，以检验其是否达到预定目标，软件是否有缺陷或错误，以及系统的合法性、安全性、可靠性等。这一阶段称为试运行阶段。

（一）试运行目的

会计核算软件，无论是自行研制还是购买的，一般在开发时已对软件的功能及有关性能进行了测试和鉴定，但是，这些测试一般是采用数据模拟方式，与单位实际会计业务相差很远。通用软件大量的初始化定义工作如基础档案设置、系统参数设置、成本核算、报表编制等，都由用户定义，也难免出现差错。会计软件是一种特殊软件，使用时要确保万无一失。因此，会计核算软件必须经过试运行才能正式投入使用。

（1）会计核算软件的功能检查。通过试运行，检查核算软件所能完成的功能是否达到了原设计的要求，每一功能模块是否能按规定的处理程序及方法完成核算业务。

（2）正确性检查。通过试运行，并与手工比较，检验会计核算软件在记账、编制报表、成本核算、薪资计算等业务处理中的正确与否。

（3）合法性检查。检查会计核算软件是否符合财政部关于会计核算软件的几项规定的有关要求，是否符合财政部门制定的会计制度。

（4）可靠性、安全性检查。检查整个系统在运行过程中是否安全可靠，能否保证会计核算工作的正常进行，能否防止一些意外事故等。

（5）及时性检查。系统运转，能否保证及时提供、上报有关会计信息，包括账、表等。

（6）例外情况检查。通过试运行，及时发现一些原先设计时未加考虑的例外事件，并及时采取措施，改进完善软件。

总之，通过试运行，及时发现设计中的一些错误、问题，排除一些隐患，完善功能，保证会计核算软件在投入使用后尽量不发生或少发生问题。

（二）试运行阶段的主要工作

财政部规定，会计核算软件要经过三个月以上的试运行。在试运行阶段，一方面手工核算工作仍要继续，另一方面要花力量组织并输入计算机会计核算所需的当月数据，包括记账凭证、成本核算数据、职工考勤等，操作计算机完成有关会计核算业务，并输出所有总账、明细账、报表和有关核算中间结果。分析计算机输出结果与手工账表数据比较，查找差异原因，若属软件设计原因，就必须由有关人员修改程序，改正缺陷。

（三）试运行阶段应注意的问题

（1）试运行阶段，手工和计算机两套系统同时运转。这势必增加财会人员的工作量。一般会计人员除了需多编制凭证外，还负责输入或复核和结果分析比较等任务，工作量十分大，因此，一定要加强管理，做好思想工作。领导要大力支持，全力以赴，协调好各方面的关系，赢得有关人员特别是财会人员的理解和支持，保证试运行工作顺利进行。

（2）试运行要取得预期效果，除了软件性能外，还要依靠缜密的组织、严格的管理和较好的人员素质。因此在此阶段，要按照有关要求，有计划、有步骤地开展工作，并严格遵照系统使用操作说明书和有关管理制度，并必须配备熟悉本单位会计核算业务和电子计算机知识、系统开发知识的系统管理人员。

（3）输入的数据尤其是凭证数据准确与否是保证手工与计算机输出结果是否一致的关键。记账凭证编制必须严格按照系统有关规定，不得省略关键项目和内容，科目必须明细到规定的最低级数，保证凭证输入的质量，所有记账凭证在记账前必须复检，杜绝凭证重输、漏输。

（4）电算化会计信息系统可能在某些方面改变了原手工处理习惯和方法，因此，必须敦促会计人员按新的要求、新的方法处理，以保证核算结果的可比性。

（5）手工核算与计算机核算结果的一致性问题。一般情况下，这两者结果应该一致。但由于计算机的计算精度高，通过计算机计算出来的一些数据，与手工有一定误差。如成本核算中的水费、电费、气费、暖气费、材料差异、工资、车间经费、企业管理费等费用分配，可能会出现几分、几角的误差，导致手工核算与计算机核算结果不一致，也影响到有关总账、明细账，最后影响有关报表，但这种误差属于正常范围。因此对于手工核算与计算机核算结果不一致问题，首先应分析差异原因，是正常的还是不正常的，若是不正常的，还要看是人工原因还是软件问题，然后纠正。

二、替代手工核算的程序

（一）替代手工核算的基本条件

当电算化会计信息系统经过一定时期的试运行，达到有关要求规定，就应甩掉手工，由计算机完成会计核算工作。会计电算化的首要目的，就是要使财会人员摆脱烦琐的记账、算账、报账工作。但是对通过试运行没有发现问题或发现问题及时得到改进的会计软件，不能保证在正式运行中不出问题。要保证正常运转，还需要具备相应的条件，因此，财政部在《会计核算软件管理的几项规定》中规定，替代手工记账必须具备以下条件：

（1）单位获得"会计工作达标单位"证书。

（2）采用的会计核算软件已通过评审。

（3）与手工并行三个月以上，保存有完整的与手工核算相一致的数据。

（4）配有专门或主要用于会计核算工作的计算机终端，并配有指定的专职或兼职的上机操作人员。

（5）有严格的操作管理制度，包括操作人员工作职责和工作权限；预防记账凭证等数据未经审核而输入计算机的措施；预防已输入计算机的记账凭证未经复核而登账的措施；必要的上机操作记录制度。

（6）有严格的硬件、软件管理制度，包括保证机房设备安全和计算机正常运转的措施；会计数据和会计软件安全保密的措施；修改会计核算软件的审批、监督制度。

（7）有严格的电算化会计档案管理制度。

（二）替代手工核算的审批程序和要求

各单位替代手工记账的审批，分别由以下单位办理：

（1）地方各单位由同级财政部门或其授权单位审批。

（2）国务院直属单位由国务院各业务主管部门批准，年末一次汇总，报财政部备案。

（3）军队各单位的审批权限由总后勤部财务部规定。

申请单位应提交以下资料：有关会计电算化的内部管理资料；计算机会计科目代码和其他有关代码及编制说明；试运行简况及输出的账、证、表样本。

（三）替代手工核算的两种方式

从试运行向计算机系统转换，替代手工核算，一般有两种方式：一种方式是全部核算业务一次性完成转换；另一种方式是分阶段逐步转换，以保证系统可靠，平稳过渡。对会计业务量大，处理复杂的系统，宜采用分阶段转换方式，先易后难。对那些业务简单或单项应用的核算业务，可用一次性转换方式。

第五节　会计电算化档案的基本要求

一、电算化会计档案的内容

电算化会计档案，包括电子会计档案和纸质会计档案。电子会计档案是指存储在U盘、移动硬盘等磁性介质中的会计数据资料。纸质会计档案是指通过计算机打印出来的纸质记账凭证、会计账簿、会计报表等资料。

备份在U盘、移动硬盘等磁性介质中的会计数据资料是会计电算化系统出现的新的档案形式。采用U盘、移动硬盘等磁性介质存储会计账簿、报表等电子数据，具有磁性化和不可见的特点，作为会计档案保存，其保存期限同《会计档案管理办法》中规定的纸质形式的会计档案一样。

采用计算机打印输出纸质会计凭证、账簿、报表，应当符合国家统一会计制度的要求，采用中文或中文和外文结合，字迹要清晰，作为会计档案保存，保存期限也按《会计档案管理办法》的规定执行。

通用会计软件、定点开发软件、通用与定点开发相结合的会计软件的全套文档资料以及会计软件程序，视同会计档案保管，保管期限截至该软件停止使用或有重大更改之后的五年。

二、电算化会计档案的生成与管理

在电算化会计信息系统中纸质形式的会计档案需要打印生成，打印的时间及装订形式都有一定的要求。电算化会计档案的生成与管理制度应包含的内容如下：

（1）现金日记账和银行存款日记账要每天登记并打印输出，做到日清月结。现金日记账和银行存款日记账可采用打印输出的活页装订成册，每天业务较少、不能满页打印的，也可按旬打印输出。

（2）一般账簿可以根据实际情况和工作需要按月或按季度、按年打印；发生业务较少的账簿，可等满页后再打印。

（3）在所有记账数据和明细分类数据都存储在计算机内的情况下，总分类账可用"总分类账本期发生额及余额对账表"替代。

（4）在保证凭证、账簿清晰的条件下，计算机打印输出的凭证、账簿中表格线可适当减少。

（5）由原始凭证直接录入计算机并打印输出的情况下，记账凭证上应有录入员的签名或盖章、会计主管人员的签名或盖章。收付款记账凭证还应由出纳人员签名或盖章。打印生成的记账凭证视同手工填制的记账凭证，按《会计人员工作规则》《会计档案管理办法》的有关规定立卷归档保管。

（6）手工事先做好记账凭证后，录入记账凭证，然后在进行处理的情况下，保存手工记账凭证与机制凭证皆可。

（7）计算机与手工并行工作期间，可采用计算机打印输出的记账凭证替代手工填制的记账凭证，根据有关规定进行审核并装订成册，作为会计档案保存，并据以登记手工账簿。

（8）记账凭证、总分类账、现金日记账和银行存款日记账还要按照税务、审计部门的要求及时打印输出。

（9）实施会计电算化的单位，需采用 U 盘、移动硬盘等磁性介质存储会计账簿、会计报表等电子会计数据，定期作为会计档案保存。

（10）单位每年形成的会计档案，都应由财务会计部门按照归档的要求，负责整理立卷或装订成册。当年会计档案，在会计年度终了后，可暂由本单位财务会计部门保管一年。期满后，原则上应由财务会计部门编造清册移交本单位档案部门保管。

（11）单位保存的会计档案应为本单位积极提供利用，向外单位提供利用时，档案原件原则上不得外借。

（12）单位对会计档案必须进行科学管理，做到妥善保管、存放有序、查找方便。

三、电算化会计系统档案管理制度

档案管理一般是通过制定与实施档案管理制度来实现的。档案管理制度一般包括以下内容：

（1）存档的手续。这主要是指各种审批手续，比如打印输出的账表，必须有会计主管、系统管理员的签章才能存档保管。

（2）各种安全保证措施。比如备份盘应贴上保护标签，存放在安全、清净、防热、防潮的场所。

（3）档案管理员的职责与权限。

（4）档案的分类管理办法。

（5）档案使用的各种审批手续。比如调用源程序就应由有关人员审批，并应记录下调用人员的姓名、调用内容、归还日期等。

（6）各类文档的保存期限及销毁手续。比如打印输出账簿就应按《会计档案管理办法》的规定保管期限进行保管。

（7）档案的保密规定。对任何伪造、非法涂改变更、故意毁坏数据文件、账册、备份盘等的行为都将进行相应的处理。

思考题

1. 会计电算化的基本岗位有哪些？
2. 替代手工核算的基本条件是什么？
3. 会计电算化档案管理制度主要包括哪些内容？
4. 我国宏观管理会计电算化工作的重要规章制度有哪些？
5. 在实现会计电算化的单位，应建立哪些内部管理制度？
6. 我国现行制度规定系统转换的基本条件有哪些？
7. 在试运行之前，应准备哪些手工与计算机衔接的会计数据？

第三章 "用友 ERP – U8" 管理软件概述

学习目的及要求

1. 了解"用友 ERP – U8"管理软件的特点和作用。

2. 掌握财务会计模块、管理会计模块、供应链模块各核心子系统的主要功能及各子系统的数据传递关系。

第一节 "用友 ERP – U8"系统简介

用友 ERP – U8，根据业务范围和应用对象的不同，划分为财务管理、供应链、生产制造、人力资源、决策支持、集团财务等模块，由 40 多个子系统构成，各子系统之间信息高度共享。

一、财务会计领域

财务会计主要包括总账管理、应收款管理、应付款管理、薪资管理、固定资产管理、报账中心、财务票据套打、网上银行、UFO（User Friend Office）报表、财务分析等模块。这些模块从不同的角度，实现了从预算、核算到报表分析的财务管理的全过程。其中，总账管理是财务系统中最核心的模块，企业所有的核算最终在总账中体现；应收款管理、应付款管理主要用于核算和管理企业销售和采购业务所引起的资金的流入、流出；薪资管理完成对企业薪资费用的计算与管理；固定资产提供对设备的管理和折旧费用的核算；报账中心是为解决单位发生的日常报账业务的管理系统；财务票据套打解决单位财务部门、银行部门以及票据交换中心对现有各种票据进行套打、批量套打和打印管理的功能需求；网上银行解决了企业足不出户实现网上支付业务的需求；UFO 报表生成企业所需的各种管理分析表；财务分析提供预算的管理分析、现金的预测及分析等功能，现金流量表则帮助企业进行现金流入流出的管理与分析。通过财务会计系列的产品应用，可以充分满足企事业单位对资金流的管理和统计分析。

二、管理会计领域

管理会计主要包括项目管理、成本管理、专家财务分析等模块，通过项目和成本管理实现各类工业企业对成本的全面掌控和核算；运用专家财务分析系统帮助企业对各种报表及时进行分析，及时掌握本单位的财务状况（盈利能力、资产管理效率、偿债能力和投资回报能力等）、销售及利润分布状况、各项费用的明细状况等，为企业的管理决策提供依据、指明方向。

三、供应链管理领域

供应链管理主要包括物料需求计划、采购管理、销售管理、库存管理、存货核算等模块，主要功能在于增加预测的准确性，减少库存，提高发货供货能力，降低供应链成本。供应链系统中提供了对采购、销售等业务环节的控制，以及对库存资金占用的控制。企业可根据自己的管理模式和实际情况，制订出最佳的企业运营方案，加快市场响应速度，缩短工作流程周期，提高生产效率，缩短生产周期，从而实现管理的高效率、实时性、安全性、科学性、智能化。

四、集团财务领域

集团财务管理主要包括资金管理、个别报表、合并报表等。资金管理实现对企业内外部资金的计息与管理；个别报表和合并报表等则为子公司和集团进行统一管理提供了工具。

五、Web 应用领域

Web 应用实现了企业互联网模式的经营运作，主要包括了 Web 财务、Web 资金管理、Web 购销存，通过 Web 应用系统，确保了集团财务业务信息的及时性、可靠性和准确性，并加强了远程仓库、销售部门或采购部门的管理。

六、商务智能领域

商务智能通过管理驾驶舱帮助企业领导实现了移动办公的需求，使其可以随时、随地、随身实现对企业的实时监控。

第二节 "用友 ERP - U8" 核心子系统的主要功能

用友 ERP - U8 软件共有十个子系统，分别是系统管理、财务会计、管理会计、供应链、生产制造、人力资源、集团应用、Web 应用、商业智能、企业应用集成。以下重点介绍几个常用的核心子系统的功能。

一、系统管理的主要功能

用友 ERP-U8 管理软件由多个子系统组成，各个子系统之间相互联系、数据共享，完整实现财务、业务一体化的管理。要想实现对企业的资金流、物流、信息流的统一管理，系统需要借助一个平台对账套的建立、修改、删除和备份以及操作员的设置、角色的划分和权限的分配等功能进行集中管理。系统管理模块的功能就是提供这样一个平台。

系统管理模块主要能够实现以下功能：

（1）对账套的统一管理，包括建立、修改、引入和输出（恢复和备份）。

（2）对操作员及其功能权限实行统一管理，设立统一的安全机制，包括用户、角色和权限设置。

（3）设置自动备份计划，系统根据这些设置定期进行自动备份处理，实现账套的自动备份。

（4）对年度账的管理，包括建立、引入、输出年度账以及结转上年数据，清空年度数据。

二、财务会计模块

（一）总账系统的主要功能

用友 ERP－U8 总账系统适用于各类企、事业单位进行凭证管理、账簿处理、个人往来款管理、部门管理、项目核算和出纳管理等。该模块主要能够实现以下功能：

（1）可根据需要增加、删除或修改会计科目或选用行业标准科目。

（2）通过严密的制单控制保证填制凭证的正确性。提供资金赤字控制、支票控制、预算控制、外币折算误差控制以及查看科目最新余额等功能，加强对发生业务的及时管理和控制。制单赤字控制可控制出纳科目、个人往来科目、客户往来科目、供应商往来科目。

（3）凭证填制权限可控制到科目，凭证审核权限可控制到操作员。

（4）为出纳人员提供一个集成办公环境，加强对现金及银行存款的管理。提供支票登记簿功能，用来登记支票的领用情况；并可完成银行日记账、现金日记账，随时出最新资金日报表、余额调节表以及进行银行对账。

（5）自动完成月末分摊、计提、对应转账、销售成本、汇兑损益、期间损益结转等业务。

（6）进行试算平衡、对账、结账及生成月末工作报告。

（二）UFO 报表系统的主要功能

UFO 与其他电子表软件的最大区别在于它是真正的三维立体表，在此基础上提供了丰富的实用功能，完全实现了三维立体表的四维处理能力。UFO 的主要功能有：

（1）各行业报表模板。该模板提供 21 个行业的标准财务报表模板，包括最新的现金流量表，可轻松生成复杂报表。提供自定义模板的新功能，可以根据本单位的实际需要定制模板。

（2）文件管理。该功能提供了各类文件管理功能，并且能够进行不同文件格式的转换，比如文本文件、∗.MDB 文件、∗.DBF 文件、EXCEL 文件、LOTUS1－2－3 文件。支持多个窗口同时显示和处理，可同时打开的文件和图形窗口多达 40 个。提供了标准财务数据的"导入"和"导出"功能，可以和其他流行财务软件交换数据。

（3）格式管理。该功能提供了丰富的格式设计功能，如设组合单元、画表格线

（包括斜线）、调整行高列宽、设置字体和颜色、设置显示比例等，可以制作各种要求的报表。

（4）数据处理。UFO 以固定的格式管理大量不同的表页，能将多达 99 999 张具有相同格式的报表资料统一在一个报表文件中管理，并且在每张表页之间建立有机的联系。该功能提供了排序、审核、舍位平衡、汇总功能；提供了绝对单元公式和相对单元公式，可以方便、迅速地定义计算公式；提供了种类丰富的函数，可以从"账务""应收""应付""工资""固定资产""销售""采购""库存"等用友产品中提取数据，生成财务报表。

（5）图表。该功能采用"图文混排"，可以很方便地进行图形数据组织，制作包括直方图、立体图、圆饼图、折线图等 10 种图式的分析图表。可以编辑图表的位置、大小、标题、字体、颜色等，并打印输出图表。

（6）打印。该功能采用"所见即所得"的打印，报表和图形都可以打印输出。提供"打印预览"，可以随时观看报表或图形的打印效果。报表打印时，可以打印格式或数据，可以设置财务表头和表尾，可以在 0.3 至 3 倍范围内缩放打印，可以横向或纵向打印等。支持对象的打印及预览（包括 UFO 生成的图表对象和插入 UFO 中的嵌入和链接对象）。

（7）二次开发。该功能提供批命令和自定义菜单，自动记录命令窗中输入的多个命令，可将有规律性的操作过程编制成批命令文件；提供了 Windows 风格的自定义菜单，综合利用批命令，可以在短时间内开发出本企业的专用系统。

（三）应收款管理系统的主要功能

应收款管理系统，通过发票、其他应收单、收款单等单据的录入，对企业的往来账款进行综合管理，及时、准确地提供客户的往来账款余额资料，提供各种分析报表，如账龄分析表、周转分析表、欠款分析表、坏账分析表、回款分析表等。企业可利用各种分析报表，合理地进行资金的调配，提高资金的利用效率。

应收款管理系统主要提供了初始设置、日常处理、单据查询、账表管理、其他处理等功能。

（1）初始设置：包括系统参数的定义，可结合企业管理要求进行参数设置，是整个系统运行的基础；提供单据类型设置、账龄区间的设置和坏账初始设置，为各种应收款业务的日常处理及统计分析做准备；提供期初余额的录入，保证数据的完整性与连续性。

（2）日常处理：包括应收单据、收款单据的录入、处理、核销、转账、汇兑损益、制单等处理。

（3）单据查询：包括查阅各类单据的功能。如各类单据、详细核销信息、报警信息、凭证等内容的查询。

（4）账表管理：包括总账表、余额表、明细账等多种账表查询功能；提供应收账款分析、收款账龄分析、欠款分析等丰富的统计分析功能。

（5）其他处理：包括远程数据传递；对核销、转账等处理进行恢复的功能，以便进行修改，供月末结账等处理。

（四）应付款管理系统的主要功能

应付款管理系统，通过发票、其他应付单、付款单等单据的录入，对企业的往来账款进行综合管理，及时、准确地提供供应商的往来账款余额资料，提供各种分析报表，有利于企业合理地进行资金的调配，提高资金的利用效率。

应付款管理系统主要提供了初始设置、日常处理、单据查询、账表管理、其他处理等功能。其主要功能与应收款管理系统相类似。

（五）薪资管理系统的主要功能

薪资管理系统适用于各类企业、行政事业单位进行工资核算、工资发放、工资费用分摊、工资统计分析和个人所得税核算等；可以与总账系统集成使用，将工资凭证传递到总账中；可以与成本管理系统集成使用，为成本管理系统提供人工的费用信息。

薪资管理系统有以下主要功能：

（1）初始设置。其包括人员附加信息、人员类别、工资类别、部门档案、人员档案、工资核算币种选择、银行代发工资的银行名称、工资项目及计算公式等基础信息设置以及是否扣零处理、是否个人所得税扣税处理、是否核算计件工资等账套参数设置。

（2）业务处理。其包括：①工资数据的变动、计件工资统计、汇总处理及多套工资数据的汇总；②工资分摊、计提、转账业务，并将生成的凭证传递到总账系统；③个人所得税计算与申报等；④提供部门分钱清单、人员分钱清单、工资发放取款单。

（3）统计分析。工资统计表包括工资发放签名表、工资发放条、部门工资汇总表、人员类别汇总表、条件汇总表、条件明细表等；工资分析表包括工资项目分析表、工资增长分析、分部门各月工资构成分析表、部门工资项目构成分析表等。

（六）固定资产系统的主要功能

本系统适用于各类企业和行政事业单位进行设备管理、折旧计提等。同时可为总账系统提供固定资产增减业务的记账凭证、折旧记账凭证，为成本管理系统提供设备的折旧费用依据。

（1）初始设置。初始设置包括定义资产分类编码方式、资产类别名称、资产的增减方式、使用状况、折旧方法、固定资产的使用年限、残值率、部门核算的科目、转账时自动生成凭证的科目。

（2）业务处理。业务处理主要包括固定资产增减业务的处理、固定资产卡片批量复制、批量变动及从其他账套引入固定资产数据；提供原值变动表、启用记录、部门转移记录、大修记录、清理信息等附表；可处理各种资产变动业务，如原值变动、部门转移、使用状况变动、使用年限调整、折旧方法调整、净残值（率）调整、工作总量调整、累计折旧调整、资产类别调整等；可对固定资产的原值、使用年限、净残值率、折旧方法等进行评估。

（3）计提折旧。计提折旧包括定义折旧分配周期、选择折旧分配方法，以及按分配表自动生成记账凭证的科目等；系统提供了平均年限法、工作量法、年数总和法、双倍余额递减法计提折旧；折旧分配表包括部门折旧分配表和类别折旧分配表，各表均可按辅助核算项目汇总。

（4）输出账表。（见表 3-1）

表 3-1 输出账表

固定资产分析表	部门构成分析表	账簿	部门、类别明细账
	价值结构分析表		单个固定资产明细账
	类别构成分析表		固定资产登记簿
	使用状况分析表		固定资产总账
固定资产统计表	固定资产原值一览表	固定资产折旧表	部门折旧计提汇总表
	固定资产到期提示表		固定资产及累计折旧表（一）
	固定资产统计表		固定资产及累计折旧表（二）
	盘盈盘亏报告表		固定资产折旧计算明细表
	评估变动表		
	役龄资产统计表		固定资产折旧清单
	逾龄资产统计表		

三、管理会计模块

（一）成本管理系统的主要功能

企业生存和发展的关键，在于不断提高经济效益，提高经济效益的手段，一是增收，二是节支。增收靠创新，节支靠成本控制。而成本控制的基础是成本核算工作。目前在企业的财务工作中，成本核算往往是工作量最大、占用人员最多的会计工作，企业迫切需要应用成本核算软件来更加准确及时地完成成本核算工作。成本管理系统功能如下：

（1）成本核算。系统根据企业对产品结构的定义，选择的成本核算方法和各种费用的分配方法，自动对从其他系统读取的数据或手工录入的数据进行汇总计算，输出企业需要的成本核算结果及其他统计资料。

（2）成本计划。系统通过费用计划单价和单位产品费用耗量生成计划成本，成本的计划功能主要是为成本预测和分析提供数据。

（3）成本预测。系统运用一次移动平均和年度平均增长率法以及计划（历史）成本数据对部门总成本和任意产量的产品成本进行预测，满足企业经营决策的需要。

（4）成本分析。系统可以对分批核算的产品进行追踪分析，计算部门内部利润，对历史数据进行对比分析，分析计划成本与实际成本差异，分析产品的成本项目构成比例。

（二）项目成本管理系统的主要功能

项目成本管理是以项目管理和成本会计为基础对项目进行成本核算管理。项目成本管理系统可根据企业的实际情况灵活定义项目信息，如直接成本项、间接成本项、以及期间费用项等；可通过定义要素分摊方案的方法，将归集的公共要素按照企业的要求以多种形式分摊到项目；同时还提供了与总账系统接口，可从总账的凭证中取数据，可将录入的各种费用原始单据、分配费用及结转成本，自动生成凭证到总账系统。

项目成本管理系统的主要功能如下：

（1）基础设置。基础设置包括项目要素分类及其名称、责任中心分类及其名称、作业量、分配公式、对应关系、单据类型及其统计关键字、单据模版、费用分配凭证等的设置。

（2）日常操作。日常操作包括专属、公共项目要素单据录入、查询、审核、制单；存货入库单据录入、查询、审核、制单；销售出库单录入、查询、审核、制单；作业量汇总统计、专属要素汇总统计、公共要素汇总统计；对录入的项目专属要素和责任中心公共要素汇总分配，多次成本计算、成本结转等。

（3）凭证处理。凭证处理根据凭证设置和业务类别设置生成凭证、查询生成的凭证。

（4）报表管理。报表管理包括存货预算对比分析表、设备预算对比分析表、项目成本进度分析表、项目预算分析表、项目要素预算分析表、项目要素构成分析表、项目成本分析表、项目成本收支分析表等。

四、供应链模块

（一）物料需求计划系统的主要功能

"物料需求计划"是用友 ERP－U8 供应链的重要组成部分，是供应链的入口。

物料需求计划（Material Requirements Planning，简称 MRP），就是依据 MRP 的毛需求，按照 MRP 平衡公式进行运算，确定企业的生产计划和采购计划。MRP 能够解决企业生产什么、生产数量、开工时间、完成时间、外购什么、外购数量、订货时间、到货时间的问题。

MRP 运算一般可分为再生成法和净改变法。再生成法：周期性生成 MRP，一般为一周一次（当然并无约束，由企业根据实际情况来定），一周后原来的 MRP 过时，再根据最新的需求、物料清单（Bill of Material，简称 BOM）以及库存记录等信息生成新的 MRP。再生成法广泛适用于各类生产企业。净改变法：只对当前状态与以往状态的差异进行处理，即只对主生产计划中因改变而受到影响的那些物料需求进行分解处理。这一原理使得净改变式系统能够对库存状态的变化迅速做出反应。

本系统采用需求驱动的 MRP 运算。企业可以根据各自的行业特点，使用有生产计划的 MRP 运算（采购计划＋生产计划），或无生产计划的 MRP 运算（采购计划）。

（1）采购计划，根据销售订单或市场预测，通过 MRP 运算，确定向供应商下达采购订单进行采购的产品及其数量，即 MRP 运算中 BOM 末级物料形成的需求，不包括有"自制"属性且无"外购"属性的末级物料。

（2）生产计划，根据销售订单或市场预测，通过 MRP 运算，确定企业需要向生产部门下达生产订单并投放生产的产品及其数量，即 MRP 运算中 BOM 非末级物料形成的需求，同时包括有"自制"属性且无"外购"属性的末级物料形成的需求。

物料需求计划系统具有以下主要功能：

（1）基础设置。基础设置包括基础档案设置、系统选项维护等。

（2）产品结构。产品结构包括产品结构维护等。

（3）日常业务。日常业务包括填制市场预测单，进行 MRP 运算，对采购计划、生产计划进行维护，并根据生产计划下达生产订单等。

（4）账表。账表包括采购计划相关账表的查询和统计。

（二）采购管理系统的主要功能

"采购管理"是用友 ERP－U8 供应链的重要组成部分，"采购管理"帮助企业对采购业务的全部流程进行管理，提供请购、订货、到货、入库、开票、采购结算的完整采购流程，企业可根据实际情况进行采购流程的定制。

本系统适用于各类工业企业和商业批发、零售企业、医药、物资供销、对外贸易、图书发行等商品流通企业的采购部门和采购核算的财务部门。

"采购管理"既可以单独使用，又能与用友 ERP－U8"物料需求计划""库存管理""销售管理""存货核算""应付款管理"集成使用，提供完整全面的业务和财务流程处理。

（1）设置。其主要包括对基础档案进行设置和维护，对单据进行显示格式和打印格式设置，录入期初单据并进行期初记账，设置"采购管理"的系统选项等。

（2）业务。其主要指进行采购业务的日常操作，包括请购、订货、到货、入库、开票、采购结算等业务，企业可根据业务需要选用不同的业务单据和业务流程，月末进行"采购管理"的结账操作。企业可查询"库存管理"的现存量，可以使用"远程应用"功能。

（3）账表。企业可定义"我的账表"，可查询使用采购统计表、采购账簿、采购分析表。

（三）销售管理系统的主要功能

销售是企业生产经营成果的实现过程，是企业经营活动的中心。"销售管理"是用友 ERP－U8 供应链的重要组成部分，提供了报价、订货、发货、开票的完整销售流程，支持普通销售、委托代销、分期收款、直运、零售、销售调拨等多种类型的销售业务，并可对销售价格和信用进行实时监控。企业可根据实际情况对系统进行定制，构建自己的销售业务管理平台。

（1）设置。其包括基础档案、系统选项、单据设计、期初数据的设置等。

（2）业务。其主要指进行销售业务的日常操作，包括报价、订货、发货、开票等业务；支持普通销售、委托代销、分期收款、直运、零售、销售调拨等多种类型的销售业务；可以进行现结业务、代垫费用、销售支出的业务处理；可以制订销售计划，对价格和信用进行实时监控。

（3）账表。企业可定义"我的账表"，查询使用销售统计表、销售收入明细账、销售分析表、客户分析表等。

（四）库存管理系统的主要功能

"库存管理"是用友 ERP - U8 供应链的重要产品，能够满足采购入库、销售出库、产成品入库、材料出库、其他出入库、盘点管理等业务需要，提供仓库货位管理、批次管理、保质期管理、出库跟踪入库管理、可用量管理等全面的业务应用。"库存管理"可以单独使用，也可以与"采购管理""销售管理""物料需求计划""存货核算"集成使用。

"库存管理"适用于各种类型的企业，如制造业、医药、食品、批发、零售、批零兼营、集团应用及远程仓库等。本系统着重实现企业库存管理方面的需求，覆盖目前企业大部分库存管理工作。

（1）初始设置，包括基础档案、系统选项、单据设计、期初数据的设置等。

（2）日常业务，包括出入库和库存管理的日常业务处理等。

（3）条形码管理，包括条形码规则设置、规则分配、条形码生成等。

（4）业务处理，包括批次冻结、失效日期维护、远程应用、整理现存量、对账结账等。

（5）账表，包括库存账、批次账、货位账、统计表、储备分析账表等。

（五）存货核算系统的主要功能

存货是指企业在生产经营过程中为销售或耗用而储存的各种资产，包括商品、产成品、半成品、在产品以及各种材料、燃料、包装物、低值易耗品等。

存货是保证企业生产经营过程顺利进行的必要条件。为了保障生产经营过程连续不断地进行，企业要不断地购入、耗用或销售存货。存货是企业的一项重要的流动资产，其价值在企业流动资产中占有很大的比重。

存货核算系统是用友 ERP - U8 供应链的主要组成部分。存货核算是从资金的角度管理存货的出入库业务，主要用于核算企业的入库成本、出库成本、结余成本，反映和监督存货的收发、领退和保管情况以及存货资金的占用情况。

存货核算系统的主要功能如下：

（1）初始设置，包括系统参数定义，存货及对方科目、存货单价、差价率，存货仓库对应关系设置，期初数据录入等。

（2）日常业务，主要是进行日常存货核算业务数据的录入及成本核算。在与采购、销售、库存等系统集成使用时，本系统主要完成从其他系统传来的不同业务类型下的各种存货的出入库单据、调整单据的查询及单据部分项目的修改、成本计算等。在单独使用本系统时，完成各种出入库单据的增加、修改、查询及出入库单据的调整、成本计算等。

（3）业务核算，主要是对单据进行出入库成本的计算、结算成本的处理、产成品成本的分配、期末处理等。

（4）财务核算，主要是生成凭证传递至总账、与总账对账等。

（5）账表，可查询存货的明细账、总账、出入库流水账、发出商品明细账、个别计价明细账等账簿；可查询入库汇总表、出库汇总表、差异分摊表、收发存汇总表、暂估材料、商品余额表等汇总表；可查询存货周转率分析表、ABC 成本分析表、库存资金占用分析表、库存资金占用规划表、入库成本分析表等分析表。

五、各系统的数据传递关系

总账系统属于财务系统的核心部分，财务系统是用友 ERP - U8 软件的核心子系统，总账系统要接收来自应收、应付系统、固定资产系统、薪资管理系统、存货核算系统、成本管理系统、网上银行、报账中心等子系统的数据，同时又为 UFO 报表系统、管理驾驶舱、财务分析系统等子系统提供数据来源，生成财务报表及其他财务分析表。它们之间的关系如图 3-1 所示。

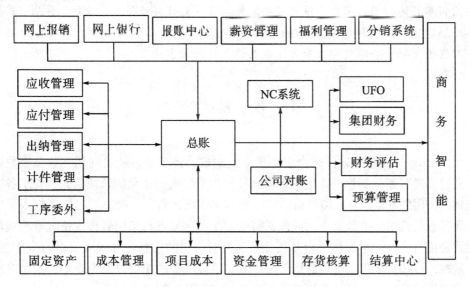

图 3-1 各系统的数据传递关系

思考题

1. 简述用友 ERP - U8 系统的特点。
2. 简述用友 ERP - U8 系统核心子系统的主要功能。
3. 了解并掌握图示各系统的数据传递关系。

第四章 系统管理与财务处理系统初始化

学习目的及要求

1. 熟悉系统管理模块的功能，掌握建立账套、操作员及权限设置的有关知识和方法；掌握账套管理和年度账套管理的方法。

2. 理解基础档案的内容及作用，掌握各种基础档案的设置方法。理解总账系统的业务控制参数的作用，掌握其设置方法。掌握设置会计科目体系的原则、方法，掌握设置各种辅助账的作用和方法，掌握设置外币及汇率、凭证类别和结算方式的作用与方法。掌握设置期初余额的要求和方法以及试算平衡的方法。

第一节 系统管理

用友 ERP - U8 管理软件是由多个子系统组成，各个子系统之间相互联系、数据共享，完整实现财务、业务一体化的管理软件。为了实现一体化的管理模式，要求各个子系统具备公用的基础信息，拥有相同的账套和年度账，角色、操作员和操作权限集中管理，业务数据共用一个数据库。因此，需要一个平台来进行集中管理，系统管理模块的功能就是提供这样一个操作平台。其优点就是对企业的信息化管理人员进行集中管理，及时监控，可随时掌握企业的信息系统状态。系统管理的使用对象为企业的信息管理人员（即系统管理软件中的系统管理员 Admin）或账套主管。

一、系统注册

系统允许以两种身份注册进入系统管理：一是以系统管理员的身份；二是以账套主管的身份。系统管理员负责整个系统的总体控制和维护工作，可以管理该系统中所有的账套。以系统管理员身份注册进入，可以进行账套的建立、引入和输出，设置操作员和账套主管，设置和修改操作员的密码及其权限等。账套主管负责所选账套的维护工作。这主要包括对所选账套进行修改，对年度账的管理（包括创建、清空、引入、输出以及子系统的年末结转，所选账套的数据备份等），以及该账套操作员权限的设置。

由于在第一次运用该软件时还没有建立核算单位的账套，因此，在建立账套前应由系统管理员 admin 进行登录，此时并没有为管理员 admin 设置口令，即其密码为空，为了保证系统的安全性，可以更改系统管理员的密码。

企业运行用友 ERP - U8 管理软件系统管理模块，注册登录的主要操作步骤如下：

（1）启动系统管理：执行"开始→程序→用友 U8v10.1→系统服务→系统管理"指令，启动系统管理，如图 4－1 所示。

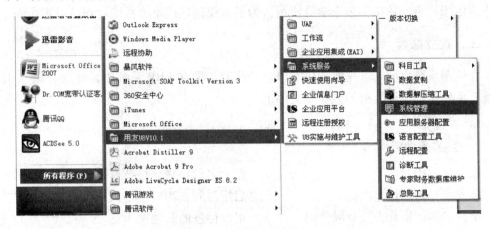

图 4－1　启动系统管理

（2）在系统管理中，执行"系统→注册"指令，打开登录系统管理对话框，如图 4－2 所示。

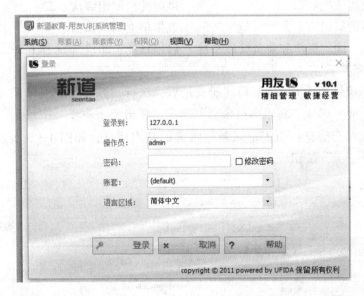

图 4－2　用友 U8 登录界面

首先，选择要登录的服务器。若在客户端登录，选择服务端的服务器名称（标识）；在服务端或单机上则选择本地服务器名称（标识），也可登录到：127.0.0.1。

其次，输入操作员名称和密码。如要修改密码，则单击"改密码"选择钮。

第一次登录运行系统，用系统管理员（admin）身份登录，密码为空，选择系统默认账套（default），单击"登录"按钮可登录系统管理。

系统管理模块注册也可以用账套主管的身份注册登录。系统管理员（Admin）和账套主管的登录界面是有差异的，系统管理员登录界面只包括服务器、操作员、密码三项，而账套主管则包括服务器、操作员、密码、账套、会计年度、操作日期六项。

在实际工作中，为了保证系统的安全，必须为系统管理员设置密码。而在教学过程中，由于一台计算机供多个学员使用，为了方便则建议不为系统管理员设置密码。

二、建立账套

在使用系统之前，首先要新建本单位的账套，即在 ERP 系统中，建立存放一个会计核算主体全部会计数据的数据库文件组。

【实务案例】

（一）实务案例概况

账套号：100	账套名称：华北科技有限公司
账套路径为默认	启用时间：2017 年 9 月
单位名称：华北科技有限公司	单位信息的其他项为空
行业性质：2007 年新会计制度科目	按行业性质预置会计科目
客户、供应商分类，有外币核算	客户、供应商分类编码级次：22
客户、供应商和部门编码级次：22	科目编码级次：42222
客户权限组级次：22	供应商权限组级次：22
其他项目的编码方案为默认值	数据精度为默认值
启用总账、固定资产和薪资管理系统	启用日期：2017 年 9 月 1 日

【操作步骤】

（1）以系统管理员 admin 身份注册登录后，执行"账套→建立"指令，进入"创建账套"对话框，选择"新建空白账套"选项，单击"下一步"按钮。

（2）输入账套信息：用于记录新建账套的基本信息，如图 4-3 所示。输入完成后，点击"下一步"按钮。

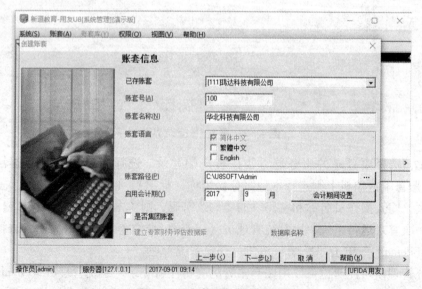

图 4-3 账套信息输入界面

界面中的各栏目说明如下：

① 已存账套：系统将现有的账套以下拉框的形式在此栏目中表示出来，企业只能查看，而不能输入或修改。其作用是在建立新账套时可以明晰已经存在的账套，避免在新建账套时重复建立。

② 账套号：用来输入新建账套的编号，企业必须输入，可输入 3 个字符（只能是001～999 的数字，而且不能是已存账套中的账套号）。

③ 账套名称：用来输入新建账套的名称，作用是标识新账套的信息，企业必须输入。最多可以输入 40 个字符。

④ 账套语言：用来选择账套数据支持的语种，也可以在以后通过语言扩展对所选语种进行扩充。

⑤ 账套路径：用来输入新建账套所要被保存的路径，企业必须输入，可以参照输入，但不能是网络路径中的磁盘。

⑥ 启用会计期：用来输入新建账套将被启用的时间，具体到"月"，企业必须输入。

⑦ 会计期间设置：因为企业的实际核算期间可能和正常的自然日期不一致，所以系统提供此功能进行设置。企业在输入"启用会计期"后，用鼠标点击"会计期间设置"按钮，弹出会计期间设置界面。系统根据前面"启用会计期"的设置，自动将启用月份以前的日期标识为不可修改的部分；而将启用月份以后的日期（仅限于各月的截止日期，至于各月的初始日期则随上月截止日期的变动而变动）标识为可以修改的部分。企业可以任意设置。例如本企业由于需要，每月 25 日结账，那么可以在"会计日历—建账"界面双击可修改日期部分（白色部分），在显示的会计日历上输入每月结账日期，下月的开始日期为上月截止日期 +1（26 日），年末 12 月份以 12 月 31 日为截止日期。设置完成后，企业每月 25 日为结账日，25 日以后的业务记入下个月。每月的结账日期可以不同，但其开始日期为上一个截止日期的下一天。输入完成后，点击"下一步"按钮，进行第二步设置；点击"取消"按钮，取消此次建账操作。

⑧ 是否集团账套：勾选表示要建立集团账套，可以启用集团财务等集团性质的子产品。

⑨ 建立专家财务评估数据库并命名。

（3）输入单位信息：用于记录本单位的基本信息，单位名称为必输项，如图 4－4 所示。输入完成后，点击"下一步"按钮。

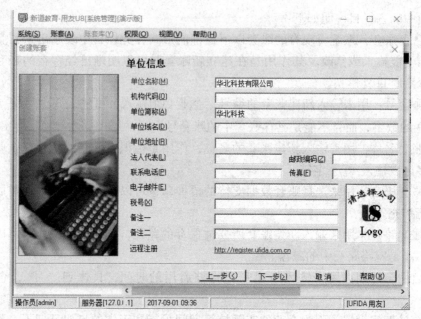

图 4-4　单位信息输入界面

（4）核算类型设置：用于记录本单位的基本核算信息，如图4-5所示。输入完成后，点击"下一步"按钮。

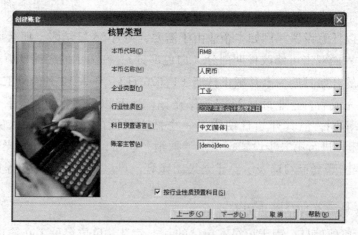

图 4-5　核算类型设置界面

界面各栏目说明如下：

① 本币代码：用来输入新建账套所用的本位币的代码，系统默认的是"人民币"，代码 RMB。

② 本币名称：用来输入新建账套所用的本位币的名称。系统默认的是"人民币"，此项为必有项。

③ 账套主管：用来确认新建账套的账套主管，企业只能从下拉框中选择输入。对于账套主管的设置和定义请参考操作员和权限的设置。

④ 企业类型：企业必须从下拉框中选择输入与自己企业类型相同或最相近的类型。

⑤ 行业性质：企业必须从下拉框中选择输入本单位所处的行业性质。选择适用于企业的行业性质。这为下一步"是否按行业预置科目"确定科目范围，并且系统会根据企业所选行业（工业和商业）预制一些行业的特定方法和报表。

⑥ 是否按行业预置科目：如果企业希望采用系统预置所属行业的标准一级科目，则在该选项前打钩，那么进入系统后，会计科目已经由系统自动设置；如果不选，则由企业自行设置会计科目。输入完成后，点击"下一步"按钮，进行基础信息设置。

（5）基础信息设置：用于选择本单位的基础信息，如图 4 - 6 所示。选择完成后，点击"下一步"按钮。

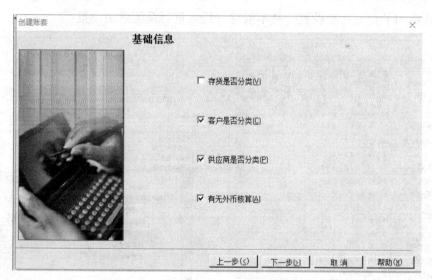

图 4 - 6　基础信息设置界面

界面各栏目说明如下：

① 存货是否分类：如果单位的存货较多，且类别繁多，可以在存货是否分类选项前打钩，表明要对存货进行分类管理；如果单位的存货较少且类别单一，也可以选择不进行存货分类。注意，如果选择了存货要分类，那么在进行基础信息设置时，必须先设置存货分类，然后才能设置存货档案。

② 客户是否分类：如果单位的客户较多，且希望进行分类管理，可以在客户是否分类选项前打钩，表明要对客户进行分类管理；如果单位的客户较少，也可以选择不进行客户分类。注意，如果选择了客户要分类，那么在进行基础信息设置时，必须先设置客户分类，然后才能设置客户档案。

③ 供应商是否分类：如果单位的供应商较多，且希望进行分类管理，可以在供应商是否分类选项前打钩，表明要对供应商进行分类管理；如果单位的供应商较少，也可以选择不进行供应商分类。注意，如果选择了供应商要分类，那么在进行基础信息设置时，必须先设置供应商分类，然后才能设置供应商档案。

④ 是否有外币核算：如果单位有外币业务，例如用外币进行交易业务或用外币发放工资等，可以在此选项前打钩。

选择完成后，先点"下一步"，再点"完成"按钮，系统提示"可以创建账套了么？"，点击"是"完成上述信息设置，进行后续设置；点击"否"返回确认步骤界面。点击"上一步"按钮，返回第三步设置；点击"取消"按钮，取消此次建账操作。

（6）建账完成后，可以继续进行相关设置，也可以以后从企业应用平台中进行设置。

操作步骤：系统进入"编码方案"设置，如图4-7所示，然后进入"数据精度"设置，如图4-8所示。完成后，点击"确定"后，系统提示"XXX"账套建立成功，如图4-9所示，点击"是"，可进行系统启用设置，勾选"总账""固定资产"和"薪资管理"，启用时间为2017年9月1日，如图4-10所示；点击"否"退出，以后可从"企业应用平台—基础设置—基本信息"进入进行系统启用设置。

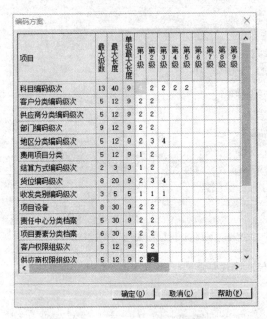

图4-7 编码方案设置界面

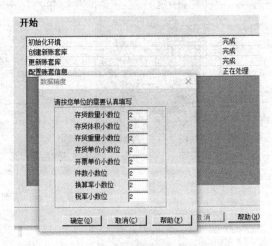

图4-8 数据精度设置界面

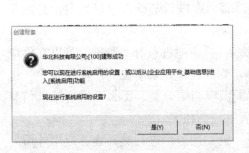

图4-9 建账成功提示界面

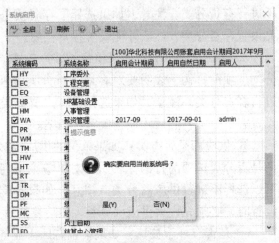

图4-10 系统启用设置界面

三、操作员及权限设置

（一）角色

角色是指在企业管理中拥有某一类职能的组织，这个角色组织可以是实际的部门，可以是由拥有同一类职能的人构成的虚拟组织。例如：实际工作中最常见的会计和出纳两个角色，它们可以是一个部门的人员，也可以不是一个部门但工作职能是一样的角色统称。在设置角色后，可以定义角色的权限。如果某会计人员归属此角色，其就相应具有该角色的权限。此功能的好处是方便控制操作员权限，可以依据职能统一进行权限的划分。本功能可以进行账套中角色的增加、删除、修改等维护工作。本书案例中，华北科技有限公司的主要角色为系统默认角色。

（二）用户（操作员）

设置用户后系统对于登录操作，要进行相关的合法性检查。其作用类似了WINDOWS的用户账号，只有设置了具体的用户之后，才能进行相关的操作。

【实务案例】

华北科技有限公司的会计电算化系统操作人员如表4-1所示。

表4-1　操作员及其权限一览表

操作员编号	操作员姓名	系统权限
0201	张红	账套主管
0202	王晓	出纳
0203	刘勇	总账、薪资管理、固定资产管理

【操作步骤】

（1）在"系统管理"主界面，执行"权限→用户"指令，进入用户管理功能界面。

（2）在用户管理界面，点击"增加"按钮，调出"操作员详细情况"设置界面，如图4-11所示。此时录入编号、姓名、用户类型、认证方式、口令、所属部门、E-mail、手机号、默认语言等内容，并在所属角色中选中归属的内容。然后点击"增加"按钮，保存新增用户信息。

修改：选中要修改的用户信息，点击"修改"按钮，可进入修改状态，但已启用用户只能修口令、所属部门、E-mail、手机号和所属角色的信息。此时系统会在"姓名"后出现"注销当前用户"的按钮，如果需要暂时停止使用该用户，则点击此按钮。此按钮会变为"启用当前用户"，可以点击继续启用该用户。

删除：选中要删除的用户，点击"删除"按钮，可删除该用户。但已启用的用户不能删除。

"刷新"功能的应用：在增加了用户之后，在用户列表中看不到该用户。此时点击"刷新"，可以进行页面的更新，即可显示当前新增用户。

点击"退出"按钮，退出当前的功能界面。

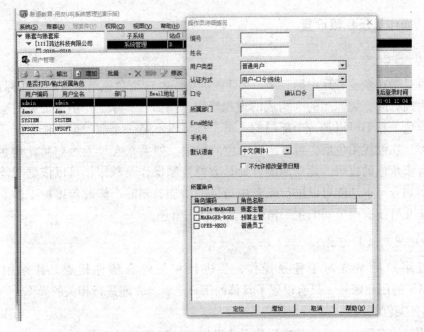

图 4 - 11　操作员详细情况设置界面

（三）划分权限

随着经济的发展，企业对管理要求不断变化、提高，越来越多的信息都表明权限管理必须向更细、更深的方向发展。用友 ERP - U8 提供集中权限管理，除了提供企业对各模块操作的权限之外，还相应地提供了金额的权限管理和对于数据的字段级和记录级的控制，不同的组合方式将为企业的控制提供有效的方法。用友 ERP - U8 可以实现三个层次的权限管理。

功能级权限管理：该权限将提供划分更为细致的功能级权限管理功能，包括各功能模块相关业务的查看和分配权限。

数据级权限管理：该权限可以通过两个方面进行权控制，一个是字段级的权限控制，另一个是记录级的权限控制。

金额级权限管理：该权限主要用于完善内部金额控制，实现对具体金额数量划分级别，对不同岗位和职位的操作员进行金额级别控制，限制他们制单时可以使用的金额数量，不涉及内部系统控制的不在管理范围内。

功能权限的分配在系统管理中的权限分配设置，数据权限和金额权限在"企业应用平台→系统服务→权限"中进行分配。对于数据级权限和金额级的设置，必须是在系统管理的功能权限分配之后才能进行。

【操作步骤】

（1）在系统管理中设置用户后，执行"权限→权限"指令，进行功能权限分配。

（2）在功能权限分配界面，先选定套账"［100］华北科技有限公司"，再从操作员列表中选择操作员，点击"修改"按钮后，勾选其权限。系统提供了 52 个子系统的功能权限的分配，此时可以点击☒展开各个子系统的详细功能，在□内点击鼠标使其状态成为☑后，系统将权限分配给当前的用户。如果选中目录的上一级，则系统的相应下级全部为选中状态，如图 4 - 12 所示。

图 4 - 12　操作员权限设置界面

系统管理员（Admin）、安全管理员（SAdmin）、管理员企业和账套主管分别可操作的权限明细如表 4 - 2 所示。

表 4 - 2　各类管理员和账套主管的权限明细表

主要功能	详细功能 1	详细功能 2	系统管理员（Admin）	安全管理员（SAdmin）	管理员企业	账套主管
账套操作	账套建立	建立新账套	Y	N	N	N
		建立账套库	N	N	N	Y
	账套修改		N	N	N	Y
	数据删除	账套数据删除	Y	N	N	N
		账套库数据删除	N	N	N	Y
	账套备份	账套数据输出	Y	N	N	N
		账套库数据输出	N	N	N	Y
	设置备份计划	设置账套数据备份计划	Y	N	N	N
		设置账套库数据备份计划	Y	N	Y	Y
		设置账套库增量备份计划	Y	N	Y	Y

表4-2（续）

主要功能	详细功能1	详细功能2	系统管理员（Admin）	安全管理员（SAdmin）	管理员企业	账套主管
	账套数据引入	账套数据引入	Y	N	N	N
		账套库数据引入	N	N	N	Y
	升级SQL Server数据		Y	N	Y	Y
	语言扩展		N	N	N	Y
	清空账套库数据		N	N	N	Y
	账套库初始化		N	N	N	Y
操作员、权限	角色	角色操作	Y	N	Y	N
	企业	企业操作	Y	N	Y	N
	权限	设置普通企业、角色权限	Y	N	Y	N
		设置管理员企业权限	Y	N	N	N
其他操作	安全策略		N	Y	N	N
	数据清除及还原	日志数据清除及还原	N	Y	N	N
		工作流数清除出及还原	N	Y	N	N
	清除异常任务		Y	N	Y	N
	清除所有任务		Y	N	Y	N
	清除选定任务		Y	N	Y	N
	清退站点		Y	N	Y	N
	清除单据锁定		Y	N	Y	N
	上机日志		Y	Y	Y	N
	视图	刷新	Y	Y	Y	Y

注：①Y表示具有权限，N表示不具有权限；

②管理员企业可操作的功能，以其实际拥有的权限为准，本表中以最大权限为例。

四、账套管理

（一）修改账套

当系统管理员建完账套后，在未使用相关信息的基础上，需要对某些信息进行调整，以便使信息更真实准确地反映企业的相关内容时，可以进行适当的调整。只有账套主管可以修改其具有权限的账套中的信息，系统管理员无权修改。

【操作步骤】

（1）以账套主管的身份注册，选择相应的账套，进入系统管理界面。

（2）执行"账套→修改"指令，进入修改账套界面，逐一修改相关信息后，点击"完成"按钮，表示保存修改内容；如放弃修改，则点击"放弃"按钮。

在账套的使用中，可以对本年未启用的会计期间修改其开始日期和终止日期，即只有没有业务数据的会计期间可以修改其开始日期和终止日期。

例如：若第四个会计期间为 3 月 26 日—4 月 25 日，现业务数据已经做到第四个会计期间，则不允许修改第四个会计期间的起始日期，只允许将第四个会计期间的终止日期修改成晚于 4 月 25 日（如 4 月 28 日），不允许将第五个会计期间的起始日期修改成早于 4 月 26 日（如 4 月 23 日）。

（二）引入账套

引入账套是指将系统外某账套数据引入本系统中。引入账套将有利于集团公司的操作，子公司的账套数据可以定期被引入母公司系统中，以便进行有关账套数据的分析和合并工作。

系统管理员在系统管理界面，执行"账套→引入"指令，进入引入账套的界面，选择所要引入的账套数据备份文件和引入账套的存放路径，点击"确定"按钮表示确认；如想放弃，则点击"取消"按钮。

（三）输出账套

输出账套是指将所选的账套数据进行备份输出。对于企业来讲，定时将企业数据备份出来存储到不同的介质上（如常见的 U 盘、移动硬盘、网络磁盘等），对数据的安全性是非常重要的。如果企业由于不可预知的原因（如地震、火灾、计算机病毒、人为的误操作等），需要对数据进行恢复，此时备份数据就可以将企业的损失降到最小。当然，对于异地管理的公司，此种方法还可以解决审计和数据汇总的问题。具体应用各个企业应根据自身实际情况加以应用。

【操作步骤】

（1）以系统管理员身份注册，进入系统管理模块，执行"账套→输出"指令，进入账套输出界面。

（2）在账套输出界面中的"账套号"处选择需要输出的账套，在"输出文件位置"选择输出账套保存的路径，点击"确认"进行输出。

只有系统管理员（Admin）有权限进行账套输出。如果将"删除当前输出账套"同时选中，在输出完成后系统会确认是否将数据源从当前系统中删除；正在使用的账套系统不允许删除。

五、账套库管理

（一）新账套库建立

用友 ERP - U8 支持在一个账套库中保存连续多年数据，理论上一个账套可以在一个账套库中一直使用下去。但是由于某些原因，比如需要调整重要基础档案、调整组织机构、调整部分业务等，或者一个账套库中数据过多影响业务处理性能，需要使用新的账套库并重置一些数据，这样就需要新建账套库。

账套库的建立是在已有账套库的基础上，通过新账套库建立，自动将老账套库的基本档案信息结转到新的账套库中，对于以前业务产品余额等信息需要在账套库初始化操作完成后，由老账套库自动转入新库的下年数据中。

【操作步骤】

（1）以账套主管的身份登录，选定需要进行建立新库的账套和上年的时间，进入系统管理界面。例如：需要建立111账套的2019新账套库，此时就要登录111账套的包含2017年数据的那个账套库。

（2）在系统管理界面，执行"账套库→建立"指令，进入建立账套库界面，输入相关信息后，保存即可。

用友ERP–U8软件的账套和账套库是有一定的区别的，具体体现在以下方面：

账套是账套库的上一级，账套由一个或多个账套库组成，一个账套库含有一年或多年使用数据。一个账套对应一个经营实体或核算单位，账套中的某个账套库对应这个经营实体的某年度区间内的业务数据。例如：建立账套"100正式账套"后在2017年使用，然后在2018年的期初建2018账套库后使用，则"100正式账套"具有两个账套库即"100正式账套2017年"和"111正式账套2018年"；如果希望连续使用也可以不建新库，直接录入2018年数据，则"100正式账套"具有一个账套库即"100正式账套2017—2018年"。

对于拥有多个核算单位的企业，可以拥有多个账套（最多可以拥有999个账套）。

账套和账套库两层结构方式的好处是：第一，便于企业的管理，如进行账套的上报，跨年度区间的数据管理结构调整等；第二，方便数据备份输出和引入；第三，减少数据的冗长，提高应用效率。

（二）账套库初始化

新建账套库后，为了支持新旧账套库之间业务的衔接，可以通过账套库初始化功能将上一个账套库中相关模块的余额及其他信息结转到新账套库中。为了统计分析的规整性，每个账套库包含的数据都以年为单位，上一账套库的结束年＋1就是新账套库的开始年。

【操作步骤】

（1）以账套主管的身份注册进入系统管理，执行"账套库→账套库初始化"指令，进入账套库初始化界面。

（2）在账套库初始化界面，选择需要结转的业务档案和余额信息，已结转过的产品置为"粉红色"，如图4–13所示。

（3）根据选择内容进行数据检查，系统将分别检查上一账套库的数据是否满足各项结转要求，并列出详细检查结果。如果不满足结转要求，则不允许继续结转。

（4）如果检查全部通过，点击"下一步"可以看到待结转产品的列表，点击"结转"就开始按照列表逐项结转。

（5）如果第三步没有全部选择结转，以后还可以再次进入本功能结转其他数据，或清空对应业务系统的数据后再次结转。

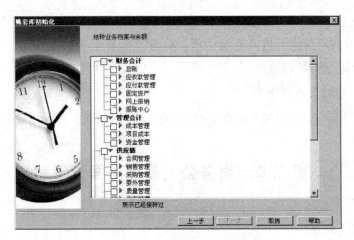

图4-13 账套库初始化界面

【注意事项】

如果登录账套库的上一个账套库不存在，不能进行初始化。

该账套库如果进行过数据卸出操作，不能进行初始化。

（三）清空账套库数据

有时，企业会发现某账套库中错误太多，或不希望将上一账套库的余额或其他信息全部转到下一年度，这时候，便可使用清空账套库数据的功能。"清空"并不是指将账套库的数据全部清空，而是要保留一些信息的，主要有：基础信息、系统预置的科目报表等。保留这些信息主要是为了方便企业使用清空后的账套库重新做账。

【操作步骤】

（1）以账套主管的身份注册，并且选定账套和登录时间，进入系统管理界面。

（2）在系统管理界面，执行"账套库→清空账套库数据"指令，进入清空账套库数据界面。

（3）在界面中的会计年度栏目确认要清空的账套库的年度区间（仅供确认，不可修改），同时做好清空前的备份、选择输出路径，点击"确定"按钮表示确认。这时为保险起见，系统还将弹出一个窗口，要求企业进行再次确认，确认后系统进行清空账套库数据操作。如果想放弃，则直接点击"放弃"按钮。

（4）账套库数据清空后，系统弹出确认窗口，点击"确认"完成清空账套库数据操作。

（四）数据卸出

一个账套库中包含过多年份数据体积过于庞大而影响业务处理性能时，可以通过数据卸出功能把一些历史年度的历史数据卸出，减小本账套库的体积，提高运行效率。

数据卸出时，只能以会计年为单位进行处理，从本账套库的最小年度开始，到指定年度结束，卸出这个年度区间中所有业务系统的不常用数据。

数据卸出后，系统将自动生成一个账套库保留这些卸出的数据，相对当前使用的账套库来说，这个包含卸出数据的账套库可以称之为"历史账套库"。

【操作步骤】

以账套主管的身份注册进入系统管理，执行"账套库→数据卸出"指令，进入数据卸出界面，选择相关信息后，点击"确定"即可完成数据卸出的处理。

（五）账套库的引入与输出

账套库的引入与输出作用和账套的引入与输出作用相同，操作步骤相似。

第二节　财务公共基础档案设置

一、基本信息

建账完成后，如未及时设置编码方案、数据精度，启用子系统；或需修改以前设置的编码方案、数据精度、会计期间以及启用的子系统，可执行"开始→程序→用友 ERP－U8 V10.1→企业应用平台"指令，打开"登录"对话框，输入身份为账套主管的操作员，选择账套：100 华北科技有限公司；单击"确认"按钮，进入 UFIDA U8 窗口。从"企业应用平台—基础设置—基本信息"进入进行系统启用设置，或修改已设置的信息。

（一）系统启用

"系统启用"功能用于系统的启用，记录启用日期和启用人。要对某个系统操作必须先启用此系统。在企业应用平台中，单击"基础设置—基本信息—系统启用"选项，打开"系统启用"对话框，选择要启用的系统，在方框内打钩，只有系统管理员和账套主管有系统启用权限；在启用会计期间内输入启用的年、月数据；点击"确认"按钮后，保存此次的启用信息，并将当前操作员写入启用人一栏。

（二）编码方案

为了便于企业进行分级核算、统计和管理，用友 ERP－U8 V10.1 系统可以对基础数据的编码进行分级设置，可分级设置的内容有：科目编码、客户分类编码、部门编码、存货分类编码、地区分类编码、货位编码、供应商分类编码、收发类别编码和结算方式编码等。

编码级次和各级编码长度的设置将决定企业如何编制基础数据的编号，进而构成企业分级核算、统计和管理的基础。

【栏目说明】

科目编码级次：系统最大限制为十三级四十位，且任何一级的最大长度都不得超过九位编码。一般单位用 42222 即可。企业在此设定的科目编码级次和长度将决定企业的科目编号如何编制。例如某单位将科目编码设为 42222，则科目编号时一级科目编码是四位长，二至五级科目编码均为两位长；又如某单位将科目编码长度设为 4332，则科目编号时一级科目编码为四位长，二三级科目编码为三位长，四级科目编码为两位长。

客户分类编码级次：系统最大限制为五级十二位，且任何一级的最大长度都不得超过九位编码。

供应商、存货分类编码级次、货位编码级次、收发类别编码级次等同理。

在建立账套时设置存货（客户、供应商）不需分类，则在此不能进行存货分类（客户分类、供应商分类）的编码方案设置。

二、基础档案

设置基础档案就是把手工资料经过加工整理，根据本单位建立信息化管理的需要，建立软件系统应用平台，是手工业务的延续和发展。

财务基础档案的设置顺序如图4-14所示。

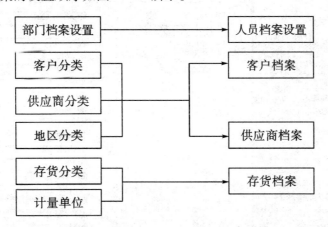

图4-14　公共基础档案设置顺序

（一）机构人员（部门档案、人员类别档案）

1. 部门档案

部门档案：主要用于设置企业各个职能部门的信息。部门指某使用单位下辖的具有分别进行财务核算或业务管理要求的单元体，不一定是实际中的部门机构。按照已经定义好的部门编码级次原则输入部门编号及其信息。

【实务案例】

华北科技有限公司的部门档案如表4-3所示。

表4-3　部门档案

编号	名称
01	综合部
0101	总经理办公室
0102	财务部
02	市场部
03	开发部
0301	开发一部
0302	开发二部

【操作步骤】

在企业应用平台中,执行"基础设置→基础档案→机构人员→部门档案"指令,进入部门档案设置主界面,单击"增加"按钮,在编辑区输入部门编码、部门名称、负责人、部门属性、电话、地址、备注、信用额度、信用等级等信息即可,点击"保存"按钮,保存此次增加的部门档案信息后,再次单击"增加"按钮,可继续增加其他部门信息,如图4-15所示。

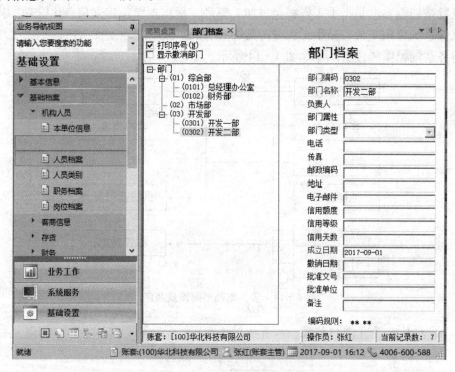

图4-15 部门档案录入窗口

修改部门档案:在部门档案界面左边,将光标定位到要修改的部门编号上,用鼠标单击"修改"按钮。这时界面即处于修改状态,除部门编号不能修改外,其他信息均可修改。

删除部门档案:点击左边目录树中要删除的部门,背景显示蓝色表示选中,单击"删除"按钮即可删除此部门。注意,若部门被其他对象引用后则不能被删除。

刷新档案记录:在网络操作中,可能同时有多个操作员在操作相同的目录。可以点击"刷新"按钮,查看当前最新目录情况,即可以查看其他有权限的操作员新增或修改的目录信息。

2. 人员类别档案

人员类别档案指对企业的人员类别进行分类设置和管理。

【实务案例】

华北科技有限公司的人员类别如表4-4所示。

表4-4　人员类别一览表

人员类别编码	人员类别名称
101	正式工
102	合同工
103	实习生

【操作步骤】

在企业应用平台中，执行"基础设置→基础档案→机构人员→人员类别"指令，进入人员类别设置主界面，单击功能键中的"增加"按钮，显示"添加职员类别"空白页，可根据自己企业的实际情况，在相应栏目中输入适当内容，点击"保存"按钮，保存此次增加的人员类别信息后，再次单击"增加"按钮，叫继续增加其他类别信息。

3. 人员档案

职员档案：主要用于记录本单位使用系统的职员列表，包括职员编号、名称、所属部门及职员属性等。

【实务案例】

华北科技有限公司的人员档案如表4-5所示。

表4-5　人员档案一览表

人员编码	姓名	行政部门名称	雇佣状态	人员类别	性别	出生日期	业务或费用部门名称
010101	肖剑	总经理办公室	在职	正式工	男		总经理办公室
010102	李好	总经理办公室	在职	正式工	男		总经理办公室
010201	张红	财务部	在职	正式工	女		财务部
010202	王晓	财务部	在职	正式工	女		财务部
010203	刘勇	财务部	在职	正式工	男		财务部
020101	赵斌	市场部	在职	正式工	男		市场部
020102	周悦	市场部	在职	正式工	女		市场部
020103	宋佳	市场部	在职	正式工	女		市场部
030101	孙健	开发一部	在职	正式工	男		开发一部
030102	杨兰	开发一部	在职	正式工	男		开发一部
030201	刘氏	开发二部	在职	正式工	男		开发二部
030202	赵亮	开发二部	在职	正式工	男		开发二部

【操作步骤】

在企业应用平台中，执行"基础设置→基础档案→机构人员→人员档案"指令，进入人员档案设置主界面，在左侧部门目录中选择要增加人员的末级部门，单击"增加"按钮，显示"添加职员档案"空白页，企业可根据自己企业的实际情况，在相应栏目中输入适当内容。其中蓝色名称为必输项，如图4-16所示。然后，点击"保存"按钮，保存此次增加的人员档案信息后，再次单击"增加"按钮，可继续增加其他人员信息。

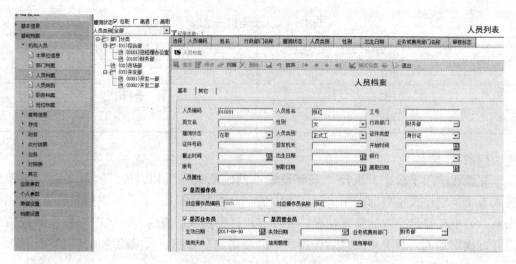

图 4-16　人员档案录入窗口

说明：人员档案设置界面以及其他基础档案设置界面的"修改""删除"等功能按钮操作与部门档案的功能操作类似。

（二）客商信息

1. 供应商分类

企业可以根据自身管理的需要对供应商进行分类管理，建立供应商分类体系。可将供应商按行业、地区等进行划分，设置供应商分类后，根据不同的分类建立供应商档案。

【实务案例】

华北科技有限公司的供应商分类信息如表 4-6 所示。

表 4-6　供应商分类信息

分类编码	分类名称
01	工业
02	商业
03	事业

【操作步骤】

在企业应用平台中，执行"基础设置→基础档案→客商信息→供应商分类"指令，进入供应商分类设置主界面，单击"增加"按钮，进入增加状态，填写相应的分类编码和名称，点击"增加"按钮保存此次增加的供应商分类信息，并增加空白页供继续录入供应商分类信息。

2. 客户分类

企业可以根据自身管理的需要对客户进行分类管理，建立客户分类体系。可将客户按行业、地区等进行划分，设置客户分类后，根据不同的分类建立客户档案。

【实务案例】

华北科技有限公司的客户分类信息如表4－7所示。

表4－7　客户分类信息

分类编码	分类名称
01	长期客户
02	中期客户
03	短期客户

【操作步骤】

客户分类设置步骤同供应商分类信息设置相似。

3. 供应商档案

建立供应商档案主要是为企业的采购管理、库存管理、应付账管理服务的。在填制采购入库单、采购发票和进行采购结算、应付款结算和有关供货单位统计时都会用到供货单位档案，因此必须应先设立供应商档案，以便减少工作差错。在输入单据时，如果单据上的供货单位不在供应商档案中，则必须在此建立该供应商的档案。供应商档案的栏目包括供应商档案基本页、供应商档案联系页、供应商档案其他页、供应商档案信用页等。

（1）供应商档案基本页，如图4－17所示。

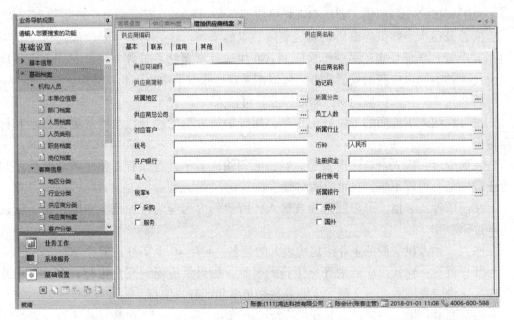

图4－17　供应商档案基本页界面

本页中蓝字名称的项目（即供应商编码、供应商简称、所属分类、币种）为必填项。

供应商编码：供应商编码必须唯一；供应商编码可以用数字或字符表示，最多可输入 20 位数字或字符。

供应商名称：可以是汉字或英文字母，供应商名称最多可写 49 个汉字或 98 个字符。供应商名称用于销售发票的打印，即打印出来的销售发票的销售供应商栏目显示的内容为销售供应商的供应商名称。

供应商简称：可以是汉字或英文字母，供应商名称最多可写 30 个汉字或 60 个字符。供应商简称用于业务单据和账表的屏幕显示，例如：屏幕显示的销售发货单的供应商栏目中显示的内容为供应商简称。

助记码：根据供应商名称自动生成助记码，企业也可手工修改；在单据上可以录入助记码快速找到供应商。

对应客户：在供应商档案中输入对应客户名称时不允许记录重复，即不允许有多个供应商对应一个客户的情况出现。且当在 001 供应商中输入了对应客户编码 666，则在保存该供应商信息时同时需要将 666 客户档案中的对应供应商编码记录存为 001。

员工人数：输入供应商员工人数，只能输入数值，不能有小数。此信息为辅助信息可以不填，也可以随时修改。

所属分类码：点击参照按钮选择供应商所属分类，或者直接输入分类编码。

所属地区码：可输入供应商所属地区的代码，输入系统中已存在代码时，自动转换成地区名称，显示在该栏目的右编辑框内。也可以用参照输入法，即在输入所属地区码时按参照键显示所有地区供选择，双击选定行或当光标位于选定行时，单击"确认"按钮即可。

总公司编码：参照供应商档案选择供应商总公司编码，同时带出显示供应商简称。供应商总公司指当前供应商所隶属的最高一级的公司，该公司必须是已经通过［供应商档案设置］功能设定的另一个供应商。在供应商开票结算处理时，具有同一个供应商总公司的不同供应商的发货业务，可以汇总在一张发票中统一开票结算。

所属行业：输入供应商所归属的行业，可输入汉字。

税号：输入供应商的工商登记税号，用于销售发票的税号栏内容的屏幕显示和打印输出。

注册资金：输入企业注册资金总额，必须输入数值，可以有 2 位小数。此信息为企业辅助信息可以不填，也可以随时修改。

注册币种：必输，可参照选择或输入；所输的内容应为币种档案中的记录。默认为本位币。

法人：输入供应商的企业法定代表人的姓名，长度 40 个字符，20 个字。

开户银行：输入供应商的开户银行的名称，如果供应商的开户银行有多个，在此处输入该供应商同本企业之间发生业务往来最常用的开户银行。

银行账号：输入供应商在其开户银行中的账号，可输入 50 位数字或字符。银行账号应对应于开户银行栏目所填写的内容。如果供应商在某开户银行中的银行账号有多个，在此处输入该供应商同本企业之间发生业务往来最常用的银行账号。

税率：数值类型，大于等于 0。采购单据和库存的采购入库单中，在取单据表体的税率时，优先按"选项"中设置的取价方式取税率，如果取不到或取价方式是手工录入的时候，按供应商档案上的"税率%"值、存货档案上的"税率%"值、表头税率值的优先顺序取税率。

供应商属性：请在☑采购、□委外、□服务和□国外四种属性中选择一种或多种，采购属性的供应商用于采购货物时可选的供应商，委外属性的供应商用于委外业务时可选的供应商，服务属性的供应商用于费用或服务业务时可选的供应商。

注意：如果此供应商已被使用，则供应商属性不能删除修改，可增选其他项。

（2）供应商档案联系页，如图4－18所示。

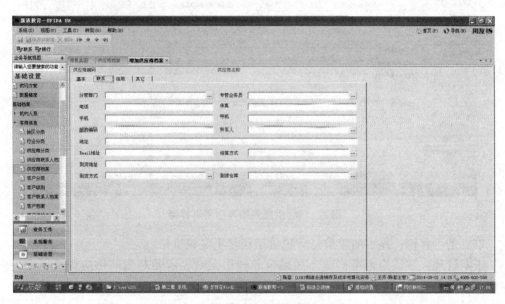

图4－18　供应商档案联系页界面

分管部门：该供应商归属分管的采购部门。

专营业务员：该供应商由哪个业务员负责联系业务。

地址：可用于采购到货单的供应商地址栏内容的屏幕显示和打印输出，最多可输入127个汉字和255个字符。如果供应商的地址有多个，在此处输入该供应商同本企业之间发生业务往来最常用的地址。

电话、手机号码：可用于采购到货单的供应商电话栏内容的屏幕显示和打印输出。

到货地址：可用于采购到货单中到货地址栏的缺省取值，它可以与供应商地址相同，也可以不同。在很多情况下，到货地址是供应商主要仓库的地址。

Email地址：最多可输入127个汉字和255个字符，手工输入，可为空。

到货方式：可用于采购到货单中发运方式栏的缺省取值，输入系统中已存在代码时，自动转换成发运方式名称。也可以用参照输入法。

到货仓库：可用于采购单据中仓库的缺省取值，输入系统中已存在代码时，自动转换成仓库名称。也可以用参照输入法。

结算方式：在收付款单据录入时可以根据选择的"供应商"带出"结算方式"进而带出"结算科目"。

（3）供应商档案信用页，如图 4-19 所示。

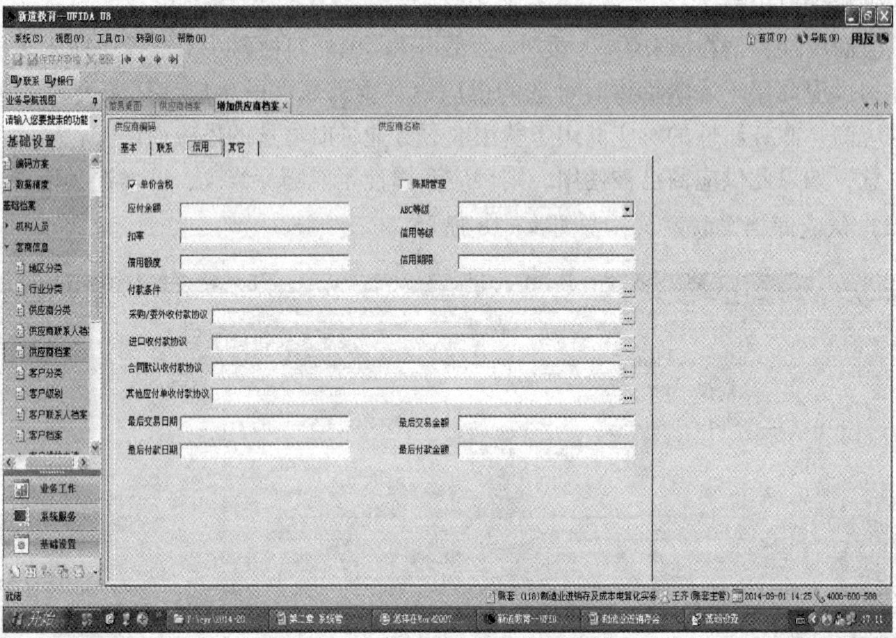

图 4-19 供应商档案信用页界面

单价是否含税：显示的单价是含税价格还是不含税价格。

账期管理：默认为否可修改。如果企业选中，则表示要对当前供应商进行账期的管理。账期管理 = "是"，则必须要选择立账依据。

应付余额：应付余额指供应商当前的应付账款的余额。其由系统自动维护，企业不能修改该栏目的内容。点击供应商档案主界面上的"信用"按钮，计算并显示应付款管理系统中供应商当前的应付款余额。

ABC 等级：企业可根据该供应商的表现选择 A、B、C 三个信用等级符号表示该供应商的信用等级，可随时根据实际发展情况予以调整。

扣率：显示供应商在一般情况下给予的购货折扣率，可用于采购单据中折扣的缺省取值。

信用等级：按照企业自行设定的信用等级分级方法，依据在供应商应付款项方面的表现，输入供应商的信用等级。

信用额度：内容必须是数字，可输入两位小数，可以为空。

信用期限：可作为计算供应商超期应付款项的计算依据，其度量单位为"天"。

付款条件：可用于采购单据中付款条件的缺省取值，输入系统中已存在的代码时，自动转换成付款条件表示。

采购/委外收付款协议：默认为空，企业可以修改，从收付款协议中选择。（支持立账依据是采购入库单或代管挂账确认单的收付款协议）

进口收付款协议：默认为空，企业可以修改，从收付款协议中选择。（只支持立账依据是进口发票的收付款协议）

其他应付单据收付款协议：默认为空，企业可以修改，从收付款协议中选择。

最后交易日期：由系统自动显示供应商的最后一笔业务的交易日期，即在各种交易中业务日期最大的那天。例如：该供应商的最后一笔业务是开具一张采购发票，那么最后交易日期即为这张发票的发票日期。企业不能手工修改最后交易日期。

最后交易金额：由系统自动显示供应商的最后一笔业务的交易金额，即在最后交易日期发生的交易金额。

最后付款日期：由系统自动显示供应商的最后一笔付款业务的付款日期。

最后付款金额：由系统自动显示供应商的最后一笔付款业务的付款金额，即最后付款日期发生的金额。金额单位为发生实际付款业务的币种。

提示：

应付余额、最后交易日期、最后交易金额、最后付款日期、最后付款金额这五个条件项，是点击供应商档案主界面上的"信用"按钮，在应付款管理系统中计算相关数据并显示的。如果没有启用应付款管理系统，则这五个条件项不可使用。

应付余额、最后交易日期、最后交易金额、最后付款日期、最后付款金额在基础档案中只可查看，不允许修改，是点击主界面上的"信用"按钮，由系统自动维护。

（4）供应商档案其他页。

发展日期：该供应商是何时建立供货关系的。

停用日期：输入因信用等原因和企业停止业务往来的供应商被停止使用的日期。停用日期栏内容不为空的供应商，在任何业务单据开具时都不能使用，但可进行查询。如果要使被停用的供应商放弃使用，将停用日期栏的内容清空即可。

使用频度：指供应商在业务单据中被使用的次数。

对应条形码中的编码：最多可输入 30 个字符，可以随时修改，可以为空，不能重复。

备注：如果还有有关该供应商的其他信息要录入说明的，可以在备注栏录入长度为 120 个汉字的内容，可输可不输，可随时修改备注内容。

所属银行：指付款账号缺省时所属的银行，可输可不输。

默认委外仓：参照/手工录入，来源于具有"委外仓"属性的仓库档案，可随时修改。该仓库用于指定该委外商倒冲领料的默认委外仓，在委外用料表的倒冲子件的默认仓库中，系统会自动带这里指定的默认委外仓。

以下四项只能查看不能修改：

建档人：在增加供应商记录时，系统自动将该操作员编码存入该记录中作为建档人，以后不管是谁修改这条记录均不能修改这一栏目，且系统也不能自动进行修改。

所属的权限组：该项目不允许编辑，只能查看；该项目在数据分配权限中进行定义。

变更人：新增供应商记录时变更人栏目存放的操作员与建档人内容相同，以后修改该条记录时系统自动将该记录的变更人修改为当前操作员编码，该栏目不允许手工修改。

变更日期：新增供应商记录时变更日期存放当时的系统日期，以后修改该记录时系统自动将修改时的系统日期替换原来的信息，该栏目不允许手工修改。

建档日期：自动记录该供应商档案建立日期，建立后不可修改。（如果以供应商资质审批方式加入的供应商，取该供应商录入供应商档案的时间）。

【实务案例】

华北科技有限公司的供应商档案如表4-8所示。

表4-8　供应商档案

供应商编码	供应商名称	所属分类	供应商简称	对应的客户	税号	开户银行	账号
01001	上海公司	工业	上海公司	上海实达公司	12345678901238	工行上海分行	12345678901288
02001	联想万科有限公司	商业	联想万科		98765432109878	工行北京分行	98765432109888

【操作步骤】

在企业应用平台中，执行"基础设置→基础档案→客商信息→供应商档案"指令，进入供应商档案设置主界面，单击"增加"按钮，进入增加状态。选择"基本""联系""信用""其他"页签，填写相关内容。如果设置了自定义项，还需要填写自定义项页签。然后，点击"保存"按钮，保存此次增加的供应商档案信息；或点击"保存并新增"按钮保存此次增加的供应商档案信息，并增加空白页供继续录入供应商信息。

4. 客户档案

客户档案主要用于设置往来客户的档案信息，以便于对客户资料管理和业务数据的录入、统计、分析。如果建立账套时选择了客户分类，则必须在设置完成客户分类档案的情况下才能编辑客户档案。客户档案的栏目包括客户档案基本页、联系页、信用页、其他页等。其各页面栏目的含义及录入要求与供应商档案相似。

【实务案例】

华北科技有限公司的客户档案如表4-9所示。

表4-9　客户档案

客户编码	客户名称	所属分类	客户简称	对应的供应商	税号
02001	北京实验学校	中期客户	北京实验		25689222233588
03001	上海实达公司	短期客户	上海实达	上海公司	78906543212388

【操作步骤】

客户档案的增加、修改和删除功能按钮操作与供应商档案相似。

（三）存货（分类、计量单位和档案）

1. 存货分类

企业可以根据对存货的管理要求对存货进行分类管理，以便于对业务数据的统计和分析。存货分类最多可分8级，编码总长不能超过30位，每级级长企业可自由定义。

存货分类用于设置存货分类编码、名称及所属经济分类。

【操作步骤】

在企业应用平台中，执行"基础设置→基础档案→存货→存货分类"指令，进入存货分类设置主界面，单击"增加"按钮，在编辑区输入分类编码和名称等分类信息，点击"保存"按钮，保存此次增加的客户分类后，可继续增加其他分类信息。

2. 计量单位

要设置计量单位档案，必须先增加计量单位组，然后再在该组下增加具体的计量单位。计量单位组分无换算、浮动换算、固定换算三种类别，每个计量单位组中有一个主计量单位、多个辅助计量单位，可以设置主辅计量单位之间的换算率；还可以设置采购、销售、库存和成本系统所默认的计量单位。

无换算计量单位组：在该组下的所有计量单位都以单独形式存在，各计量单位之间不需要输入换算率，系统默认为主计量单位。

浮动换算计量单位组：设置为浮动换算率时，计量单位组中只能包含两个计量单位。此时需要将该计量单位组小的主计量单位、辅计量单位显示在存货卡片界面上。

固定换算计量单位组：设置为固定换算率时，计量单位组中可包含两个以上的计量单位，且每一个辅计量单位对主计量单位的换算率不为空。此时需要将该计量单位组中的主计量单位显示在存货卡片界面上。

【实务案例】

华北科技有限公司的计量单位信息如表4-10所示。

表4-10 计量单位信息

计量单位组	计量单位编号	计量单位名称
01 基本计量单位（无换算率）	1	册
	2	套
	3	箱

【操作步骤】

（1）在企业应用平台中，执行"基础设置→基础档案→存货→计量单位"指令，进入计量单位设置主界面。

（2）设置计量单位组，在计量单位设置主界面，点击"分组"进入设置计量单位组界面，单击"增加"按钮后，输入计量单位组编码和组名称，点击"保存"，保存添加的内容。

（3）设置计量单位，在计量单位设置主界面的左边选择要增加的计量单位所归属的组名后，点击"单位"，弹出计量单位设置窗口；点击"增加"，录入计量相关信息后；点击"保存"，保存添加的内容，如图4-20所示。

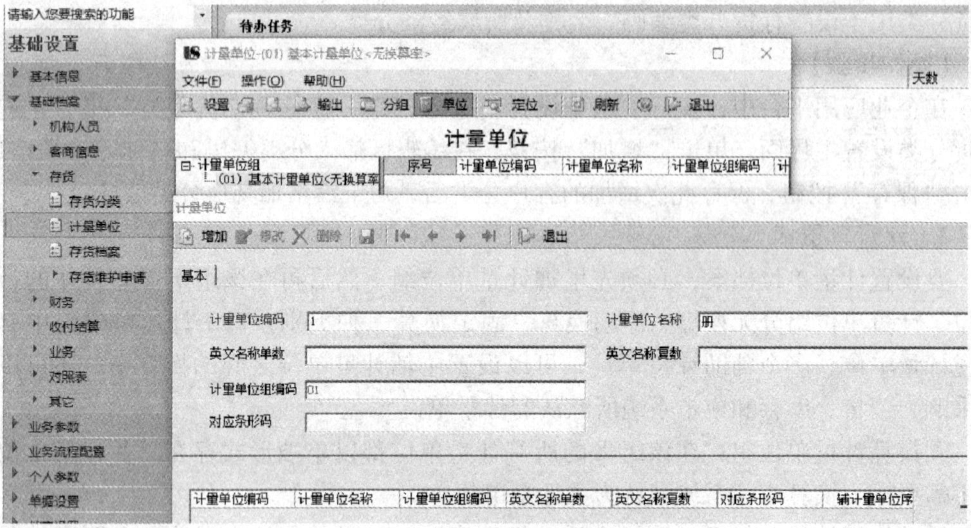

图 4 - 20　计量单位录入窗口

3. 存货档案

存货档案主要用于设置企业在生产经营中使用到的各种存货信息，以便于对这些存货进行资料管理、实物管理和业务数据的统计、分析。本功能完成对存货目录的设立和管理，随同发货单或发票一起开具的应税劳务等也应设置在存货档案中。同时提供基础档案在输入中的方便性，完备基础档案中数据项，提供存货档案的多计量单位设置。用友 ERP - U8 系统中存货档案各页面主要栏目说明如下：

（1）存货档案基本页，如图 4 - 21 所示。

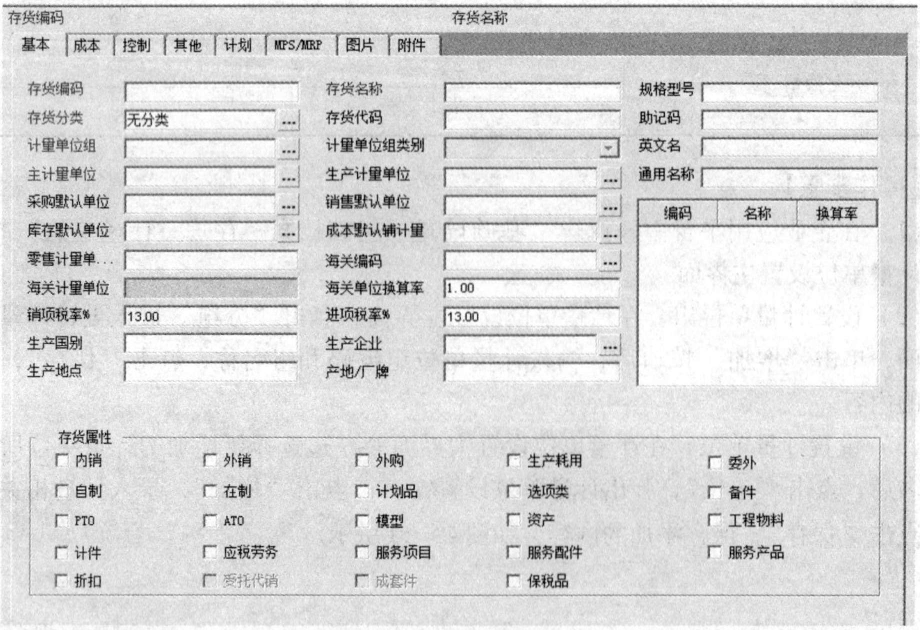

图 4 - 21　存货档案基本页

存货编码：必须输入，最多可输入 60 位数字或字符。

存货名称：存货名称本页中蓝色名称的项目为必填项，必须输入。最多可输入 255 位汉字或字符。

计量单位组：可参照选择录入，最多可输入 20 位数字或字符。

计量单位组类别：根据已选的计量单位组系统自动带入。

主计量单位：根据已选的计量单位组，显示或选择不同的计量单位。

生产计量单位：设置生产制造系统缺省时使用的辅计量单位。对应每个计量单位组均可以设置一个生产订单系统缺省使用的辅计量单位。

库存、采购、销售、成本、零售系统默认单位：对应每个计量单位组均可以设置一个且最多设置一个库存、成本、销售、采购系统缺省使用的辅计量单位。其中成本默认辅计量单位，不可输入主计量单位。

存货分类：系统根据企业增加存货前所选择的存货分类自动填写，企业可以修改。

销项税率：录入，此税率为销售单据上该存货默认的销项税税率，默认为 13，可修改，可以输入小数位，允许输入的小数位长根据数据精度对税率小数位数的要求进行限制，可批改

进项税率：默认新增档案时进项税 = 销项税 =13%，可批改。

存货属性：系统为存货设置了多种属性。同一存货可以设置多个属性，但当一个存货同时被设置为自制、委外和外购时，MPS/MRP 系统默认自制为其最高优先属性而自动建议计划生产订单；而当一个存货同时被设置为委外和外购时，MPS/MRP 系统默认委外为其最高优先属性而自动建议计划委外订单。

内销：具有该属性的存货可用于销售。发货单、发票、销售出库单等与销售有关的单据参照存货时，参照的都是具有销售属性的存货。开在发货单或发票上的应税劳务，也应设置为销售属性，否则开发货单或发票时无法参照。

外销：具有该属性的存货可用于销售。发货单、发票、销售出库单等与销售有关的单据参照存货时，参照的都是具有销售属性的存货。

外购：具有该属性的存货可用于采购。到货单、采购发票、采购入库单等与采购有关的单据参照存货时，参照的都是具有外购属性的存货。开在采购专用发票、普通发票、运费发票等票据上的采购费用，也应设置为外购属性，否则开具采购发票时无法参照。

生产耗用：具有该属性的存货可用于生产耗用。如生产产品耗用的原材料、辅助材料等。具有该属性的存货可用于材料的领用。材料出库单参照存货时，参照的都是具有生产耗用属性的存货。

委外：具有该属性的存货主要用于委外管理。委外订单、委外到货单、委外发票、委外入库单等与委外有关的单据参照存货时，参照的都是具有委外属性的存货。

自制：具有该属性的存货可由企业生产自制。如工业企业生产的产成品、半成品等存货。具有该属性的存货可用于产成品或半成品的入库。产成品入库单参照存货时，参照的都是具有自制属性的存货。

计划品：具有该属性的存货主要用于生产制造中的业务单据，以及对存货的参照

过滤。计划品代表一个产品系列的物料类型，其物料清单中包含子件物料和子件计划百分比。可以使用计划物料清单来帮助执行主生产计划和物料需求计划。该属性与"存货"其他所有属性互斥。

选项类：是 ATO 模型或 PTO 模型物料清单上，对可选子件的一个分类。选项类作为一个物料，成为模型物料清单中的一层。

PTO：指按照订单选配出库。使用标准 BOM，可选择 BOM 版本，可选择模拟BOM，直接将标准 BOM 展开到单据表体。

ATO：指面向订单装配，即接受客户订单后方可下达生产装配。ATO 在接受客户订单之前虽可预测，但目的在于事先提前准备其子件供应，ATO 件本身则需按客户订单下达生产。用友 U8 系统中，ATO 一定同时为自制件属性。

模型：在其物料清单中可列出其可选配的子件物料。用友 U8 系统中，模型可以是ATO 或者为 PTO。

PTO＋模型：指面向订单挑选出库。用友 U8 系统中，PTO 同时为模型属性，是指在客户订购该物料时，其物料清单可列出其可选用的子件物料，即在销售管理或出口贸易系统中可以按客户要求订购不同的产品配置。

ATO＋模型：具有该属性的存货可用于生产制造中的业务单据和模拟报价，以及对存货的参考过滤。ATO 模型是在客户订购该物料时，其物料清单可列出其可选用的子件物料，即在销售管理或出口贸易系统中可以按客户要求订购不同的产品配置。ATO需选配后下达生产订单组装完成再出货。

ATO 模型与 PTO 模型的区别：ATO 模型需选配后下达生产订单组装完成再出货，PTO 模型则按选配子件直接出货。

备件：具有该属性的存货主要用于设备管理的业务单据和处理，以及对存货的参照过滤。

资产："资产"与"受托代销"属性互斥。"资产"属性存货不参与计划，"计划方法"（MRP 页签）只能选择 N。资产存货，默认仓库只能录入和参照仓库档案中的资产仓。非"资产"存货，默认仓库只能录入和参照仓库档案中的非资产仓。

工程物料：企业在进行新品大批量生产之前，小批量试制用到的新物料。这种物料在采购时需要进行单次采购数量的限制。

计件：选中，表示该产品或加工件需要核算计件工资，可批量修改。

应税劳务：开具在采购发票上的运费费用、包装费等采购费用或开具在销售发票或发货单上的应税劳务。应税劳务属性应与"自制""在制""生产耗用"属性互斥。

服务项目：默认为不选择。

服务配件：默认为不选择，同"服务项目"选择互斥，与备件属性的控制规则相同。

服务产品：服务单选择故障产品时，只可参照该标志的存货。服务产品控制规则同服务配件控制规则。

是否折扣：即折让属性，若选择是，则可在采购发票和销售发票中录入折扣额。该属性的存货在开发票时可以没有数量，只有金额；或者在蓝字发票中开成负数。与

"生成耗用""自制""在制"属性互斥，即不能与它们三个中任一个属性同时录入。

是否受托代销：在建立账套时，企业类型为商业和医药流通才可以启用受托代销业务。要选此项需要先在"库存管理"选项设置中选中"有无受托代销业务"选项。

是否成套件：选择是，则该存货可以进行成套业务。要选此项需要先在"库存管理"选项设置中选中"有无成套件管理"选项。

保税品：进口的被免除关税的产品被称为保税品。只要有业务发生，该存货就不能变为非保税存货。

同一存货可设置多个属性，具体如表4-11所示。

表4-11　存货与其属性关系表

存货类型	例　子	外购	销售	生产耗用	自制	劳务费用
外购的存货	商品、材料	√				
外购并销售的存货	商品、材料	√	√			
外购并生产耗用的存货	材料、半成品	√		√		
外购并自制的存货	材料、半成品	√			√	
采购费用	运输费、包装费	√				
销售的存货	商品、产成品		√			
生产耗用并销售的存货	材料		√	√		
自制并销售的存货	产成品、半成品		√		√	
随商品销售提供的劳务	应税劳务		√			√
生产耗用的存货	材料			√		
自制并生产耗用的存货	材料、半成品			√	√	
自制的存货	产成品				√	

存货属性和单据中存货参照关系如表4-12所示。

表4-12　单据中存货和其属性关系表

单据类型	外购	销售	生产耗用	自制	劳务费用
采购发票——除运费发票	√				
采购发票——运费发票	√				√
采购入库单	√				
销售出库单		√			
材料出库单			√		
产成品入库单				√	
产成品成本分配单				√	
销售计划		√			

表4-12(续)

单据类型	外购	销售	生产耗用	自制	劳务费用
销售订单		√			
委托代销发货单		√			
发货单		√			
销售发票		√			
调价单		√			
包装物租借登记表		√			
包装物归还登记表		√			

（2）存货档案成本页，如图4-22所示。

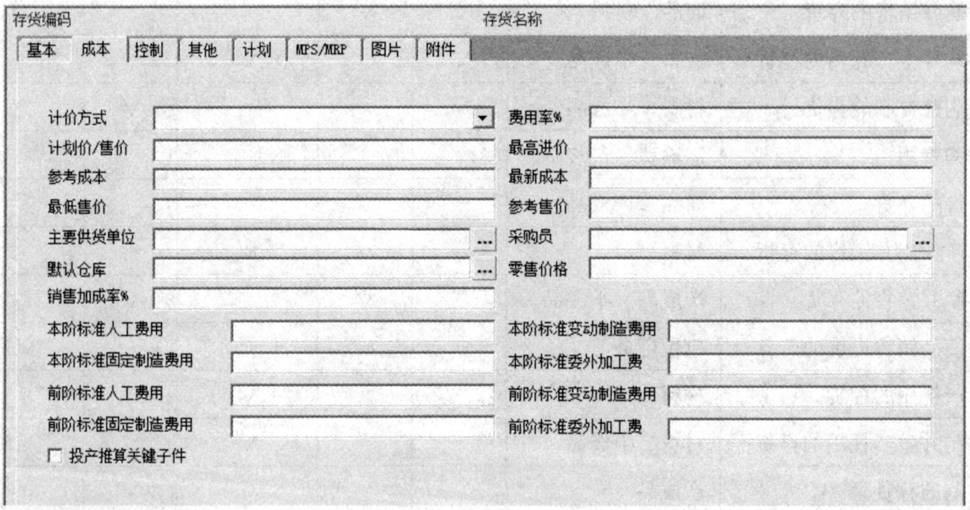

图4-22　存货档案成本页

该页签中各种属性主要用于在进行存货的成本核算过程中提供价格计算的基础依据。具体属性说明如下：

在存货核算系统选择存货核算时必须对每一个存货记录设置一个计价方式，缺省选择全月平均，若前面已经有新增记录，则计价方式与前面新增记录相同。

当存货核算系统中已经使用该存货以后就不能修改该计价方式。

费用率：录入，可为空，可以修改，小数位数是最大可为6的正数。用于存货核算系统，计提存货跌价准备。

计划单价/售价：该属性对于计划价法核算的账套必须设置，因为在单据记账等处理中必须使用该单价；计算差异和差异率也以该价格为基础，工业企业使用计划价对存货进行核算，商业企业使用售价对存货进行核算，根据核算方式的不同，分别通过按照仓库、部门、存货设置计划价/售价核算。核算体系为标准成本时，该价格特指材料计划价，采购属性的存货在此录入，半成品或产成品的材料计划价由系统自动计算，无须手工录入。

最高进价：指进货时企业参考的最高进价，为采购进行进价控制。如果企业在采购管理系统中选择要进行最高进价控制，则在填制采购单据时，如果最高进价高于此价，系统会要求企业输入口令，如果口令输入正确，方可高于最高进价采购，否则不行。

参考成本：该成本指非计划价或售价核算的存货填制出入库成本时的参考成本。采购商品或材料暂估时，参考成本可作为暂估成本。存货负出库时，参考成本可作为出库成本。该属性比较重要，建议都进行填写。在存货核算系统该值可以和"零成本出库单价确认""入库成本确认方式""红字回冲单成本确认方式""最大最小单价控制方式"等选项配合使用，如果各种选项设置为参考成本，则在各种成本确认的过程中都会自动取该值作为成本。

最新成本：存货的最新入库成本，可修改。存货成本的参考值，不进行严格的控制。产品材料成本、采购资金预算是以存货档案中的计划售价、参考成本和最新成本为依据，所以如果要使用这两项功能，在存货档案中必须输入计划售价、参考成本和最新成本，可随时修改。如果使用了采购管理系统，那么在做采购结算时提取结算单价作为存货的最新成本，自动更新存货档案中的最新成本。

最低售价：存货销售时的最低销售单价，为销售进行售价控制。企业在录入最低售价时，根据报价是否含税录入无税售价或含税售价。

参考售价：录入，大于零。客户价格、存货价格中的报价根据"报价是否含税"带入到无税单价或含税单价。

主要供货单位：指存货的主要供货单位。如商业企业商品的主要进货单位或工业企业材料的主要供应商等。

销售加成率：录入百分比。如销售管理系统设置取价方式为最新成本加成，则销售报价＝存货最新成本×（1＋销售加成率）。

零售价格：用于零售系统录入单据时缺省带入的销售价格。

本阶标准人工费用、本阶标准变动制造费用、本阶标准固定制造费用、本阶标准委外加工费：用于存货在物料清单子件产出类型为"联产品或副产品"时，计算单位标准成本及标准成本时引用此数据作为计算本阶主、副、联产品的权重。

前阶标准人工费用、前阶标准变动制造费用、前阶标准固定制造费用、前阶标准委外加工费：用于存货在物料清单子件产出类型为"联产品或副产品"时，计算单位标准成本及标准成本时引用此数据作为计算前阶主、副、联产品的权重。

投产推算关键子件：成本管理在产品分配率选择按约当产量时，勾选此选项，可作为成本管理推算产品投产数量的依据。此字段属性会直接带到 BOM 子件中，成本管理"月末在产品处理表"取数选择"按关键子件最大套数"或"按关键子件最小套数"时，将根据此选择取出产品的投产数量。注意：在存货档案修改"投产推算关键子件"属性，仅影响新增 BOM 子件。

（3）存货档案控制页，如图 4-23 所示。

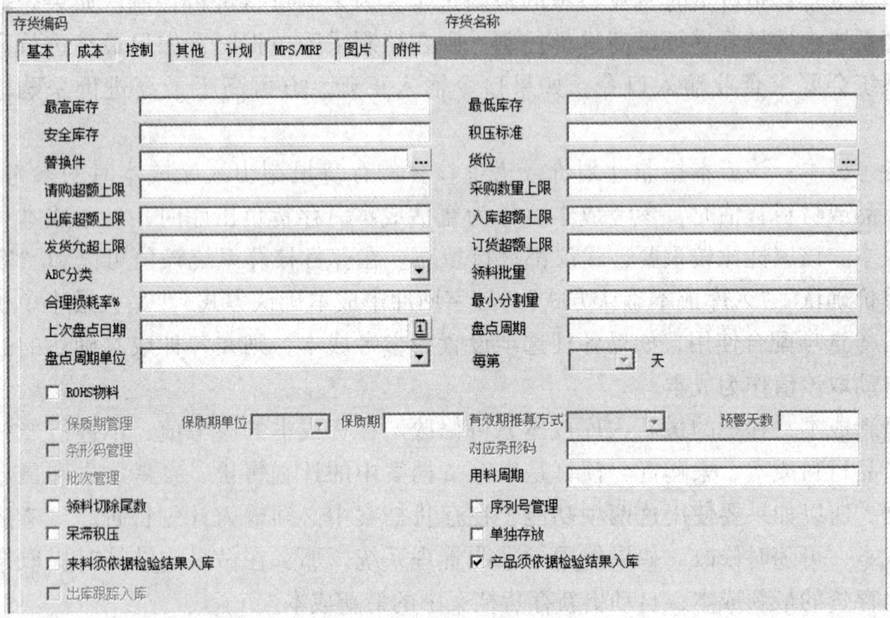

图 4-23　存货档案控制页

最高库存：存货在仓库中所能储存的最大数量，超过此数量就有可能形成存货的积压。最高库存不能小于最低库存。企业在填制出入库单时，如果某存货的目前结存量高于最高库存，系统将予以报警。库存管理系统需要设置此选项，才能报警。

最低库存：存货在仓库中应保存的最小数量，低于此数量就有可能形成短缺，影响正常生产。如果某存货当前可用量小于此值，在库存管理系统填制出入库单及登录产品时系统将予以报警。

安全库存：在库存中保存的货物项目数量，为了预防需求或供应方面不可预料的波动。在库存管理中，据此进行安全预警。安全库存指为了预防需求或供应方面不可预料的波动而定义的货物在库存中保存的基准数量。如果补货政策选择按再订货点（ROP）方法，库存管理 ROP 运算、再订货点维护以及查询安全库存预警报表时以此处的设置为基准。

积压标准：输入存货的周转率。呆滞积压存货分析根据积压标准进行统计，即周转率小于积压标准的存货，在库存管理中要进行统计分析。在库存管理系统进行呆滞积压存货分析时，以实际存货周转率与该值进行比较，以确定存货在库存中存放的状态（呆滞、积压或非呆滞积压状态）。

替换件：可作为某存货的替换品的存货，录入可替换当前存货（被替换品）的存货（替换品）。录入库存单据时如果发现被替换品存量不足，可以用替换品代替原存货出库。

货位：主要用于仓储管理系统中对仓库实际存放空间的描述，指存货的默认存放货位。在库存系统填制单据时，系统会自动将此货位作为存货的默认货位，可修改。

在企业中仓库的存放货位一般用数字描述。例如：3－4－12 表示第 3 排第 2 层第 12 个货架。货位可以分级表示。货位可以是三维立体形式，也可以是二维平面表示。

请购超额上限：设置根据请购单生成采购订单时，可以超过来源请购单订货的上限范围。也就是说，采购管理系统选项设置为"允许超请购订货"时，订货可超过请购量的上限值。

采购数量上限：用于采购时需要进行单次采购数量的限制。如果在基本页签中工程物料被选中，则可以录入；否则置灰不可录入，录入正数。

入库、出库超额上限：百分比数据以小数类型录入。手工输入的数据，在出入库时根据录入的数据计算控制。根据来源单据做出入库单时，可以超过来源单据出库或入库的上限范围。

订货超额上限：控制订货时不能超所需量的上限数量。参照 MPR／MPS 建议订货量生成采购订单的时候，订购量可超过建议订货量的上限值，采购管理系统的选项中"是否允许超计划订货"，此参数才会有效。

发货允超上限：发货允许超出订单的上限。

ABC 分类法：这是指在存货核算系统中由企业指定每一存货的 ABC 类别。只能输入 A、B、C 三个字母其中之一。基本原理是按成本比重高低将各成本项目分为 A、B、C 三类，对不同类别的成本采取不同控制方法。这一方法符合抓住关键少数、突出重点的原则，是一种比较经济合理的管理方法。该法既适用于单一品种各项成本的控制，又可以用于多品种成本控制，还可用于某项成本的具体内容的分类控制。A 类成本项目的成本占 A、B、C 三类成本总和的比重最大，一般应为 70% 以上，但实物数量则不超过 20%；归入 B 类的成本项目的成本比重为 20% 左右，其实物量则一般不超过 30%；C 类项目实物量不低于 50%，但其成本比重则不超过 10%。按照 ABC 分析法的要求，A 类项目是重点控制对象，必须逐项严格控制；B 类项目是一般控制对象，可分别按不同情况采取不同措施；C 类项目不是控制的主要对象，只需采取简单控制的方法即可。显然，按 ABC 分类法分析成本控制对象，可以突出重点，区别对待，做到主次分明，抓住成本控制的主要点。

合理损耗率：可以手工输入小数位数最大可为 6 位的正数，可以为空，可以随时修改。用途：①库存盘点时使用，库存管理进行存货盘点时企业可以根据实际损耗率与此值进行比较，确定盘亏存货的处理方式；②作为 BOM 中子件损耗率默认值携带。

领料批量：可空，可输入小数，如果存货设置成切除尾数，则不允许录入小数。如果设置了领料批量，在根据生产订单、委外订单进行领料及调拨时，系统将执行的领料量调整为领料批量的整数倍。

最小分割量：在进行配额分配时，对于有些采购数量较小的采购需求，企业并不希望将需求按照比例在多个供应商间进行分割，而是全部给实际完成率比较低的那个供应商。因此，这个参数针对存货设置。在进行配额前，系统可根据企业的设置和这个参数自动判断需不需要分给多个供应商。

ROHS 物料：标识当前存货是否是 ROHS 物料。某些企业在采购 ROHS 涉及的物料时需要从通过 RoHS（Restriction of Hazardous Substances）认证的供应商采购。（注：

RoHS 是由欧盟立法制定的一项强制性标准，它的全称是《关于限制在电子电器设备中使用某些有害成分的指令》。该标准已于 2006 年 7 月 1 日开始正式实施，主要用于规范电子电气产品的材料及工艺标准，使之更加有利于人体健康及环境保护。该标准的目的在于消除电器电子产品中的铅、汞、镉、六价铬、多溴联苯和多溴二苯醚（注意：PBDE 正确的中文名称是指多溴二苯醚，多溴联苯醚是错误的说法）共 6 项物质，并重点规定了铅的含量不能超过 0.1%。

是否保质期管理：指存货是否要进行保质期管理。如果某存货是保质期管理，选择"是"，且录入入库单据时，系统将要求企业输入该批存货的失效日期。

保质期单位：设置保质期值对应的单位，可设为年、月、天，默认为天，可随时修改。只有保质期管理的存货才能选择保质期单位；保质期单位和保质期必须同时输入或同时不输入，不能一个为空另一个不为空；企业输入保质期之前必须先选择保质期单位。

保质期：只能手工输入大于 0 的 4 位整数，可以为空，可以随时修改。

是否条形码管理：可以随时修改该选项。在库存系统可以对条形码管理的存货分配条形码规则。可以随时修改该选项。只有设置为条形码管理的存货才可以在库存系统中分配条形码规则。

对应条形码：最多可输入 30 位数字或字符，可以随时修改，可以为空。但不允许有重复的条形码存在。库存生成条形码时，作为存货对应条形码的组成部分。

是否批次管理：指存货是否需要批次管理。只有在库存选项设置为"有批次管理"时，此项才可选择。如果存货是批次管理，录入出、入库单据时，系统将要求企业输入出、入库批号。

用料周期：指物料从上次出库到下次出库的时间间隔。此参数用于库存进行用料周期分析时使用。用料周期分析用于分析若干时间内没有做过出库业务的物料，以便统计物料的使用周期及呆滞积压情况。

领料切除尾数：指经过 MRP/MPS 运算后得到的领料数量是否要切除小数点后的尾数。如果选择，当领料批量存在小数时，给出提示，由企业自己修改。

是否序列号管理：默认为"否"，随时可改。存货启用序列号管理作用于"服务管理"和"库存管理"两个系统。服务管理系统：服务选项设置为"启用序列号管理"时，则服务单执行完工操作时必须输入产品的序列号。库存管理系统：库存选项设置为"启用序列号管理"时，对于有序列号管理存货，在出入库时可以维护其对应序列号信息。

是否呆滞积压：用于设置该存货是否为呆滞积压存货。只在设置成此项才可以在库存管理的"呆滞积压备查簿"里查询。

是否单独存放：用于设置该存货是否需要单独存放，可以随时修改。如不选择，则该存货可跟别的存货放在一个货位上。

是否来料须依据检验结果入库：用于来料检验合格物料入库的控制，如果设置为来料须依据检验结果入库，则根据来料检验单生成采购入库单时系统控制累计入库量不得大于检验合格量与让步接受量之和。

是否出库跟踪入库：可以修改，但是若需要将该选项从不选择状态改成选择状态，则需要检查该存货有无期初数据或者出入库数据，有数据的情况下不允许修改。如选择，在录入出库单时，需要指定对应的入库单，只有设置此项才可以跟踪到供应商对应存货收发存情况。

产品须依据检验结果入库：库管部门做入库时，有些企业或同一企业的某些品种，能够严格按照质量部门确定的检验合格量入库，而对有些企业或者有些品种来说，入库量与检验合格量之间允许有一定的容差。可以通过勾选进行管理。

（4）存货档案 MPS/MRP 页，如图 4 - 24 所示。

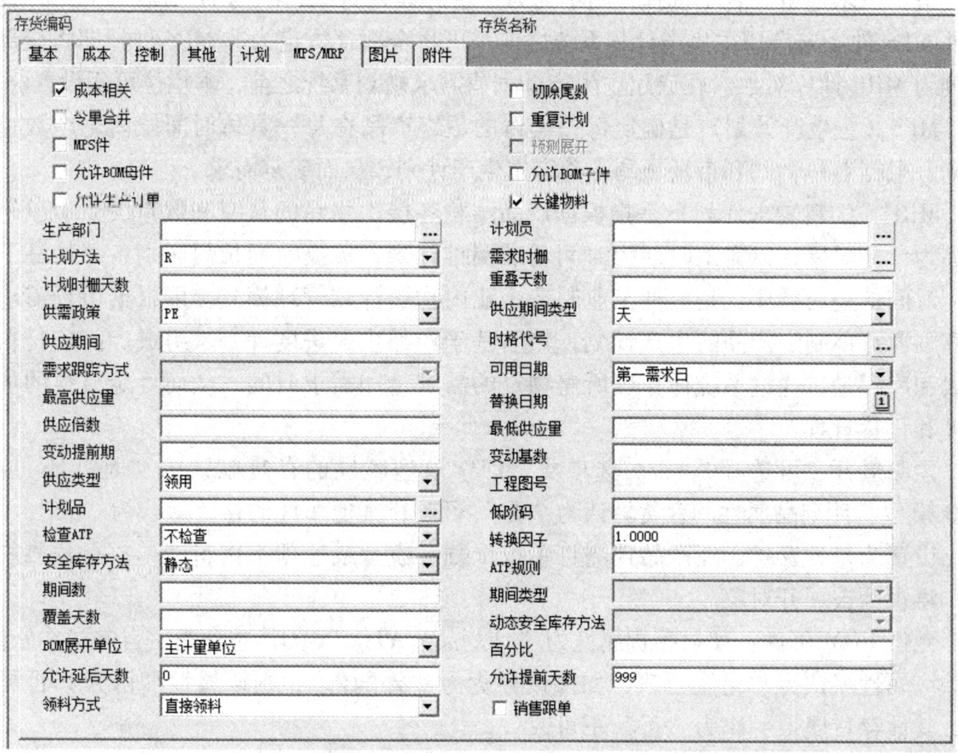

图 4 - 24　存货档案 MPS/MRP 页

如果是工业账套，则需要显示并输入存货档案 MPS/MRP 页的相关信息资料。

成本相关：表示该物料是否包含在物料清单中其母件的成本累计中。如果存货属性内销/外销不选、生产耗用不选而允许 BOM 子件勾选，则成本相关默认不选。在存货档案中该栏位值，成为物料清单维护中子件设定为是否成本累计的默认值。

是否切除尾数：这是一种计划修正手段，说明由 MRP/MPS 系统计算物料需求时，是否需要对计划订单数量进行取整。选择"是"时，系统会对数量进行向上进位取整。（切除尾数的例子：计算出的数量为 3.4，选择切除尾数后，MPS/MRP 会把此数量修正为 4。）

是否令单合并：当供需政策为 LP 时，可选择同一销售订单或同一销售订单行号或同一需求分类号（视需求跟踪方式设定）的净需求是否予以合并。

是否重复计划：表示此存货按重复计划方式还是按离散的任务方式进行计划与生产管理。选择"是"时，MPS/MRP 将以重复的日产量方式编制计划和管理生产订单。若不选择此选项，系统则以传统的离散计划方式来管理。只有自制件才可以设置为重复计划。

MPS 件：本栏位用于区分此物料是 MPS 件还是 MRP 件，即供主生产计划系统和物料需求计划之用，可选或不选择。若选择，则表明此存货为主生产计划对象，称为 MPS 件（MPS Items）。列入 MPS 件范围的，通常为销售品、关键零组件、供应提前期较长或占用产能负荷多或作为预测对象的存货等。MPS 件的选择可按各阶段的需要进行调整，以求适量。若不选择，则不列为主生产计划对象，即为 MRP 展开对象，也称为非 MPS 件。未启用主生产计划系统之前，可将全部存货定为非 MPS 件，即将全部存货列为 MRP 计算对象。在启用主生产计划或需求规划系统之前，本栏位可不设置。

MPS（主生产计划）是确定每一具体的最终产品在每一具体时间段内生产数量的计划。根据客户合同和市场预测，确定主生产计划，从而确定需求。

MRP（物料需求计划）是指根据产品结构各层次物品的从属和数量关系，以每个物品为计划对象，以完工时期为时间基准倒排计划，按提前期长短区别各个物品下达计划时间的先后顺序，是一种工业制造企业内物资计划管理模式。即根据市场需求预测和顾客订单制定产品的生产计划，然后基于产品生成进度计划、组成产品的材料结构表和库存量，通过系统计算出所需物资的需求量和需求时间，从而确定材料的加工进度和订货日程。

预测展开：可选择是/否。选项类、PTO 模型属性的存货默认为"是"不可改，ATO 模型、计划品属性的存货默认为"是"可改，其他属性的存货默认为"否"不可改。设置为是的存货，在产品预测订单按计划、模型或选项类物料清单执行预测展开时，将视为被展开对象。

允许 BOM 母件：如果存货属性为"计划品、ATO、PTO、选项类、自制、委外件"时，该属性默认为"是"可改，如果该存货为"外购件"，则该属性默认为"否"可改，其他存货属性一律为"否"不可改。

允许 BOM 子件："计划品、ATO、PTO、选项类、自制、委外件、外购件"默认为"是"可改，其他存货属性一律为"否"不可改。

允许生产订单："自制"属性默认为"是"可改；"委外、外购"属性默认为"否"可改；其他存货属性一律为"否"不可改。

关键物料：是指在交期模拟计算时是否考虑该物料。

生产部门：该自制存货通常负责的生产部门，为建立该存货生产订单时的默认值。

计划员：说明该存货的计划资料由谁负责，须首先在职员档案建档。

计划方法：可选择 R/N。R 表示此存货要列入 MRP/MPS 计算的对象，编制 MPS/MRP 计划；N 表示该存货及其以下子件都不计算需求，不列入 MRP/MPS 展开。如量少价低、可随时取得的物料，可采用再订购点或其他方式计划其供应。如果存货属性内销/外销不选、生产耗用不选而允许 BOM 子件勾选，计划方法默认为 N。

需求时栅：MPS/MRP 计算时，在某一时段对某物料而言，其独立需求来源可能是按订单或按预测或两者都有，系统是按各物料所对应的时栅内容而运作的。系统读取时栅代号的顺序为：先以物料在存货主档中的时栅代号为准，若无则按 MPS/MRP 计划参数中设定的时栅代号。

时栅是指时界，即指明操作过程中各种约束条件或者改变将会发生的时间界限。如公司政策或措施的改变点，执行计划的时间段。时格也就是时间段，即统计数据的一个时间段。

计划时栅天数：可输入最多三位正整数，可不输入。

重叠天数：可输入最多三位正/负整数，可不输入。

供需政策：各存货的供应方式，可以选择 PE 或 LP。本栏位为主生产计划及需求规划系统，规划计划订单之用。对应存货在"现存量"表中有记录则不允许"LP、PE"转换。

PE（Period）：表示期间供应法。MPS/MRP 计算时，按设定期间汇总净需求一次性供应，即合并生成一张计划订单。此方式可增加供应批量，减少供应次数，但需求来源（如销售订单）变化太大时，将造成库存太多、情况不明的现象。若供需政策采用 PE 且为非重复计划物料，则可在"供应期间类型、供应期间、时格代号"栏位输入相关值，并选择"可用日期"参数。

LP（Lot Pegging）：表示批量供应法，按各时间的净需求分别各自供应。所有净需求都不合并，按销售订单不同各自生成计划订单。此方式可使供需对应关系明朗化，库存较低，但供应批量可能偏低，未达经济规模。若供需政策选用 LP，则可选择"是否令单合并"栏位。

需求跟踪方式：如果供需政策为 LP，可选择"订单号/订单行号/需求分类代号"三种需求跟踪方式之一，分别表示是按销售订单号、销售订单行或需求分类号来对物料的供需资料分组。

替换日期：因某些原因（如技术、经济上原因等），而确定存货将在该日期被另一存货所替代，但在该存货被另一存货替代之前，该存货的现有库存将被使用完毕。MRP 展开时，一旦该存货库存在替换日期之后被完全使用完毕，系统自动将该存货的相关需求分配给另一存货（替换料）。该存货的替换料资料在物料清单中维护。

固定供应量：一种计划修正手段，在 MPS/MRP 编制时使用。此处输入存货的最低供应量，若该存货有结构性自由项，则新增存货时为各结构自由项默认的固定供应量，如果要按各结构自由项分别设置其不同的固定供应量，请按结构自由项个别修改。MPS/MRP 计算时，按各存货（或存货加结构自由项）的固定供应量，将净需求数量调整为固定的计划订单数量，即在净需求不能达到固定供应量时，系统将建议固定供应量；而在净需求超过固定供应量时，系统将建议多个计划数量等于固定供应量的计划订单。

最低供应量：一种计划修正手段，在 MPS/MRP 编制时使用。输入存货的最低供应量，若该存货有结构性自由项，则新增存货时为各结构自由项默认的最低供应量，如果要按各结构自由项分别设置其不同的最低供应量，请按结构自由项个别修改。MPS/MRP 计算时，如果净需求数量小于最低供应量，将净需求数量修最低固定量；否则，保持原净需求数量不变。

供应倍数：一种计划修正手段，在 MPS/MRP 编制时使用。输入存货的供应倍数，若该存货有结构性自由项，则新增存货时为各结构自由项默认的供应倍数，如果要按各结构自由项分别设置其不同的供应倍数，请按结构自由项个别修改。MPS/MRP 计算时，按各存货（或存货加结构自由项）的供应倍数，将净需求数量修正供应倍数的整数倍，即各计划订单数量一定为供应倍数的整数倍。注：此供应倍数可以为小数。

变动基数：如果有变动提前期考虑时，每日产量即为变动基数。

总提前期的计算公式为：$\dfrac{\text{总需求量}}{\text{变动基数}} \times \text{变动提前期} + \text{固定提前期}$

固定提前期：从发出需求讯息，到接获存货为止所需的固定提前期。以采购件为例，即不论需求量多少，从发出采购订单到可收到存货为止的最少需求时间，称为此采购件的固定提前期。

变动提前期：如果生产或采购或委外时，会因数量造成生产或采购或委外时间不一时，此段时间称为变动提前期。

工程图号：输入工程图号，备注用。

供应类型：用以控制如何将子件物料供应给生产订单和委外订单、如何计划物料需求以及在如何计算物料成本。此处定义的供应类型将带入物料清单，成为子件供应类型的默认值。

领用：可按需要直接领料而供应给相应的生产订单和委外订单。

入库倒冲：在生产订单和委外订单母件完成入库时，系统自动产生领料单，将子件物料发放给相应的生产订单和委外订单。

工序倒冲：在生产订单母件工序完工时，系统自动产生领料单，将子件物料发放给相应的生产订单。

虚拟件：虚拟件是一个无库存的装配件，它可以将其母件所需物料组合在一起，产生一个子装配件。MPS/MRP 系统可以通过虚拟件直接展开到该虚拟件的子件，就好似这些子件直接连在该虚拟件的母件上。成本管理系统中计算产品成本时，这些虚拟件的母件的装配成本将会包括虚拟件的物料成本，但不包含其人工及制造费用等成本要素。

直接供应：生产过程中，如果子件是直接为上阶订单生产，且子件实体不必进入库存，这些子件称为直接供应子件。

低阶码：又称为低层代码，表示该存货在所有物料清单中所处的最低层次，由"物料清单"系统中"物料低阶码自动计算"功能计算得到。MPS/MRP 计算使用低阶码来确保在计算出此子件的所有的毛需求之前不会对此存货进行净需求。

计划品编码：可输入一个计划品的存货编码，目的在于建立存货与某一计划品的对应关系，与"转换因子"栏位值配合，用于存货的销售订单与该计划品的需求预测进行预测消抵。只有销售属性的存货才可输入；输入的计划品其"预测展开"设置为否；输入计划品的 MPS/MRP 属性与原存货相同。

转换因子：输入计划品编码时必须输入，默认为1，可改，须大于零。

检查 ATP：系统默认为"不检查"，可改为"检查物料"。如果选择为"检查物料"，则在生产订单和委外管理系统中，可以检查该物料的可承诺数量，以进行缺料分析与处理。

ATP 即可承诺量，指企业向客户订单承诺交付产品的能力，它以尚未承诺的库存、计划生产和物料为基准。ATP 模拟，即通过 ATP 运算，看是否能够满足客户需求。

ATP 规则：可参照输入自定义的 ATP 规则，资料来源于 ATP 规则档案，可不输入，支持批改。ATP 规则可以定义供应和需求来源、时间栏参数等。执行生产订单/委外订单子件 ATP 数量查询时，如果子件"检查 ATP"设置为"检查物料"，则读此处输入的 ATP 规则，若未输入则以生产制造参数设定中的 ATP 规则为准。

安全库存方法：选择 MPS/MRP/SRP 自动规划时安全库存的处理方式。默认为"静态"，可改为"静态/动态"之一。如果设置为"静态"，MPS/MRP/SRP 计算以物料档案中输入的安全库存量为准；若设置为"动态"，则系统自动计算物料基于需求的安全库存量。

SRP 和 MRP 运算是计划生产的两种运算方式，运算方法相似，但 MRP 主要用于某一期间内所有订单需求量的运算，而 SRP 是针对具体的某一张订单的需求进行运算。MRP 运算会将生产期间内所有的订单合并需求进行生产，这样后续的材料采购、生产领料、产品入库等无法追溯到源头的具体的单据；而 SRP 运算是根据每一张的订单需求生产，不会合并需求，这样的运算模式便于从销售订单或者预测单到产品入库，通过上下联查单据，可以进行全程的追溯跟踪。

期间类型：MPS/MRP/SRP 计算动态安全库存量，首先必须确定某一期间内物料的需求量，本栏位供选择确定此一期间的期间类型，其次，系统依该栏位值与"期间数"输入值确定计算物料需求量的期间长度。如期间类型为天、期间数为 12，则期间长度为 12 天。系统默认为"天"，可改为"天/周/月"之一，安全库存方法选择为"动态"时必须输入。

期间数：安全库存方法选择为"动态"时必须输入。

动态安全库存方法：选择动态安全库存量是以覆盖日平均需求量的天数计算，或以动态安全库存期间内总需求量的百分比来计算。默认为"覆盖天数"，可改为"覆盖天数/百分比"之一，安全库存方法选择为"动态"时必须输入。

覆盖天数：动态安全库存方法选择为"覆盖天数"时必须输入。

百分比：动态安全库存方法选择为"百分比"时必须输入。

BOM 展开单位：可选择"主计量单位/辅助计量单位"之一。这指执行 BOM 展开时，是以子件的基本用量或是以辅助基本用量作为子件使用数量的计算基准。

BOM 即物料清单（Bill Of Material）的简称，它是详细记录一个项目所用到的所有下阶材料及相关属性，亦即母件与所有子件的从属关系、单位用量及其他属性。在有些系统称之为材料表或配方料表。

允许提前天数：输入天数。需求规划进行供需平衡时，如果需求之后存在供应且供应日期减需求日期小于等于允许提前天数，则该笔供应的重规划日提前至需求日期；若供应日期减需求日期大于允许提前天数，则不修改该供应的重规划日。

允许延后天数：输入天数。需求规划进行供需平衡时，如果供应之后存在需求且需求日期减供应日期大于或等于允许延后天数，则该笔供应的重规划日延后至需求日期；若需求日期减供应日期小于允许延后天数，则不修改该供应的重规划日。

销售跟单：如果供需政策为 PE，可选择销售跟单选项。销售跟单选项需要配合需求跟踪方式使用以确定计划订单带入的跟踪号是"订单号/订单行号/需求分类代号"之一。PE 物料的销售跟单只是将跟踪号带入计划订单中显示，其作用仅仅表示计划订单最初是根据哪一个需求跟踪号产生的，再次计划时并不按照需求跟踪号来进行供需平衡。

领料方式：可以选择"直接领料/申请领料"两者之一，直接领料表示生产时按照生产订单进行领料作业，申请领料表示生产时需要预先按照生产订单申请领料，再进行领料作业。

供应期间类型：对于非重复计划的 PE 件，选择其进行净需求合并的供应期间的期间类型。除了采用时格进行供应期间划分外，其他供应期间类型皆与"供应期间"栏位输入值一并确定供应期间长度。如供应期间类型为天、供应期间为 12，则供应期间长度为 12 天。系统默认为"天"，可改为"天/周/月/时格"之一。

供应期间：输入供应期间数。该栏位值与供应期间类型一起（选择时格时除外）用于计算净需求合并的供应期间长度。

时格代号：如果供应期间类型选择为"时格"，则参照时格档案输入。

可用日期：表示同一供应期间内的净需求合并之后，其需求日期如何确定。系统默认为"第一需求日"，可选择"第一需求日/期间开始日/期间结束日"之一。

（5）存货档案计划页，如图 4 - 25 所示。

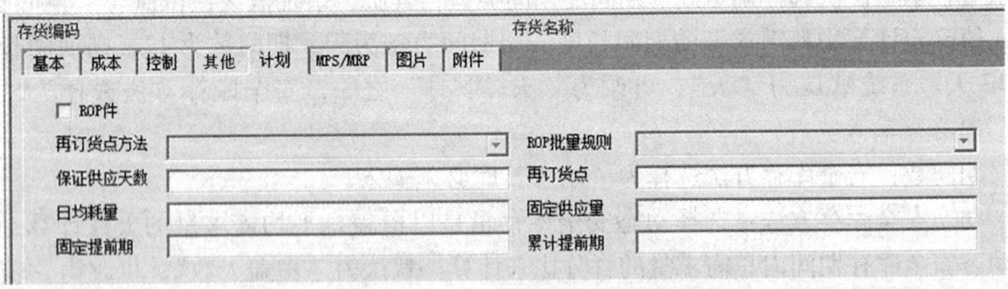

图 4 - 25　存货档案计划页

在此页签输入存货档案计划页的相关信息资料。用于库存管理 ROP（Re - Order Point 为再订货点法，是一种传统的库存规划方法，考虑安全库存和采购提前期，当库存量降到再订货点时，按照批量规则进行订购。现主要针对未在 BOM 中体现的低值易耗品、劳保用品）功能。如果该存货补货政策为依再订货点，则需要在此页签进行相关信息的设置。

ROP 件：设置为外购属性 + ROP 的存货，在库存系统中可以参与 ROP 运算，生成 ROP 采购计划。

再订货点方法：设置为 ROP 件时，必选其一。手工：由企业手工输入再订货点。自动：由系统自动计算再订货点，不可手工修改，可录入日均耗量。再订货点 = 日均耗量 × 固定提前期 + 安全库存。

ROP批量规则：此处选定的批量规则决定库存系统ROP运算时计划订货量的计算规则。

保证供应天数：录入不小于零的数字，默认为1。ROP批量规则选择历史消耗量时，根据此值计算计划订货量。计划订货量 = 日均耗量 × 保证供应天数。

日均耗量：在库存系统进行日均耗量与再订货点维护时，系统自动填写该项，日均耗量 = 历史耗量 ÷ 计算日均耗量的历史天数，可修改。

固定供应量：录入，不能小于零，即经济批量。考虑批量可以使企业在采购或生产时按照经济、方便的批量订货或组织生产，避免出现拆箱或量小不经济的情况，多余库存可作为意外消耗的补充、瓶颈工序的缓解、需求变动的调节等。ROP批量规则选择固定批量时，根据此值计算计划订货量。计划订货量 = 固定供应量。

固定提前期：指从订货到货物入库的周期。再订货点方法选择"自动"时，系统根据此值计算再订货点。

累计提前期：指从取得原物料开始到完成制造该存货所需的时间，可逐层比较而取得其物料清单下各层子件的最长固定提前期，再将本存货与其各层子件中最长的提前期累加而得。该值由MPS/MRP系统中"累计提前期天数推算"作业自动计算而得。

在录存货档案前，最好先把仓库档案录完。

【实务案例】

华北科技有限公司的存货档案如表4-13所示。

表4-13 存货档案

存货编码	存货名称	计量单位组名称	主计量单位名称	税率	存货属性
01	多媒体教程	基本计量单位	册	17%	自制、内销
02	多媒体课件	基本计量单位	套	17%	自制、内销
03	甲材料	基本计量单位	箱	17%	外购、生产耗用

【操作步骤】

在企业应用平台中，执行"基础设置→基础档案→存货→存货档案"指令，进入存货档案设置主界面，在左边的树型列表中选择一个末级的存货分类（如果在建立账套时设置存货不分类，则不用进行选择），单击"增加"按钮，进入增加状态。选择"基本""成本""控制""其他""计划""MPS/MRP""图片""附件"页签，填写相关内容。然后，点击"保存"按钮，保存此次增加的存货档案信息；或点击"保存并新增"按钮保存此次增加的存货档案信息，并增加空白页供继续录入存货信息。

第三节 总账系统初始设置

用友U8总账系统适用于各类企事业单位进行凭证处理、账簿管理、个人往来款管理、部门管理、项目核算和出纳管理等，可根据需要增加、删除或修改会计科目或选用行业标准科目,通过严密的制单控制保证填制凭证的正确性,提供资金赤字控制、支票控制、预算控制、外币折算误差控制以及查看科目最新余额等功能,加强对发生业务的及时管理和控制。制单赤字控制可控制出纳科目、个人往来科目、客户往来科目、供应商往来科目等。凭证填制权限可控制到科目,凭证审核权限可控制到操作员。

总账系统的功能:①为出纳人员提供一个集成办公环境,加强对现金及银行存款的管理;②提供支票登记簿功能,用来登记支票的领用情况;③可完成银行日记账、现金日记账,随时出最新资金日报表,余额调节表以及进行银行对账;④自动完成月末分摊、计提、对应转账、销售成本、汇兑损益、期间损益结转等业务;⑤进行试算平衡、对账、结账、生成月末工作报告。

一、总账参数设置

在建立新账套后,由于企业具体情况或业务变更,发生一些账套信息与核算要求不符时,可以通过总账参数的设置来满足其变更的需要,即对"凭证选项""账簿选项""凭证打印""预算控制""权限选项""会计日历""其他选项""自定义项核算"八个页签的内容进行修改设置。

用友 U8 总账控制参数设置如图 4-26 所示。

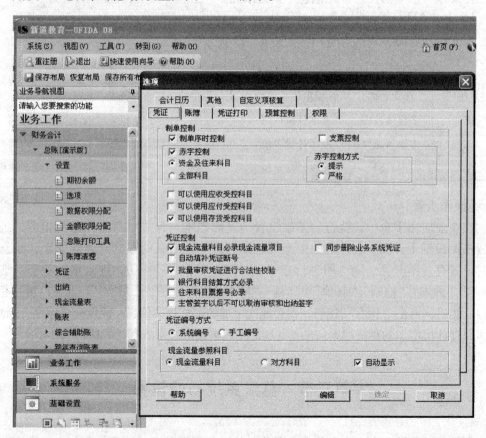

图 4-26 总账参数设置界面

（一）凭证选项

1. 制单控制

制单控制是指在填制凭证时，系统应对哪些操作进行控制。

（1）制单序时控制：此项和"系统编号"选项连用，制单时凭证编号必须按日期顺序排列，如 10 月 25 日编制 25 号凭证，则 10 月 26 日只能开始编制 26 号凭证，即制单序时，如果有特殊需要可以将其改为不序时制单。

（2）支票控制：若选择此项，在制单时使用银行科目编制凭证时，系统针对票据管理的结算方式进行登记，如果录入支票号在支票登记簿中已存，系统提供登记支票报销的功能；否则，系统提供登记支票登记簿的功能。

（3）赤字控制：若选择了此项，在制单时，当"资金及往来科目"或"全部科目"的最新余额出现负数时，系统将予以提示。系统提供了提示、严格两种方式，可根据需要进行选择。

（4）可以使用应收受控科目：若科目为应收款管理系统的受控科目，为了防止重复制单，只允许应收系统使用此科目进行制单，总账系统是不能使用此科目制单的。所以如果希望在总账系统中也能使用这些科目填制凭证，则应选择此项。

（5）可以使用应付受控科目：若科目为应付款管理系统的受控科目，为了防止重复制单，只允许应付系统使用此科目进行制单，总账系统是不能使用此科目制单的。所以如果希望在总账系统中也能使用这些科目填制凭证，则应选择此项。

（6）可以使用存货受控科目：若科目为存货核算系统的受控科目，为了防止重复制单，只允许存货核算系统使用此科目进行制单，总账系统是不能使用此科目制单的。所以如果希望在总账系统中也能使用这些科目填制凭证，则应选择此项。

注意：总账和其他业务系统同期都使用了受控科目时，会引起受控系统与总账对账不平。

2. 凭证控制

凭证控制指管理流程设置。

（1）现金流量科目必录现金流量项目：选择此项后，在录入凭证时如果使用现金流量科目则必须输入现金流量项目及金额。

（2）自动填补凭证断号：如果选择凭证编号方式为系统编号，则在新增凭证时，系统按凭证类别自动查询本月的第一个断号默认为本次新增凭证的凭证号。如无断号则为新号，与原编号规则一致。

（3）批量审核凭证进行合法性校验：批量审核凭证时针对凭证进行二次审核，提高凭证输入的正确率，合法性校验与保存凭证时的合法性校验相同。

（4）银行科目结算方式必录：选中该选项，填制凭证时结算方式必须录入，录入的结算方式如果勾选"是否票据管理"，则票据号也控制为必录，录入的结算方式如果不勾选"是否票据管理"，则票据号不控制必录。不选中该选项，则结算方式和票据号都不控制必录。

（5）往来科目票据号必录：选中该选项，填制凭证时往来科目必须录入票据号。

（6）同步删除外部系统凭证：选中该选项，外部系统删除凭证时相应地将总账的凭证同步删除；否则，将总账凭证作废，不予删除。

3. 凭证编号方式

系统在"填制凭证"功能中一般按照凭证类别按月自动编制凭证编号，即"系统编号"；但有的企业需要系统允许在制单时手工录入凭证编号，即"手工编号"。

4. 现金流量参照科目

现金流量参照科目用来设置现金流量录入界面的参照内容和方式。"现金流量科目"选项选中时，系统只参照凭证中的现金流量科目；"对方科目"选项选中时，系统只显示凭证中的非现金流量科目。"自动显示"选项选中时，系统依据前两个选项将现金流量科目或对方科目自动显示在指定现金流量项目界面中，否则需要手工参照选择。

（二）权限选项

1. 制单权限控制到科目

要在系统管理的"功能权限"中设置科目权限，再选择此项，权限设置有效。选择此项，则在制单时，操作员只能使用具有相应制单权限的科目制单。

2. 制单权限控制到凭证类别

要在系统管理的"功能权限"中设置凭证类别权限，再选择此项，权限设置有效。选择此项，则在制单时，只显示此操作员有权限的凭证类别。同时在凭证类别参照中按人员的权限过滤出有权限的凭证类别。

3. 操作员进行金额权限控制

选择此项，可以对不同级别的人员进行金额大小的控制，例如财务主管可以对 10 万元以上的经济业务制单，一般财务人员只能对 5 万元以下的经济业务制单，这样可以减少由于不必要的责任事故带来的经济损失。如为外部凭证或常用凭证调用生成，则处理与预算处理相同，不做金额控制。

注：用友 U8 V10.1 系统结转凭证不受金额权限控制；在调用常用凭证时，如果不修改直接保存凭证，此时由被调用的常用凭证生成的凭证不受任何权限的控制，例如包括金额权限控制、辅助核算及辅助项内容的限制等；外部系统凭证是已生成的凭证，得到系统的认可，所以除非进行更改，否则不受金额等权限控制。

4. 凭证审核控制到操作员

如只允许某操作员审核其具有审核权限的凭证，则应选择此选项。

5. 出纳凭证必须经由出纳签字

若要求现金、银行科目凭证必须由出纳人员核对签字后才能记账，则选择"出纳凭证必须经由出纳签字"。

6. 凭证必须经由主管会计签字

如要求所有凭证必须由主管签字后才能记账，则选择"凭证必须经主管签字"。

7. 允许修改、作废他人填制的凭证

若选择了此项，在制单时可修改或作废别人填制的凭证，否则不能修改。

8. 可查询他人凭证

如允许操作员查询他人填制的凭证，则选择"可查询他人凭证"。

9. 明细账查询权限控制到科目

这里是权限控制的开关，在系统管理中设置明细账查询权限，必须在总账系统选项中打开，才能起到控制作用。

10. 制单、辅助账查询控制到辅助核算

设置此项权限，制单时才能使用有辅助核算属性的科目录入分录，辅助账查询时只能查询有权限的辅助项内容。

（三）其他选项

（1）外币核算。如果企业有外币业务，则应选择相应的汇率方式——固定汇率或浮动汇率。"固定汇率"，即在制单时，一个月只按一个固定的汇率折算本位币金额。"浮动汇率"，即在制单时，按当日汇率折算本位币金额。

（2）分销联查凭证 IP 地址，在这里输入分销系统的网址，可以联查分销系统的单据。

（3）启用调整期。如果希望在结账后仍旧可以填制凭证用来调整报表数据，可在总账选项中启用调整期。调整期启用后，加入"关账"操作，在结账之后关账之前为调整期。在调整期内填制的凭证为调整期凭证。

【实务案例】

华北科技有限公司总账系统参数如下：

制单序时控制，支票控制，凭证编号为：系统编号，自动填补凭证断号，可以使用应收受控科目、应付受控科目和存货受控科目，出纳凭证必须由出纳签字，凭证必须由主管会计签字，其他参数为系统默认。

【操作步骤】

在企业应用平台中，执行"业务工作→财务会计→总账→设置→选项"指令，进入总账参数设置主界面，依据企业会计核算要求逐一勾选相关项目。

二、总账基础设置

（一）凭证类型

许多单位为了便于管理或登账方便，一般对记账凭证进行分类编制。如果是第一次进行凭证类别设置，可以按以下几种常用分类方式进行定义：第一种为记账凭证；第二种为收款、付款、转账凭证；第三种为现金、银行、转账凭证；第四种为现金收款、现金付款、银行收款、银行付款、转账凭证。

【实务案例】

华北科技有限公司的会计凭证类别如表 4-14 所示。

表 4-14　会计凭证类别

类别字	类别名称	限制类型	限制科目
收	收款凭证	借方必有	1001，1002
付	付款凭证	贷方必有	1001，1002
转	转账凭证	凭证必无	1001，1002

【操作步骤】

在企业应用平台中,执行"基础设置→基础档案→财务→凭证类别"指令,进入凭证类别设置主界面,单击"增加"按钮,在表格中新增的空白行中填写凭证类别字、凭证类别名称并参照选择限制类型及限制科目等栏目信息。

"限制类型及科目"含义如下:

"借方必有"指填制收款凭证时,借方必须有 1001 或 1002 科目,即 1001 和 1002 中至少有一个科目在借方。如果没有,则为不合法凭证,不能保存。

"贷方必有"指填制付款凭证时,贷方必须有 1001 或 1002 科目,即 1001 和 1002 中至少有一个科目在贷方。如果没有,则为不合法凭证,不能保存。

"凭证必无"指填制转账凭证时,凭证借贷方均不能有 1001 或 1002 科目。如果有,则为不合法凭证,不能保存。

若限制科目为非末级科目,则在制单时,其所有下级科目都将受到同样的限制。如:限制科目为 1002,且 1002 科目下有 100201 和 100202 两个下级科目,那么,在填制转账凭证时,将不能使用科目 100201 和 100202。

另外,已经使用的凭证类别不能删除。

(二)结算方式

该功能用来建立和管理企业在经营活动中所涉及的结算方式,如现金结算、支票结算等。结算方式最多可以分为 2 级。结算方式一旦被引用,便不能进行修改和删除的操作。

【实务案例】

华北科技有限公司的结算方式如表 4 - 15 所示。

表 4 - 15　结算方式

结算方式编号	结算方式名称	是否票据管理
1	库存现金	否
2	支票	否
201	现金支票	是
202	转账支票	是
9	其他	否

【操作步骤】

在企业应用平台中,执行"基础设置→基础档案→收付结算→结算方式"指令,进入结算方式设置主界面,单击"增加"按钮,输入结算方式编码、结算方式名称和是否票据管理。点击"保存"按钮,便可将本次增加的内容保存,并在左边部分的树形结构中添加和显示。

(三)银行档案及本单位开户银行

【实务案例】

银行档案信息:银行编码:01　　银行名称:中国工商银行　　账号长度:14 位

【操作步骤】

在企业应用平台中，执行"基础设置→基础档案→收付结算→银行档案"指令，进入银行档案设置主界面，单击"增加"按钮，输入银行档案相关信息后，点击"保存"按钮，便可将本次增加的内容保存。

【实务案例】

本单位开户银行：编号：001　银行账号：67676767676789

开户银行名称：中国工商银行攀枝花市炳草岗支行

【操作步骤】

在企业应用平台中，执行"基础设置→基础档案→收付结算→本单位开户银行"指令，进入本单位开户银行设置主界面，单击"增加"按钮，输入开户银行相关信息后，点击"保存"按钮，便可将本次增加的内容保存。

（四）外汇及汇率

为便于制单时调用外汇，减少录入汇率的次数和差错，需先对外汇及汇率进行设置。在用友 ERP 中，填制凭证时所用的外汇及汇率应先进行定义。

对于使用固定汇率（即使用月初或年初汇率）作为记账汇率的企业，在填制每月的凭证前，应预先在此录入当月的记账汇率，否则在填制当月外币凭证时，将会出现汇率为零的错误。

对于使用变动汇率（即使用当日汇率）作为记账汇率的企业，在填制当天的凭证前，应预先在此录入当天的记账汇率。

【实务案例】

华北科技有限公司的外汇及汇率："美元"、采用固定汇率6.875进行核算。

（五）会计科目

会计科目是对会计对象具体内容分门别类进行核算所规定的项目，也是填制会计凭证、登记会计账簿、编制会计报表的基础。会计科目设置的完整性影响着会计过程的顺利实施，会计科目设置的层次深度直接影响会计核算的详细、准确程度。除此之外，对于电算化系统会计科目的设置是应用系统的基础，它是实施各种会计方法的前提。

一般来说，为了充分体现计算机管理的优势，在企业原有的会计科目基础上，应对以往的一些科目结构进行调整，以便充分发挥计算机的辅助核算功能。如果企业原来有许多往来单位、个人、部门、项目是通过设置明细科目来进行核算管理的，那么，在使用总账系统后，最好改用辅助核算进行管理，即将这些明细科目的上级科目设为辅助核算科目，并将这些明细科目设为相应的辅助核算目录。总账系统中一共可设置11 种辅助核算：包括部门、个人、客户、供应商、项目 5 种辅助核算以及部门客户、部门供应商、客户项目、供应商项目、部门项目及个人项目6 种组合辅助核算。一个科目设置了辅助核算后，它所发生的每一笔业务将会登记在辅助总账和辅助明细账上。

1. 新增会计科目

在企业应用平台中，执行"基础设置→基础档案→财务→会计科目"指令，进入会计科目设置主界面，单击"增加"按钮，进入会计科目页编辑界面，输入完科目信息，点击"确定"后保存。

2. 修改会计科目

在会计科目设置主界面，选择要修改的科目，单击"修改"按钮或双击该科目，即可进入会计科目修改界面，企业可以在此对需要修改的会计科目进行修改。单击"第一页""前页""后页""最后页"找到下一个需要修改的科目，重复上述步骤即可。

没有会计科目设置权的人员，只能在此浏览科目的具体定义，不能进行修改。已使用的科目可以增加下级，新增第一个下级科目为原上级科目的全部属性。

3. 删除会计科目

在会计科目设置界面，选中要删除的科目，单击"删除"按钮即可删除此会计科目。但已使用的科目不能删除。

已有授权系统、已录入科目期初余额、已在多栏定义中使用、已在支票登记簿中使用、已录入辅助账期初余额、已在凭证类别设置中使用、已在转账凭证定义中使用、已在常用摘要定义中使用、已制单、记账或录入待核银行账期初的科目均为已使用科目。

4. 指定现金、银行科目

此处指定的现金、银行存款科目供出纳管理使用，所以在出纳签字、查询现金、银行存款日记账前，必须指定现金、银行存款总账科目。

单击"编辑"菜单下的"指定科目"，点击左边"现金总账科目"按钮，用"＞"选择"库存现金"总账科目入右边"已选科目"。点击左边"银行总账科目"按钮，用"＞"选择"银行存款"总账科目入右边"已选科目"。选择完毕后，单击"确认"按钮即可。

5. 指定现金流量科目

此处指定的现金流量科目供 UFO 出现金流量表时取数函数使用，所以在录入凭证时，对指定的现金流量科目系统自动弹出窗口要求指定当前录入分录的现金流量项目。

单击"编辑"菜单下的"指定科目"，点击左边"现金流量科目"按钮，用"＞"选择现金流量科目入右边"已选科目"，选择完毕后，单击"确认"按钮即可。

6. 如何复制增加科目

如果新增会计科目与某一已设置好的会计科目相似，可以使用科目复制功能复制增加新科目，如果有不同之处，在新科目上略做修改即可，不用重新设置所有项。

选择要复制的科目，点击"编辑"菜单下的"复制"，增加一个新科目，在新增界面修改不同之处，点击"保存"即增加一个新科目。

7. 成批复制科目

在新增会计科目过程中可能会遇到新增会计科目的下级科目与一个已设置好的科目的下级明细科目类似，在这种情况下如果设置一批新下级明细科目，非常浪费时间和人力，所以 U8 产品提供了成批复制下级明细科目的功能。它可以将本账套或其他账套中的相似的下级科目复制给某一科目，减少重复设置的工作量，并提高正确率和一致性。

成批复制科目的做法为：选择"编辑"菜单下的"成批复制"。例如一个公司的制造费用和管理费用的下级明细科目基本相同，那么在设置管理费用科目时，只需将制造费用的所有下级科目复制为管理费用的下级即可，如果需要复制携带辅助核算、数量核算和外币核算的，在三个辅助核算前打钩即可。即使制造费用的下级科目与管理费用有不同之处，只需稍做修改，比重新设置更加快捷、方便。

【实务案例】

华北科技有限公司的会计科目如表4-16所示。

表4-16 2017年9月初华北科技有限公司会计科目表及期初余额

科目名称及编码	方向	币别/计量	辅助账类型	账页格式	期初余额
库存现金（1001）	借			金额式	6 775.70
银行存款（1002）	借			金额式	159 488.89
工行存款（100201）	借			金额式	159 488.89
中行存款（100202）	借	美元		外币金额式	
其他货币资金（1012）	借			金额式	
外埠存款（101201）	借			金额式	
存出投资款（101202）	借			金额式	
信用卡（101203）	借			金额式	
其他（101299）	借			金额式	
交易性金融资产（1101）	借			金额式	
应收票据（1121）	借		客户往来	金额式	
应收账款（1122）	借		客户往来	金额式	157 600.00
预付账款（1123）	借		供应商往来	金额式	
应收股利（1131）	借			金额式	
应收利息（1132）	借			金额式	
其他应收款（1133）	借		个人往来	金额式	3 800.00
坏账准备（1141）	贷			金额式	788.00
包装物（1221）	借			金额式	
材料采购（1401）	借			金额式	
原材料（1403）	借			金额式	186 900.00
甲材料（140301）	借			数量金额式	9 345.00
	借	箱			20.00
库存商品（1405）	借			金额式	199 976.00
多媒体教程（140501）	借			数量金额式	87 976.00
	借	册			3 142.00
多媒体课件（140502）	借			数量金额式	112 000.00

表4-16（续）

科目名称及编码	方向	币别/计量	辅助账类型	账页格式	期初余额
	借	套			3 200.00
持有至到期投资（1501）	借			金额式	
可供出售金融资产（1503）	借			金额式	
长期股权投资（1511）	借			金额式	
长期股权投资减值准备（1512）	贷			金额式	
长期应收款（1531）	借			金额式	
固定资产（1601）	借			金额式	1 260 680.00
累计折旧（1602）	贷			金额式	197 584.84
固定资产减值准备（1603）	贷			金额式	
在建工程（1604）	借			金额式	
固定资产清理（1606）	借			金额式	
无形资产（1701）	借			金额式	59 136.97
累计摊销（1702）	贷			金额式	
长期待摊费用（1801）	借			金额式	
待处理财产损溢（1901）	借			金额式	
短期借款（2001）	贷			金额式	200 000.00
应付票据（2201）	贷		供应商往来	金额式	
应付账款（2202）	贷		供应商往来	金额式	276 850.00
预收账款（2203）	贷		客户往来	金额式	
应付职工薪酬（2211）	贷			金额式	10 222.77
应交税费（2221）	贷			金额式	-13 000.00
应交增值税（222101）	贷			金额式	
进项税额（22210101）	贷			金额式	
销项税额（22210102）	贷			金额式	
转出未交增值税（22210103）	贷			金额式	
未交增值税（222102）	贷			金额式	-13 000.00
应交消费税（222103）	贷			金额式	
应交所得税（222104）	贷			金额式	
应交个人所得税（222105）	贷			金额式	
其他（222199）	贷			金额式	
应付利息（2231）	贷			金额式	
应付股利（2232）	贷			金额式	
其他应付款（2241）	贷			金额式	
长期借款（2501）	贷			金额式	
应付债券（2502）	贷			金额式	

表4－16（续）

科目名称及编码	方向	币别/计量	辅助账类型	账页格式	期初余额
长期应付款（2701）	贷			金额式	
实收资本（4001）	贷			金额式	1 500 000.00
资本公积（4002）	贷			金额式	
盈余公积（4101）	贷			金额式	
本年利润（4103）	贷			金额式	
利润分配（4104）	贷			金额式	－120 922.31
其他转入（410401）	贷			金额式	
提取法定盈余公积（410402）	贷			金额式	
提取法定公益金（410403）	贷			金额式	
提取储备基金（410404）	贷			金额式	
提取企业发展基金（410405）	贷			金额式	
提取职工奖励及福利基金（410406）	贷			金额式	
利润归还投资（410407）	贷			金额式	
应付优先股股利（410408）	贷			金额式	
提取任意盈余公积（410409）	贷			金额式	
应付普通股股利（410410）	贷			金额式	
转作资本的普通股利（410411）	贷			金额式	
未分配利润（410415）	贷			金额式	－120 922.31
库存股（4201）	借			金额式	
生产成本（5001）	借		项目核算	金额式	17 165.74
直接材料（500101）	借		项目核算	金额式	155.00
直接人工（500102）	借		项目核算	金额式	15 000.00
制造费用（500103）	借		项目核算	金额式	2 010.74
制造费用（5101）	借		部门核算	金额式	
工资（510101）	借		部门核算	金额式	
福利费（510102）	借		部门核算	金额式	
加班费（510103）	借		部门核算	金额式	
折旧费（510104）	借		部门核算	金额式	
办公费（510105）	借		部门核算	金额式	
其他（510199）	借		部门核算	金额式	
主营业务收入（6001）	贷			金额式	
其他业务收入（6051）	贷			金额式	
汇兑损益（6061）	贷			金额式	
公允价值变动损益（6101）	贷			金额式	

表4-16(续)

科目名称及编码	方向	币别/计量	辅助账类型	账页格式	期初余额
投资收益（6111）	贷			金额式	
营业外收入（6301）	贷			金额式	
主营业务成本（6401）	借			金额式	
其他业务成本（6402）	借			金额式	
税金及附加（6403）	借			金额式	
销售费用（6601）	借			金额式	
管理费用（6602）	借			金额式	
财务费用（6603）	借			金额式	
手续费（660301）	借			金额式	
利息收入（660302）	借			金额式	
利息支出（660303）	借			金额式	
其他（660399）	借			金额式	
营业外支出（6711）	借			金额式	
所得税费用（6801）	借			金额式	

（1）将上述会计科目表对照系统中预置的会计科目表，增加系统中没有而表4-16中有的会计科目，修改系统中与表4-16不一致的会计科目，删除系统中有而表4-16没有的会计科目表。

（2）指定现金、银行存款和现金流量科目。

现金科目为：库存现金（1001）；银行存款科目为：银行存款（1002）；

现金流量科目为：库存现金（1001）、工行存款（100201）、中行存款（100202）、外埠存款（101201）、存出投资款（101202）、信用卡（101203）、其他（101299）。

（3）科目成批复制。

由库存商品（1405）复制到主营业务收入（6001）和主营业务成本（6401），选择"数量核算"。注意：将主营业务收入（6001）下的明细科目的余额方向改为"贷"方。

由制造费用（5101）复制到管理费用（6602），选择"辅助核算"。

（六）项目档案

项目成本管理的核心思路是以项目收入为基准，通过计划动态管控项目支出，杜绝浪费，压缩不合理开支，从而确保项目利润。因此项目支出是系统管控的核心内容。根据目标成本和阶段成本计划，在其过程中，管理者通过系统动态对比分析和成本偏离趋势节点提示，进行实时的成本纠偏，最大限度地保证目标成本管控的实现。

企业在实际业务处理中会对多种类型的项目进行核算和管理，例如在建工程、生产成本、对外投资、技术改造项目、合同等。建立项目档案的操作流程如图4-27所示。

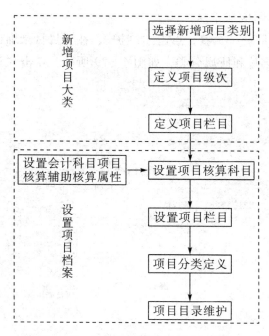

图 4 - 27　建立项目档案的操作流程图

【实务案例】

华北科技有限公司的项目档案信息如下：

项目大类：大类名称为"生产成本"，选择"普通项目"，项目级次为12，项目结构为默认值。

核算科目：生产成本（5001）、直接材料（500101）、直接人工（500102）、制造费用（500103）。

项目分类：自行开发项目、委托开发项目。

项目目录（在维护中录入）：　　101　　A1 软件产品　　自行开发项目

　　　　　　　　　　　　　　102　　A2 软件产品　　自行开发项目

　　　　　　　　　　　　　　201　　B1 网络工具　　委托开发项目

　　　　　　　　　　　　　　202　　B2 网络工具　　委托开发项目

【操作步骤】

（1）在企业应用平台中，执行"基础设置→基础档案→财务→项目目录"指令，进入项目档案设置主界面，单击"增加"按钮，进入"项目大类定义—增加"界面，输入：生产成本，点击"下一步"；定义项目级次：一级：1，二级：2，点击"下一步"。

（2）定义项目栏目：采用默认项目栏目（不增加、修改和删除任何栏目），点击"完成"；返回项目档案设置主界面。

（3）在项目档案设置主界面，选择项目大类：生产成本；将待选科目：生产成本（5001）、直接材料（500101）、直接人工（500102）和制造费用（500103）全部选到已选科目框中，点击"确定"。

（4）点击"项目分类定义"页签，点击"增加"，输入分类编码和名称，点击

"确定"保存，如图4-28所示。

（5）点击"项目目录"页签，点击"维护"，在项目目录维护界面点击"增加"，输入项目编号、项目名称和所属分类，如图4-29所示，点击"退出"保存后，返回项目档案主界面。

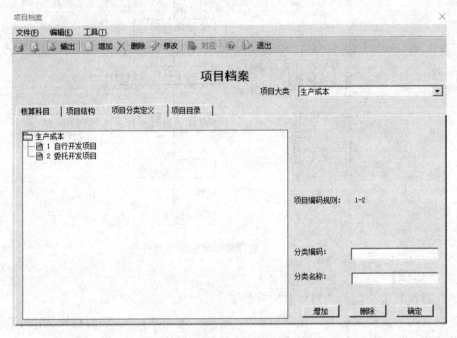

图4-28　项目分类定义界面

图4-29　项目目录维护界面

五、期初余额录入

为了保证新系统的数据能与原系统的数据相衔接，保持账簿数据的完整性，在应用总账进行日常业务处理前，需要将一些基础数据输入系统中。

期初余额录入注意事项：

（1）要求录入末级科目的余额，非末级科目的余额系统自动计算。

（2）总账年初启用，可直接录入年初余额；总账年中启用，需要输入余额和借贷方累计发生额，系统自动计算年初余额。

（3）有辅助核算的科目，必须输入辅助账的期初数据。如果是往来科目可输入期初往来明细。

（4）凭证记账后，期初余额变为浏览只读状态，不能再修改。

（5）期初余额试算不平衡，不能记账，可以填制凭证。

（6）对当前期初余额进行对账，指核对总账、明细账、辅助账的数据。

用友 U8V10.1 系统期初余额录入界面有三种颜色显示的会计科目，分别为白色、灰色和浅黄色。白色显示的会计科目可直接输入金额；灰色显示的科目为父级科目，其金额由所属的下级科目金额汇总而来，不可直接输入；浅黄色显示的科目为具有辅助核算的会计科目，其金额也不可直接输入，而需要进入相应的辅助核算输入界面才能录入金额，即双击浅黄色区进入辅助明细界面录入。

【实务案例】

华北科技有限公司 2017 年 9 月初会计期初余额见表 4 - 16，无借贷方累计发生额。

【操作步骤】

在总账系统中，执行"设置→期初余额"指令，进入期初余额录入界面，将光标移到需要输入数据的余额栏，直接输入数据即可。有辅助核算的科目余额，需双击其对应的余额栏，进入其明细录入界面后，再录入辅助核算的明细余额，如图 4 - 30 所示。

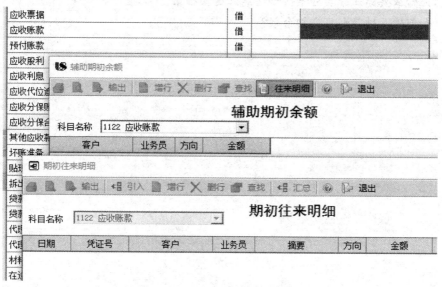

图 4 - 30　往来辅助明细录入界面

录完所有余额后，点击"试算"按钮，进行试算平衡检查；点击"对账"，检查总账、明细账、辅助账的期初余额是否一致。

注：本案例的期初平衡余额为 1 853 150.46 元。

【说明】

（1）"试算"：显示期初试算平衡表，显示试算结果是否平衡，如果不平，需重新调整至平衡后再进行下一步工作。

（2）"查找"：输入科目编码或名称，或通过科目参照输入要查找的科目，可快速显示此科目所在的记录行。如果在录入期初余额时使用查找功能，可以提高输入速度。

（3）"清零"：期初余额清零功能。当此科目的下级科目的期初数据互相抵消使本科目的期初余额为零时，清除此科目的所有下级科目的期初数据。存在已记账凭证时此按钮置灰。

（4）"对账"：期初余额对账。核对总账上下级、核对总账与部门账、核对总账与客户往来账、核对总账与供应商往来账、核对总账与个人往来账、核对总账与项目账。

如果对账后发现有错误，可按"显示对账错误"按钮，系统将把对账中发现的问题列出来。

思考题

1. 简述系统管理模块的主要功能。
2. 在电算化系统中，为何要建立新账套？简述建立新账套的步骤。
3. 总账系统初始化包括哪些内容？
4. 如何增加、修改、删除会计科目？如何设置辅助科目？
5. 为什么要建立分类档案？如何建立这些档案？
6. 如何输入辅助科目期初余额？

第五章 日常账务处理

学习目的及要求

1. 理解会计凭证各项内容的填写要求；掌握会计凭证增加、修改和删除的方法；掌握会计凭证汇总和查询的方法；掌握会计凭证审核、出纳签字和主管签字的意义和方法。

2. 掌握记账的条件及处理流程；了解账簿输出的原理；熟悉总账、余额表、日记账、三栏及多栏明细账的查询操作；掌握各种辅助核算的处理过程、作用及辅助账核算管理的方法。

第一节 会计凭证处理

会计凭证处理是日常账务处理中最频繁的工作。账务处理从输入会计凭证开始，经过计算机对会计数据的处理，生成各类凭证、账簿文件，最后产生科目余额文件并完成整个处理过程。凭证处理数据流程如图 5-1 所示。

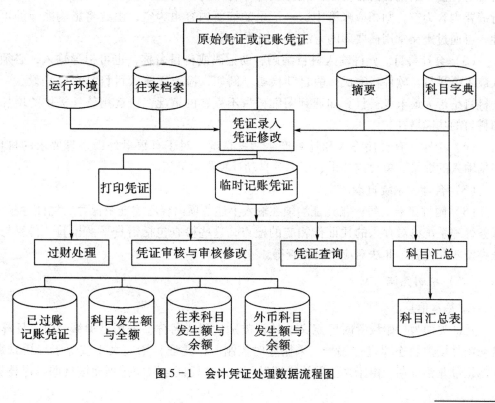

图 5-1 会计凭证处理数据流程图

一、记账凭证的产生途径与输入方式

产生记账凭证的途径有三种：一是根据审核无误的原始凭证直接在计算机上编制记账凭证；二是先由人工编制记账凭证，再输入计算机；三是计算机自动生成的机制凭证，如自动转账凭证等。

凭证输入采用键盘输入、软盘引入、网络传输、文本导入和自动生成机制凭证五种。键盘输入是最常用的形式。

二、记账凭证的内容和填制要求

（一）凭证录入的基本内容

（1）凭证日期。若账套业务时间与系统时间不一致，可将系统时间调整为账套业务时间。

（2）凭证种类。按照初始设定选择凭证类型。可直接录入凭证类型代码，也可使用引导功能录入。

（3）凭证号。按每一类型顺序编号，如"收"字第 5 号、"转"字第 200 号等。若凭证作废但并未在物理上删除，那么仍然占用着凭证编号。只有物理删除时其编号才被释放。

（4）摘要。手工处理中一张凭证编制一个完整的摘要。电算化系统中，摘要是以"行"为单位编制的，凭证的每一行都要有一个相对独立的摘要。系统在执行自动记账时要将凭证中的摘要内容复制到相应账簿作为账簿中的摘要内容，如果凭证中的某一行摘要内容为空，则相应账簿中这一记录的摘要内容也为空，由此将影响账簿的可读性。可通过定义常用摘要库的方法录入摘要内容。

（5）会计科目。允许输入科目编码、助记码或科目名称，也可引导输入，必须输入最末级科目。软件将完成一些自动检查。例如，检查所输入科目是否已经设置，检查科目是否为最末级科目。如遇到明细科目不存在的情况，可运用软件提供的增加明细科目的功能增补。

（6）金额。有直接输入和计算产生两种情况。对于有数量外币核算要求的科目，根据输入的数量、单价或外币、汇率等自动计算产生金额。

（7）合计。系统自动产生。

（8）附件张数。每一张凭证均须在输入上述各项内容后才准予保存。凭证存盘时，账务处理系统将对存入的凭证作相应的检查，这些检查包括借贷平衡校验、科目与凭证类型匹配检验、非法对应科目检查等。

（二）填制凭证

1. 基本信息

凭证类别为初始设置时已定义的凭证类别代码或名称。采用自动编号时，计算机自动按月按类别连续进行编号。采用序时控制时，凭证日期应大于或等于启用日期，不能超过业务日期。由于系统默认凭证保存时不按凭证号顺序排列而按日期顺序排列，如不按序时制单将出现"凭证假丢失"现象，因此，一般情况下均采用按序时制单。如有特殊需要可将其改为不按序时制单，则在制单时凭证号必须按日期顺序排列。凭证一旦保存，其凭证类别、凭证编号不能修改。

2. 输入辅助核算信息——待核银行账项目

选择了支票控制，即该结算方式设为支票管理，银行账辅助信息不能为空，而且该方式的票号应在支票登记簿中有记录。实行支票管理，在支票领用时，最好在支票登记簿中予以登记，以便系统能自动勾销未报的支票。若支票登记簿中未登记该支票，则应在支票录入对话框中登记支票借用信息，同时填上报销日期。

3. 输入辅助核算信息——部门辅助账科目

当输入的科目需要进行部门核算时，要求选择对应的部门名称。输入部门名称有三种方法：一是直接输入部门名称。二是输入部门代码。三是参照输入。不管采用哪种方法，都要求在部门目录中预先定义好要输入的部门，否则系统会发出警告，要求先到部门目录中对该部门进行定义后，再进行制单。

4. 输入辅助核算信息——个人往来科目

当输入的科目需要登记个人往来账时，要求输入对应的部门和往来个人。当输入一个不存在的个人姓名时，应先编辑该人姓名及其他资料。在录入个人信息时，若不输入"部门名称"而只输入"个人名称"时，系统将根据所输入的个人名称自动输入其所属部门。

5. 输入辅助核算信息——单位往来科目

当输入的科目需要登记往来账时，要求输入对应的单位代码和业务员姓名。单位往来包括供应商往来和客户往来。如果往来单位不属于已定义的往来单位，则需先正确定义新往来单位的辅助信息，然后再调用。

6. 输入辅助核算信息——数量金额核算科目

当输入数量金额核算科目时，系统会提示输入数量和单价，并根据数量、单价自动计算出金额，将金额先放在借方，如果方向不符，可将光标移动到贷方后，按空格键即可调整金额方向。若跳过数量辅助信息，软件仍可继续操作，不显示出错警告，但可能导致数量辅助账的对账不平。

7. 输入辅助核算信息——项目核算科目

当输入的科目是项目核算科目时，屏幕弹出辅助信息输入窗口，要求输入项目核算信息。

8. 输入辅助核算信息——外币核算科目

当输入外币核算科目时，系统会提示输入外币金额和汇率。输入外币核算信息时，如使用固定汇率，汇率栏中内容是固定的，不能输入或修改。如使用变动汇率，汇率栏中显示最近一次汇率，可以直接在汇率栏中修改。

【实务案例】

华北科技有限公司 2017 年 9 月份日常主要业务如下：

（1）9 月 1 日，出纳王晓用现金支票（票号：XJ001）从银行提取备用现金 10 000 元。

借：库存现金　　　　　　　　　　　　　　　　　　　10 000.00

    贷：银行存款——工行存款   10 000.00

 （2）9月5日总经理办公室肖剑报销差旅费3 600元，交还多借的现金200元。

  借：管理费用——其他费用（总经理办公室）   3 600.00

   库存现金   200.00

   贷：其他应收款（肖剑）   3 800.00

 （3）9月19日总经理办公室用转账支票（票号：ZZ001）支付业务招待费1 200元。

  借：管理费用——其他费用   1 200.00

   贷：银行存款——工行存款   1 200.00

 （4）9月19日，市场部宋佳收到北京实验学校转来转账支票2张（票号分别为：ZZ301和ZZ305），面值分别为：40 000元和59 600元，用以归还货款。

  借：银行存款——工行存款   99 600.00

   贷：应收账款（北京实验学校）   99 600.00

 （5）9月19日，市场部宋佳用转账支票（票号：ZZ002）归还前欠联想万科有限公司部分货款100 000元。

  借：应付账款（联想万科有限公司）   100 000.00

   贷：银行存款——工行存款   100 000.00

 （6）9月19日，市场部宋佳向北京实验学校售出《多媒体教程》600册，单价32元，货税款尚未收到（适用税率13%）。

  借：应收账款（北京实验学校）   21 696.00

   贷：主营业务收入——多媒体教程   19 200.00

    应交税费——应交增值税（销项税额）   2 496.00

 （7）9月19日，市场部宋佳从联想万科有限公司购入《多媒体课件》3 000套，单价35元，货税款暂欠，商品已验收库（适用税率13%）。

  借：库存商品——多媒体课件   105 000.00

   应交税费——应交增值税（进项税额）   13 650.00

   贷：应付账款（联想万科有限公司）   118 650.00

 （8）9月20日收到泛美集团用转账支票（票号：ZZ057）支付的投资资金10 000美元。

  借：银行存款——中行存款   68 750.00（外币：10 000 汇率：6.875）

   贷：实收资本   68 750.00

 （9）9月28日用转账支票（票号：ZZ003）购入惠普传真机一台，价值2 852元，总经理办公室使用，使用年限5年，平均年限法，净残值率10%。

  借：固定资产   2 852.00

   贷：银行存款   2 852.00

 （10）9月29日用转账支票（票号：ZZ004）购进笔记本电脑一台，价值为18 935.86元。型号SY50，属于办公设备，开发一部使用，使用年限4年，净残值率5%，平均年限法。

借：固定资产　　　　　　　　　　　　　　　　　　　　18 935.86

　　贷：银行存款——工行存款　　　　　　　　　　　　　　18 935.86

（11）计提折旧

借：制造费用——折旧费/开发一部　　　　　　　　　　　3 394.69

　　制造费用——折旧费/开发二部　　　　　　　　　　　2 496.60

　　管理费用——折旧费/总经理办公室　　　　　　　　　2 346.60

　　管理费用——折旧费/财务部　　　　　　　　　　　　452.40

　　管理费用——折旧费/市场部　　　　　　　　　　　　452.40

　　贷：累计折旧　　　　　　　　　　　　　　　　　　　9 142.73

（12）当月 29 日将奥迪车出售，收回 7.8 万元，转账支票（票号：ZZ157）结算。

A. 借：累计折旧　　　　　　　　　　　　　　　　　　71 245.83

　　　固定资产清理　　　　　　　　　　　　　　　　178 754.17

　　　贷：固定资产　　　　　　　　　　　　　　　　　　250 000.00

B. 借：银行存款——工行存款　　　　　　　　　　　　78 000.00

　　　待处理财产损溢——待处理固定资产损溢　　　　100 754.17

　　　贷：固定资产清理　　　　　　　　　　　　　　　　178 754.17

注：上述 B 分录是有意编错的，目的是为后续的错账更正垫基础。

（13）计提工资。

借：生产成本——直接人资/A1 软件产品　　　　　　　4 060.00

　　生产成本——直接人资/B2 网络工具　　　　　　　3 550.00

　　管理费用——工资/总经理办公室　　　　　　　　　4 923.00

　　管理费用——工资/财务部　　　　　　　　　　　　10 410.00

　　管理费用——工资/市场部　　　　　　　　　　　　10 620.00

　　贷：应付职工薪酬　　　　　　　　　　　　　　　　33 563.00

【操作步骤】

第一步：待核银行账项目的凭证填制。

选择了支票控制，即该结算方式设为支票管理，银行账辅助信息不能为空，而且该方式的票号应在支票登记簿中有记录。对于实行支票管理的企业，在支票领用时，最好在支票登记簿中予以登记，以便系统能自动勾销未报的支票。若支票登记簿中未登记该支票，则应在支票录入对话框中登记支票借用信息，同时填上报销日期。具体操作步骤如下：

（1）在"总账系统"中，执行"凭证→填制凭证"指令，进入"填制凭证"界面，单击"增加"按钮，在凭证类别框中，点击"参照"按钮，选择"付款凭证"，系统自动带出制单日期"2017 - 09 - 01"，输入附单据数，如图 5 - 2 所示。

（2）在摘要栏输入：提取现金，在科目名称处可打开参照按钮，选择"1001 库存现金"，单击"确定"，输入借方金额"10 000"，按回车键。

凭证中不同行的摘要可以相同也可以不同，但不能为空。每行摘要将随相应的会计科目在明细账、日记账中出现。当前新增分录行完成后，按回车键，系统将摘要自

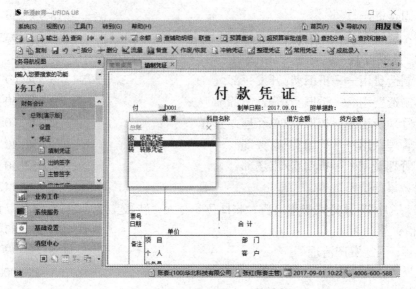

图 5-2 "填制凭证"界面

动复制到下一分录行。会计科目可通过参照选入，也可通过科目编码或科目助记码输入，科目编码必须是末级的科目编码。金额不能为"零"；红字以"-"号表示。

（3）在图 5-3 中第二行科目名称处打开参照按钮，选择"100201"，单击"确定"，系统会弹出如图 5-3 所示的结算方式录入提示框，录入结算方式：101，票号：XJ001 后，点击"确定"按钮，输入贷方金额后点击"保存"，系统弹出如图 5-4 所示的是否登记支票簿的提示。

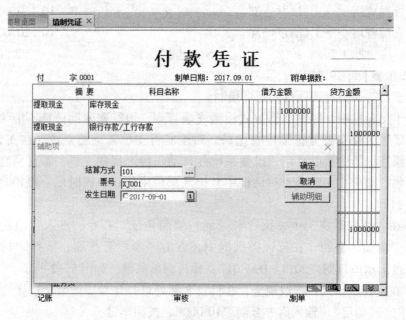

图 5-3 "结算方式"录入界面

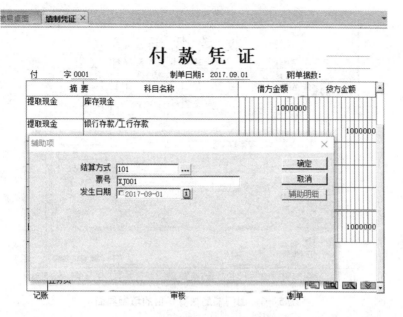

图 5-4 "是否登记支票"提示界面

（4）如不登记，点击"否"。如要登记，点击"是"，系统将弹出如图 5-5 所示的票号登记窗口供其登记相关信息，登记完毕点击"确定"后，再保存凭证。

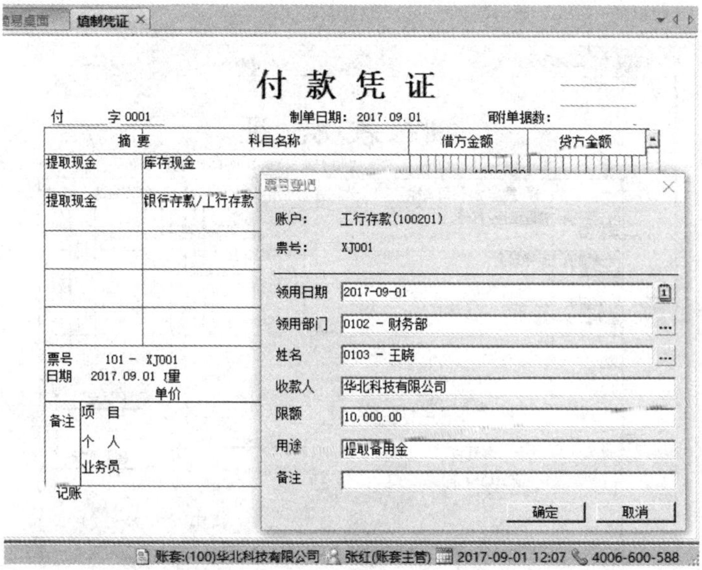

图 5-5 "支票登记"界面

第二步：部门、个人辅助核算凭证的填制。

（1）在图 5-6 中填制带有部门核算科目的凭证时，录入部门核算科目后，系统会自动弹出部门辅助项录入窗口，可打开参照选择部门"总经理办公室"，点击"确定"。

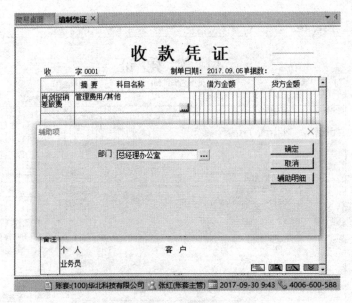

图 5-6 部门辅助核算科目的填制界面

（2）在图 5-7 中填制带有个人往来核算科目的凭证时，录入个人往来核算科目后，系统会自动弹出个人往来辅助项录入窗口，打开参照选择个人所属部门"总经理办公室"，参照选出个人"肖剑"，点击"确定"后，输入贷方金额：3 800，再保存凭证。

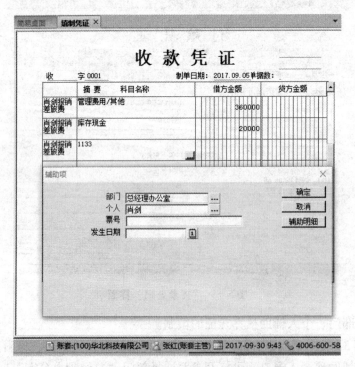

图 5-7 个人往来辅助核算科目的填制界面

第三步：客户往来辅助核算的凭证填制。

在图5-8中填制带有客户往来辅助核算科目的凭证时，录入客户往来核算科目后，系统会自动弹出客户往来辅助项录入窗口，可打开参照选择客户"北京实验学校"，参照选择业务员"宋佳"，点击"确定"，输入贷方金额：99 600，再保存凭证。

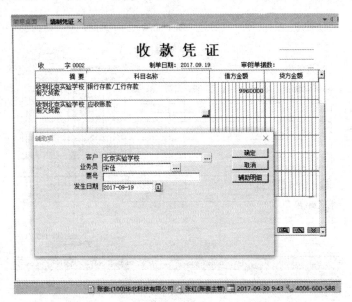

图5-8 客户往来辅助核算科目的填制界面

第四步：数量金额辅助核算的凭证填制。

在图5-9中填制带有数量金额核算科目的凭证时，录入数量金额核算科目后，系统会自动弹出数量金额辅助项录入窗口，输入数量：600，单价：32，点击"确定"，系统会自动将其计算结果填入金额栏。

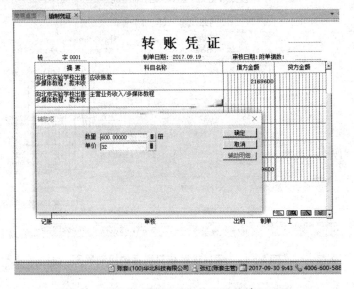

图5-9 数量金额辅助核算科目的填制界面

第五步：外币核算的凭证填制。

在图 5-10 中填制带有外币核算科目的凭证时，录入外币核算科目后，系统会自动弹出外币金额栏和外币汇率，输入外币金额：10 000，系统会自动将其计算结果填入金额栏。

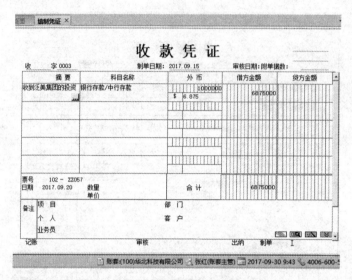

图 5-10　外币核算科目的填制界面

第六步：项目辅助核算的凭证填制。

在图 5-11 中填制带有项目辅助核算科目的凭证时，录入项目辅助核算科目后，系统会自动弹出项目辅助项录入窗口，打开参照选择项目名称"A1 软件产品"，点击"确定"，输入金额及其他科目和金额后保存凭证。

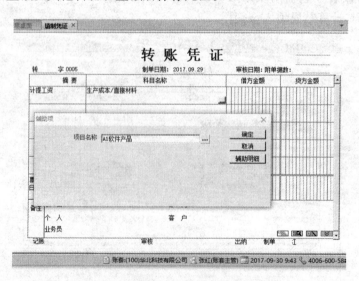

图 5-11　项目辅助核算科目的填制界面

（三）常用摘要的生成与调用

企业在处理日常业务数据时，在输入单据或凭证的过程中，因为业务的重复性发生，经常会有许多摘要完全相同或大部分相同，如果将这些常用摘要存储起来，在输入单据或凭证时随时调用，必将大大提高业务处理效率。在填制摘要时，可点击其参照按钮进入"常用摘要"设置界面，点击"增加"按钮，新增一条常用摘要，录入编号、摘要内容、相关科目后保存，这些信息（数据）可任意设定并在调用后可以修改补充。

调用常用摘要可以在输入摘要时直接输摘要代码、按〔F2〕键或参照输入均可。

（四）常用凭证的生成与调用

在单位里，会计业务都有其规范性，因而在日常填制凭证的过程中，经常会有许多凭证完全相同或部分相同，如果将这些常用的凭证存储起来，在填制会计凭证时可随时调用，必将大大提高业务处理的效率。

生成、存储常用凭证，在已保存凭证界面点击工具栏"常用凭证→生成常用凭证"按钮，调出常用凭证生成界面，输入代号和说明后点击"确认"即可。

调用常用凭证，在凭证界面点击工具栏"常用凭证→调用常用凭证"按钮，调出常用凭证界面，输入要调用的代号点击"确认"即可。

三、凭证修改和删除

（一）凭证修改

凭证输入时尽管系统提供了多种控制措施，但仍难免会有一些疏漏和错误之处，记账凭证的错误必然影响系统的核算结果。会计制度和审计对错误凭证的修改有严格的要求，根据这些要求，电算化总账系统对不同状态下错误凭证的修改方式有两种：

（1）凭证的"无痕迹"修改。所谓无痕迹，即不留下任何曾经修改的线索和痕迹，也即调出原已录入的凭证，直接修改其中的内容。有两种状态下的错误凭证可进行无痕迹修改，一是凭证输入后，还未审核或审核未通过，此时可利用凭证的编辑输入功能直接由录入人员进行修改；二是凭证虽已通过审核，但还未记账，此时应首先由凭证审核人员取消审核后，再利用凭证的编辑输入功能由原录入人员进行修改。

（2）错误凭证的"有痕迹"修改。所谓有痕迹，指留下曾经修改的线索和痕迹，即以红字冲销或补充登记的方法来修改凭证中的错误。对已记账的错误凭证可以采用类似手工操作中的"红字冲销法"和"补充登记法"的方法进行修改。使用了红字冲销和蓝字补充的方法而增加的凭证，应视同正常凭证进行保存和管理。在补充增加的凭证上必须注明原凭证的编号，以明确这一凭证与原业务的关系。

如果采用制单序时控制，则在修改制单日期时，不能在上一张凭证的制单日期之前。如果选择不允许修改或作废他人填制的凭证权限控制，则不能修改或作废他人填制的凭证。外部系统传过来的凭证不能在总账系统进行修改，只能在生成该凭证的系统中进行修改。如果涉及银行存款科目的分录已录入支票信息，并对该支票做报销处理，修改操作将不影响"支票登记簿"中的内容。具体操作步骤如下：

（1）在"填制凭证"窗口中，通过"查询"功能找到要修改的凭证，将光标定在要修改的地方即可直接修改。

（2）双击要修改的辅助项，如项目，可直接修改"辅助项"对话框中的相关内容。

（3）在当前金额的相反方向，按空格键可直接修改金额方向。

（4）单击"增行"，可在当前分录前增加一条新的分录。

（5）若当前分录的金额为其他所有分录的借贷方差额，则在金额处按"＝"键即可。

（6）单击"保存"，保存当前修改。

（二）冲销凭证

制作红字冲销凭证将错误凭证冲销后，需要再编制正确的蓝字凭证进行补充。通过红字冲销法增加的凭证，应视同正常的凭证进行保存和管理。具体操作步骤如下：在填制凭证界面，在工具栏单击"冲销凭证"调出冲销凭证界面，输入需要冲销凭证的月份、类别和凭证号，点击"确定"即可生成一张红字冲销凭证。

（三）删除凭证

删除凭证分为两步完成：第一步，通过作废给凭证打上删除标志；第二步，通过整理凭证将其从凭证库中物理删除。

1. 作废凭证

通过单击工具栏的"作废/恢复"，可将当前凭证标注上"作废"删除标志，作废凭证仍保留凭证编号与内容，只显示"作废"字样。作废凭证不能修改，不能审核。在记账时，不对作废凭证作数据处理，相当于一张空凭证。账簿查询时，查不到作废凭证的数据。若当前凭证已作废，可单击工具栏的"作废/恢复"，取消作废标志，并将当前凭证恢复为有效凭证。

2. 整理凭证

如果作废凭证不想保留时，可通过"整理凭证"功能，将其彻底删除，并可对未记账凭证重新编号。凭证整理只能对未记账凭证进行整理。已记账凭证作凭证整理时，应先恢复本月月初的记账状态，再作凭证整理。具体操作步骤如下：

（1）在工具栏点击"整理凭证"，调出凭证期间选择界面如图5-12所示。

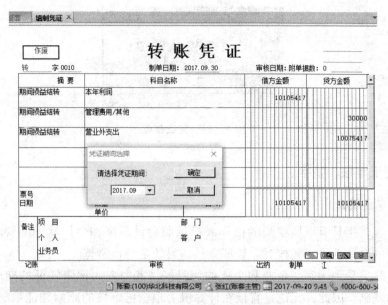

图 5-12　选择凭证期间界面

（2）在图 5-12 中输入"2017.09"，单击"确定"可调出作废凭证表，如图 5-13 所示。

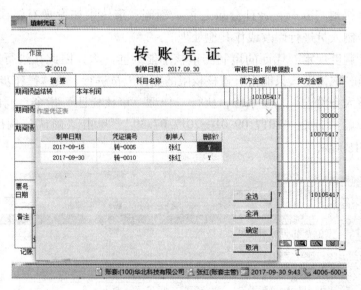

图 5-13　作废凭证表界面

（3）在图 5-13 中，选择需要物理删除的凭证，点击"确定"后，调出凭证整理提示窗口如图 5-14 所示，单击"是"即删除作废凭证并对凭证号进行整理。如只删除凭证，不整理凭证断号，则点击"否"。

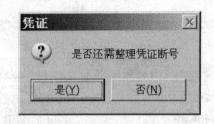

图 5 - 14　凭证整理

四、凭证审核、签字

（一）审核凭证

凭证审核是指具有审核权限的操作人员依照会计制度和会计软件的要求，对记账凭证所进行的合法性检查和核对。凭证审核的目的是防止错弊。

会计核算关系到国家、企业和个人的切身经济利益，而记账凭证的准确性是进行正确核算的基础。因此，无论是直接在计算机上根据已审核的原始凭证编制记账凭证，还是直接将手工编制并审核的凭证输入系统，由于经过了手工的操作过程，因此，都需要经过他人的审核后，才能作为正式凭证进行记账处理。

审核的主要内容是，记账凭证是否与原始凭证相符，经济业务是否正确，记账凭证相关项目是否填写齐全，会计分录是否正确等。审核中如发现有错误或有异议时，应交与凭证填制人员进行修改或作其他处理。

按照会计制度规定，凭证的填制与审核不能为同一人，因此在进行审核之前，需要更换操作员，取消审核只能由有审核权限的操作人员进行。具体操作步骤如下：

①以审核人身份进入总账系统，执行"凭证→审核凭证"指令，调出凭证审核条件设置界面，输入日期"2017.09.01—2017.07.30"，单击"确认"调出凭证审核列表，如图 5 - 15 所示。

制单日期	凭证编号	摘要	借方金额合计	贷方金额合计	制单人	审核人	系统名	备注
2017-09-05	收 - 0001	肖剑拆销差旅费，返还现	3,800.00	3,800.00	张红			
2017-09-19	收 - 0002	收到北京实验学校的转则	99,600.00	99,600.00	张红			
2017-09-20	收 - 0003	收到泛美集团投资资金	68,750.00	68,750.00	张红			
2017-09-29	收 - 0004	收到出售奥迪车出售款	178,754.17	178,754.17	张红			
2017-09-03	付 - 0001	提取现金	10,000.00	10,000.00	张红			
2017-09-19	付 - 0002	支付业务招待费	1,200.00	1,200.00	张红			
2017-09-19	付 - 0003	归还万科公司部分贷款	100,000.00	100,000.00	张红			
2017-09-28	付 - 0004	购买惠普传真机	2,852.00	2,852.00	张红			
2017-09-29	付 - 0005	购入笔记本电脑	18,935.86	18,935.86	张红			
2017-09-19	转 - 0001	售出多媒体教程	21,696.00	21,696.00	张红			
2017-09-19	转 - 0002	购入多媒体课件	118,650.00	118,650.00	张红			
2017-09-29	转 - 0003	计提折旧	9,142.73	9,142.73	张红			
2017-09-29	转 - 0004	结转出售奥迪车原值	250,000.00	250,000.00	张红			
2017-09-30	转 - 0005	计提工资	33,563.00	33,563.00	张红			

图 5 - 15　凭证审核列表界面

②在图 5 - 15 中，双击某一待审核凭证进入审核凭证签字界面，如图 5 - 16 所示。

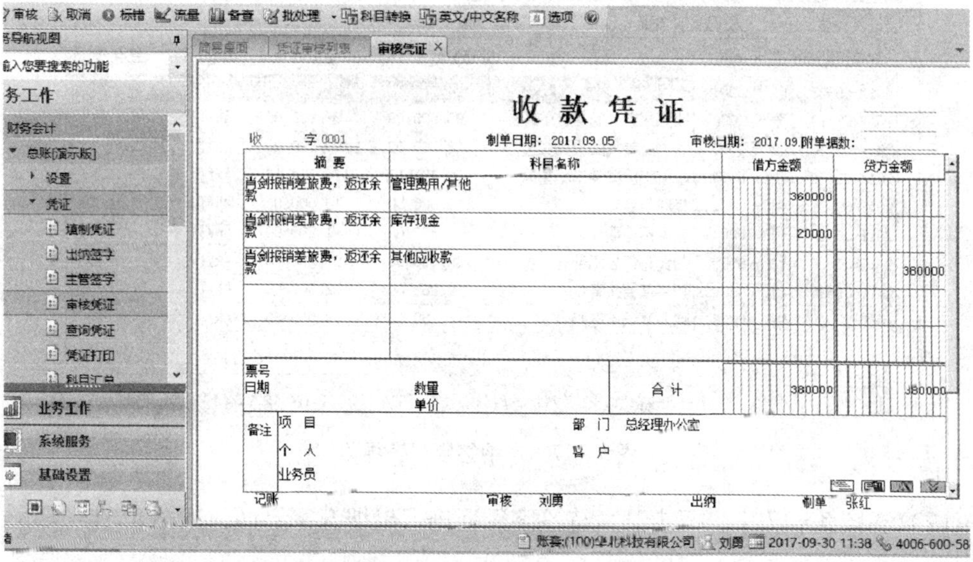

图 5 - 16　凭证审核签字界面

在图 5 - 16 凭证审核签字界面，可逐一对每张凭证进行核对签字，也可全部核对完后通过成批签字来完成签字。逐一签字通过单击工具栏的"审核"按钮，凭证底部"审核"处自动签上审核人姓名；成批签字通过"批处理→成批审核凭证"指令完成。

审核人必须具有审核权，选择"凭证审核权限"条件时还需要有对制单人所制凭证的审核权。作废凭证不能被审核，也不能被标错。已标错的凭证不能被审核，需先取消标错后才能审核。凭证一经审核，不能被修改、删除，只有取消审核签字后才可修改或删除。在凭证审核界面，通过点击工具栏的"取消"按钮，可取消当前凭证的审核签字，也可通过"批处理→成批取消审核"指令，取消所有凭证的审核签字。

（二）出纳签字

会计凭证填制完成之后，如果该凭证是出纳凭证，且在系统"选项"中选择"出纳凭证必须经由出纳签字"，则应由出纳核对签字。出纳凭证由于涉及企业库存现金、银行存款的收入与支出，应加强对出纳凭证的管理。出纳人员可以通过"出纳签字"功能对制单员填制的带有库存现金或银行科目的凭证进行检查核对，主要核对出纳凭证的出纳科目的金额是否正确。审查认为错误或有异议的凭证，应交与填制人员修改后再核对。

出纳签字是为了加强企业库存现金、银行存款收入和支出的管理。具体操作步骤如下：

（1）以出纳身份进入总账系统，执行"凭证→出纳签字"指令，调出出纳签字凭证条件设置界面，输入日期"2017.09.01—2017.09.30"，单击"确认"，调出出纳签字列表界面如图 5 - 17 所示。

凭证共 9张　已签字 0张　未签字 9张

制单日期	凭证编号	摘要	借方金额合计	贷方金额合计	制单人	签字人
2017-09-05	收 - 0001	肖剑报销差旅费，返还:	3,800.00	3,800.00	张红	
2017-09-19	收 - 0002	收到北京实验学校的转则	99,600.00	99,600.00	张红	
2017-09-20	收 - 0003	收到泛美集团投资资金	68,750.00	68,750.00	张红	
2017-09-29	收 - 0004	收到出售奥迪车出售款	178,754.17	178,754.17	张红	
2017-09-03	付 - 0001	提取现金	10,000.00	10,000.00	张红	
2017-09-19	付 - 0002	业务招待费	1,200.00	1,200.00	张红	
2017-09-19	付 - 0003	归还万科公司部分贷款	100,000.00	100,000.00	张红	
2017-09-28	付 - 0004	购买惠普传真机	2,852.00	2,852.00	张红	
2017-09-29	付 - 0005	购入笔记本电脑	18,935.86	18,935.86	张红	

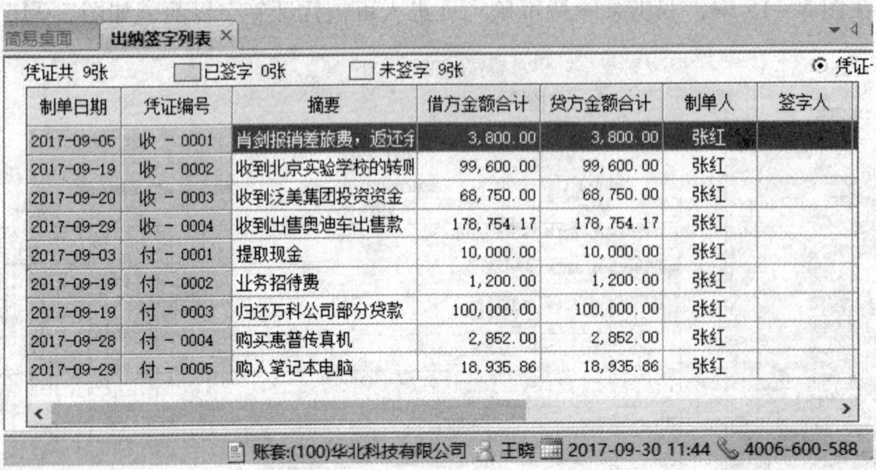

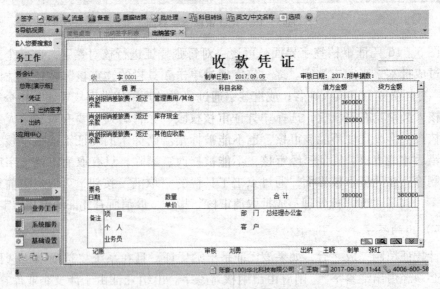

图 5－17　出纳签字列表界面

（2）在图 5－17 中，双击某一待签字凭证进入出纳签字界面，如图 5－18 所示。

图 5－18　出纳签字界面

在图 5－18 出纳签字界面，可逐一对每张出纳凭证进行核对签字，也可全部核对完后通过成批签字来完成签字。逐一签字通过单击工具栏的“签字”按钮，凭证底部“出纳”处自动签上出纳人姓名；成批签字通过“批处理→成批出纳签字”指令完成。

凭证一经签字，就不能被修改、删除，只有取消签字后才可以修改或删除，取消签字只能由出纳本人进行。在出纳签字界面，通过点击工具栏的“取消”按钮，可取消当前凭证的出纳签字，也可通过“批处理→成批取消签字”指令，取消所有凭证的出纳签字。

（三）主管签字

为了加强对会计人员制单的管理，系统提供"主管签字"功能，如要求会计人员填制的凭证必须经主管签字才能记账，则所有的记账凭证必须由主管签字。具体步骤与审核凭证签字和出纳凭证签字步骤类似。主管签字和制单人不能是同一人。

五、凭证的查询与打印

（一）查询凭证

软件中有简单查询和综合查询两种基本形式。简单查询是输入凭证月份和凭证号等少量要素来查询相应凭证；综合查询是由系统提供多个条件进行任意组合的查询方式。

凭证简单查询时，一般允许输入如下几个查询条件：①日期。填入内容包括开始年月日和截止年月日。②凭证字号。指需要查询的凭证的类型与范围。③科目代码。一般允许用户输入一个会计科目或某一科目范围。④金额。可以输入一个金额或一个金额范围。

具体操作步骤如下：

（1）在"填制凭证"界面中，单击工具栏"查询"按钮，或执行"凭证→查询凭证"指令，调出其查询条件录入窗口如图5-19所示。在查询条件录入窗口中可逐一输入其查询条件后点击"确定"即可调出需要查询的凭证，如图5-20所示。

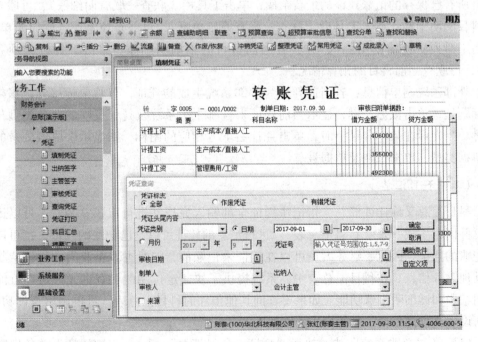

图5-19　凭证查询条件设置界面

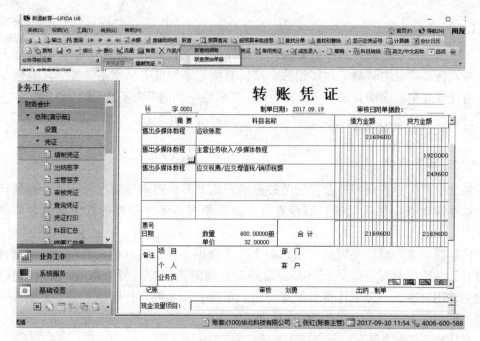

图 5 - 20　凭证查询界面

（2）在图 5 - 20 中，可联查选中科目的最新余额、辅助账明细、明细账、原始单据以及预算情况。点中需要查询的科目，单击工具栏"余额"按钮，可联查当前科目包含所有已保存的记账凭证的最新余额；单击工具栏"联查—联查明细账"，可联查当前科目的明细账；单击工具栏"联查—联查原始单据"，可联查该笔业务的原始单据；单击工具栏"查辅助明细"，可联查当前科目的辅助明细账；单击工具栏"预算查询"，可联查当前科目的预算情况。

外部系统制单信息：若当前凭证为外部系统生成的凭证，可将鼠标移到记账凭证的标题处，单击鼠标左键，显示当前凭证来自哪个子系统及凭证反映的业务类型与业务号。当光标在某一分录上时，单击凭证右下方相应的图标，则显示生成该分录的原始单据类型、单据日期及单据号。

（二）科目汇总

科目汇总又称凭证汇总，指记账凭证全部输入完毕并进行审核签字后，可以进行汇总并同时生成一张"科目汇总表"。进行汇总的凭证可以是已记账的凭证，也可以是未记账的凭证，因此，财务人员可以在凭证未记账前，随时查看企业当前的经营状况和其他财务信息。在科目汇总表中，系统提供了快速定位功能和查询光标所在行的专项明细账和详细明细账功能。如果要查询其他条件的科目汇总表，可再调用查询功能，重新设置其查询条件。具体操作步骤如下：

（1）在"总账系统"中，执行"凭证→科目汇总"指令，出现凭证汇总条件窗口如图 5 - 21 所示，输入其汇总条件后，单击"汇总"，可得满足条件的科目汇总表如图 5 - 22 所示。

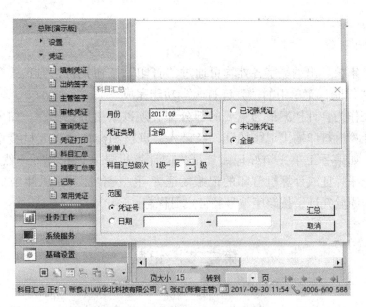

图5-21 科目汇总条件设置界面

<table>
<tr><th colspan="4"></th><th colspan="2">金额合计</th><th colspan="2">外币合计</th><th colspan="2">数量合计</th></tr>
<tr><th>科目编码</th><th>科目名称</th><th>外币名称</th><th>计量单位</th><th>借方</th><th>贷方</th><th>借方</th><th>贷方</th><th>借方</th><th>贷方</th></tr>
<tr><td>1001</td><td>库存现金</td><td></td><td></td><td>10,200.00</td><td></td><td></td><td></td><td></td><td></td></tr>
<tr><td>1002</td><td>银行存款</td><td></td><td></td><td>246,350.00</td><td>132,987.86</td><td></td><td></td><td></td><td></td></tr>
<tr><td>100201</td><td>工行存款</td><td></td><td></td><td>177,600.00</td><td>132,987.86</td><td></td><td></td><td></td><td></td></tr>
<tr><td>100202</td><td>中行存款</td><td>美元</td><td></td><td>68,750.00</td><td></td><td>10,000.00</td><td></td><td></td><td></td></tr>
<tr><td>1122</td><td>应收账款</td><td></td><td></td><td>21,696.00</td><td>99,600.00</td><td></td><td></td><td></td><td></td></tr>
<tr><td>1133</td><td>其他应收款</td><td></td><td></td><td></td><td>3,800.00</td><td></td><td></td><td></td><td></td></tr>
<tr><td>1405</td><td>库存商品</td><td></td><td></td><td>105,000.00</td><td></td><td></td><td></td><td></td><td></td></tr>
<tr><td>140502</td><td>多媒体课件</td><td></td><td>套</td><td>105,000.00</td><td></td><td></td><td></td><td>3000.00000</td><td></td></tr>
<tr><td>1601</td><td>固定资产</td><td></td><td></td><td>21,787.86</td><td>250,000.00</td><td></td><td></td><td></td><td></td></tr>
<tr><td>1602</td><td>累计折旧</td><td></td><td></td><td>71,245.83</td><td>9,142.73</td><td></td><td></td><td></td><td></td></tr>
<tr><td>1606</td><td>固定资产清理</td><td></td><td></td><td>178,754.17</td><td>178,754.17</td><td></td><td></td><td></td><td></td></tr>
<tr><td>1901</td><td>待处理财产损溢</td><td></td><td></td><td>100,754.17</td><td></td><td></td><td></td><td></td><td></td></tr>
<tr><td>190102</td><td>待处理固定资产损溢</td><td></td><td></td><td>100,754.17</td><td></td><td></td><td></td><td></td><td></td></tr>
<tr><td>资产 小计</td><td></td><td></td><td></td><td>755,788.03</td><td>674,284.76</td><td></td><td></td><td></td><td></td></tr>
<tr><td>美元</td><td></td><td></td><td></td><td></td><td></td><td>10,000.00</td><td></td><td></td><td></td></tr>
<tr><td>2202</td><td>应付账款</td><td></td><td></td><td>100,000.00</td><td>118,650.00</td><td></td><td></td><td></td><td></td></tr>
<tr><td>2211</td><td>应付职工薪酬</td><td></td><td></td><td></td><td>33,563.00</td><td></td><td></td><td></td><td></td></tr>
<tr><td>2221</td><td>应交税费</td><td></td><td></td><td>13,650.00</td><td>2,496.00</td><td></td><td></td><td></td><td></td></tr>
<tr><td>222101</td><td>应交增值税</td><td></td><td></td><td>13,650.00</td><td>2,496.00</td><td></td><td></td><td></td><td></td></tr>
<tr><td>22210101</td><td>进项税额</td><td></td><td></td><td>13,650.00</td><td></td><td></td><td></td><td></td><td></td></tr>
<tr><td>22210105</td><td>销项税额</td><td></td><td></td><td></td><td>2,496.00</td><td></td><td></td><td></td><td></td></tr>
<tr><td>负债 小计</td><td></td><td></td><td></td><td>113,650.00</td><td>154,709.00</td><td></td><td></td><td></td><td></td></tr>
<tr><td>4001</td><td>实收资本</td><td></td><td></td><td></td><td>68,750.00</td><td></td><td></td><td></td><td></td></tr>
<tr><td>权益 小计</td><td></td><td></td><td></td><td></td><td>68,750.00</td><td></td><td></td><td></td><td></td></tr>
<tr><td>5001</td><td>生产成本</td><td></td><td></td><td>7,610.00</td><td></td><td></td><td></td><td></td><td></td></tr>
<tr><td>500102</td><td>直接人工</td><td></td><td></td><td>7,610.00</td><td></td><td></td><td></td><td></td><td></td></tr>
<tr><td>5101</td><td>制造费用</td><td></td><td></td><td>5,891.33</td><td></td><td></td><td></td><td></td><td></td></tr>
<tr><td>510104</td><td>折旧费</td><td></td><td></td><td>5,891.33</td><td></td><td></td><td></td><td></td><td></td></tr>
<tr><td>成本 小计</td><td></td><td></td><td></td><td>13,501.33</td><td></td><td></td><td></td><td></td><td></td></tr>
<tr><td>6001</td><td>主营业务收入</td><td></td><td></td><td></td><td>19,200.00</td><td></td><td></td><td></td><td></td></tr>
<tr><td>600101</td><td>多媒体教程</td><td></td><td>册</td><td></td><td>19,200.00</td><td></td><td></td><td></td><td>600.00000</td></tr>
<tr><td>6602</td><td>管理费用</td><td></td><td></td><td>34,004.40</td><td></td><td></td><td></td><td></td><td></td></tr>
<tr><td>660201</td><td>工资</td><td></td><td></td><td>25,953.00</td><td></td><td></td><td></td><td></td><td></td></tr>
<tr><td>660204</td><td>折旧费</td><td></td><td></td><td>3,251.40</td><td></td><td></td><td></td><td></td><td></td></tr>
<tr><td>660299</td><td>其他</td><td></td><td></td><td>4,800.00</td><td></td><td></td><td></td><td></td><td></td></tr>
<tr><td>损益 小计</td><td></td><td></td><td></td><td>34,004.40</td><td>19,200.00</td><td></td><td></td><td></td><td></td></tr>
<tr><td>合计</td><td></td><td></td><td></td><td>916,943.76</td><td>916,943.76</td><td></td><td></td><td></td><td></td></tr>
<tr><td>美元</td><td></td><td></td><td></td><td></td><td></td><td>10,000.00</td><td></td><td></td><td></td></tr>
</table>

科目汇总表

共14张凭证,其中作废凭证0张,原始单据共0张 月份:2017.0

图5-22 科目汇总表

（2）在图5-22中，点击工具栏的"定位"，可快速定位到需要查看的科目；单击工具栏"专项"，可联查当前科目的专项明细账；单击工具栏"详细"，可联查当前科目的明细账。

（三）打印凭证

在填制、审核、出纳签字各处均可通过"打印"按钮执行，但正式存档凭证的打印必须通过"凭证"菜单中的"凭证打印"功能完成。

会计凭证作为会计档案最为重要的部分都必须以纸质形式保存。如果直接输入记账凭证，由计算机打印输出记账凭证，经录入、审核和会计主管人员签章，则视为有效凭证保存；如果手工事先填好记账凭证，向计算机录入记账凭证，然后进行处理，则保存手工记账凭证或计算机打印的记账凭证皆可。无论哪种形式生成的记账凭证都必须有必要的原始凭证，按顺序编号装订成册保存。

第二节　记账

记账模块的功能是根据记账凭证文件或临时凭证文件中已审核的凭证，自动更新账务数据库文件，得到账簿和报表所需的汇总信息和明细信息。

一、记账的定义

记账又称凭证过账，是指以会计凭证为依据，将经济业务全面、系统、连续地记录到具有账户基本结构的账簿中的一种会计核算方法。从记账原理上看，记账实际上是会计数据在不同数据库文件之间的传递与汇总。

（一）记账含义的变化

在手工方式下的"记账"是根据记账凭证逐笔登记日记账和明细账，进而登记总账，是真正意义的"记账"；而在计算机方式下的"记账"只是一个过程，即根据记账凭证文件或临时凭证文件中已审核的凭证，高速、快捷、准确地自动更新账务数据库文件，得到有效的账簿和报表所需的汇总信息和明细信息。

（二）记账方式

在手工条件下记账工作需要若干名财会人员花费很多时间才能完成，在计算机条件下，财会人员只要使用记账模块，记账工作便由计算机自动、准确、高速完成。记账工作可以在编制一张凭证后进行，也可以在编制一天的凭证后记一次账，即可一天记数次账，也可以多天记一次账。

记账凭证经审核签字后，即可用来登记总账和明细账、日记部门账、往来账、项目账以及备查账等。记账工作采用向导方式，使记账过程更加明确。登记账簿是由有记账权限的会计人员发出记账指令，由计算机按照预先设计的记账程序自动进行合法性检验、科目汇总、登记账簿等操作。

对记账处理的几点说明：

（1）凭证一经记账，就不能再在这一凭证或登记这一业务的账簿上直接修改。

（2）在记账开始后，不能中断系统的运行，也不允许进行其他相关操作。

（3）初次使用账务系统时，若输入的期初余额借贷不平衡或总账期初余额与其所属明细账余额不平衡，则不能进行记账。

（4）所选范围内的凭证如有未经审核签字的凭证，系统将给出提示并自动中止记账且给出报告。

（5）多数软件具有记账前提示备份或强制备份功能。

（6）记账功能随时可运行，每月执行记账的次数是没有限制的。

二、记账处理过程

不同的数据处理流程，其记账模块的处理步骤也不相同。登记账簿过程处于全自动状态，一般不需要人工操作。在电算化方式下，一般采用记账凭证账务处理流程和科目汇总表账务处理流程。计算机处理流程如图5-23所示。

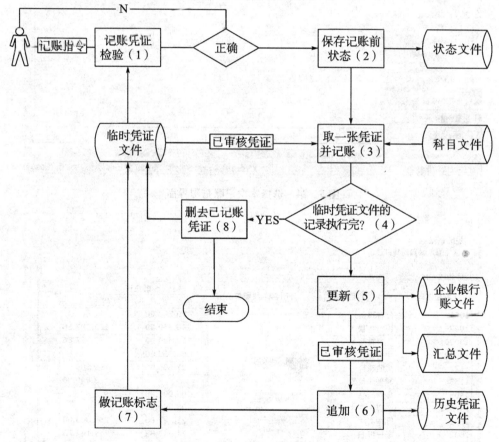

图5-23 记账处理流程图

（一）记账流程

（1）更新记账凭证文件。取"临时凭证文件"中已审核的记账凭证，将其追加到当期相应的"记账凭证文件"中。

（2）更新科目汇总表文件。对记账凭证按科目汇总，更新"科目汇总表文件"中相应科目的发生额，并计算余额。

（3）更新相关辅助账数据库文件。

（二）记账步骤

ERP－U8 系列财务软件记账具体操作步骤如下：

在总账系统中，执行"凭证→记账"指令，进入"选择本次记账范围"界面如图5－24所示，单击"全选"后再点击"记账"即可完成记账工作，如图5－25所示。

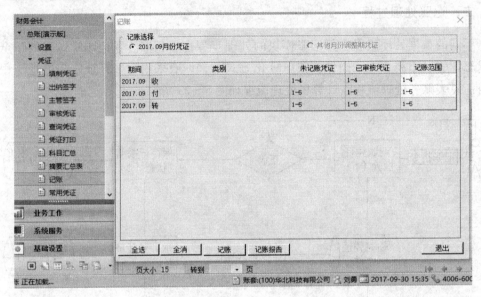

图5－24 选择本次记账范围界面

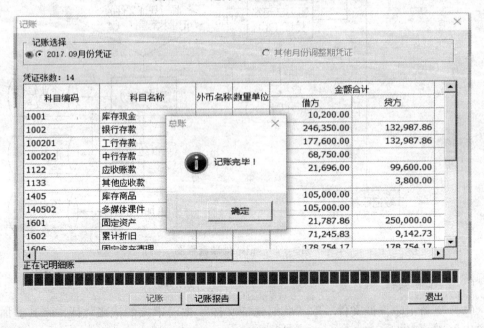

图5－25 记账完毕界面

三、取消记账

记账前，系统将自动进行硬盘备份，保存记账前的数据。由于特殊原因，如记账过程中由于断电使登记账发生中断等导致记账错误，或者记账后发现输入的记账凭证有错误，需进行修改。为了解决这类问题，可调用"恢复记账前状态"功能，将数据恢复到记账前状态，修改完后再重新记账。记账过程中一旦断电或其他原因造成中断后，系统将自动调用"恢复记账前状态"恢复数据，然后再重新记账。系统提供两种恢复记账前状态方式：一种是将系统恢复到最后一次记账前状态；另一种是将系统恢复到本月月初状态，不管本月记过几次账。

已结账月份的数据不能取消记账，未结账月份的数据可以取消记账。具体操作步骤如下：

（1）在总账系统中，执行"期末→对账"指令，在对账界面选定要被取消记账的月份，按"Ctrl + H"键，激活恢复记账前状态功能，单击"确定"后单击"退出"，如图 5 - 26 所示。

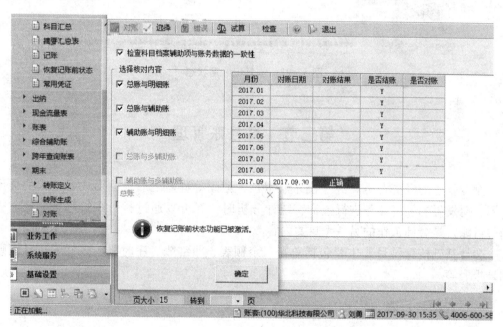

图 5 - 26 激活"恢复记账前状态功能"界面

（2）执行"凭证→恢复记账前状态"指令，调出恢复记账前状态界面，选择"最近一次记账前状态"单选按钮，单击"确定"，即可完成恢复记账前状态，如图 5 - 27 所示。

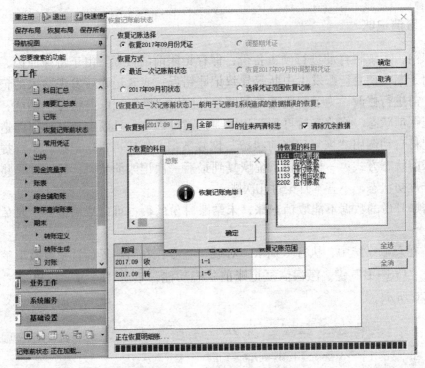

图 5-27 恢复记账前状态

第三节 科目账管理

企业发生的经济业务，经过制单、审核、记账等程序之后，就形成了正式的会计账簿，对发生的经济业务进行查询、统计分析时，都可以通过科目账管理来完成。查询科目账，是会计工作的另一个重要内容。

会计基础核算科目账主要包括总账、余额表、明细账、序时账、多栏账、日记账和日报表等。

一、查询科目账

查询是指按照给定条件查找满足条件的科目账，并在屏幕上显示出来。

(一) 三栏式总账

三栏式总账就是借、贷、余三栏账。在这里可以查询各总账科目及所有明细科目的年初余额、每月发生额合计和月末余额，具体操作步骤如下：

在"总账系统"中，执行"账表→科目账→总账"指令，调出总账查询条件设置界面，如图 5-28 所示，输入相应的条件后，单击"确定"即可查到相应的总账。单击工具栏"明细"，可以联查当前总账的明细账。

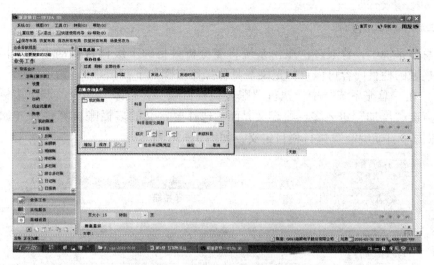

图 5-28 总账查询条件设置界面

（二）余额表

余额表用于查询统计各级科目的本月发生额、累计发生额和余额等。本功能提供了很强的统计功能，可灵活运用，该功能不仅可以查询统计人民币金额账，还可以查询统计外币和数量发生额和余额。具体操作步骤如下：

在"总账系统"中，执行"账表→科目账→余额表"指令，调出余额表查询条件设置界面，输入相应的条件后，单击"确定"即可查到相应的余额表，如图 5-29 所示。单击工具栏"累计"，可自动显示借贷方累计发生额；单击"专项"，可以查看当前被选中科目的明细账或余额表。

发生额及余额表

月份：2017.09-2017.09

科目编码	科目名称	期初余额 借方	期初余额 贷方	本期发生 借方	本期发生 贷方	期末余额 借方	期末余额 贷方
1001	库存现金	6,775.70		10,200.00		16,975.70	
1002	银行存款	159,488.89		246,350.00	132,987.86	272,851.03	
1122	应收账款	157,600.00		21,696.00	99,600.00	79,696.00	
1133	其他应收款	3,800.00			3,800.00		
1141	坏账准备		788.00				788.00
1403	原材料	186,900.00				186,900.00	
1405	库存商品	199,976.00		105,000.00		304,976.00	
1601	固定资产	1,260,680.00		21,787.86	250,000.00	1,032,467.86	
1602	累计折旧		197,584.84	71,245.83	9,142.73		135,481.74
1606	固定资产清理			178,754.17	178,754.17		
1701	无形资产	59,136.97				59,136.97	
1901	待处理财产损溢			100,754.17	100,754.17		
	资产小计	2,034,357.56		755,788.03	674,284.76	2,053,757.73	136,269.74
2001	短期借款		200,000.00				200,000.00
2202	应付账款		276,850.00	100,000.00	118,650.00		295,500.00
2211	应付职工薪酬		10,222.77		33,563.00		43,785.77
2221	应交税费	13,000.00		13,650.00	2,496.00	24,154.00	
	负债小计	13,000.00	487,072.77	113,650.00	154,709.00	24,154.00	539,285.77
4001	实收资本		1,500,000.00		68,750.00		1,568,750.00
4104	利润分配	120,922.31				120,922.31	
	权益小计	120,922.31	1,500,000.00		68,750.00	120,922.31	1,568,750.00
5001	生产成本	17,165.74		7,610.00		24,775.74	
5101	制造费用			5,891.33		5,891.33	
	成本小计	17,165.74		13,501.33		30,667.07	
6001	主营业务收入				19,200.00		19,200.00
6602	管理费用			34,004.40		34,004.40	
	损益小计			34,004.40	19,200.00	34,004.40	19,200.00
	合计	2,185,445.61	2,185,445.61	916,943.76	916,943.76	2,263,505.51	2,263,505.51

账套:(100)华北科技有限公司　张红(账套主管)　2017-09-30 15:49　4006-600-588

图 5-29 发生额及余额表界面

（三）多栏式明细账

在总账系统中，普通多栏账由系统将要分析科目的下级科目自动生成多栏账，自定义多栏账的栏目内容可以自行定义。具体操作步骤如下：

（1）在"总账系统"中，执行"账表→科目账→多栏账"指令，调出多栏账查询界面，点击"增加"进入多栏账定义界面，选择要定义的多栏账核算科目（如管理费用），点击"自动编制"进行栏目定义，如图5-30所示。

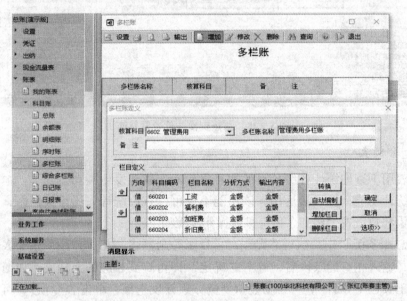

图5-30　多栏账定义界面

（2）单击图5-30中的"确定"即可完成相应的多栏账的定义并返回多栏账查询界面，点击其工具栏的"查询"调出多栏账查询条件设置界面，如图5-31所示。

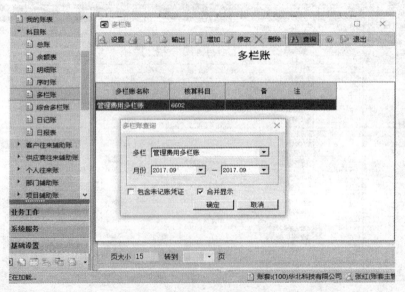

图5-31　多栏账查询条件设置界面

（3）在图 5-31 中，点击"确定"按钮即可查到相应的多栏账，如图 5-32 所示。

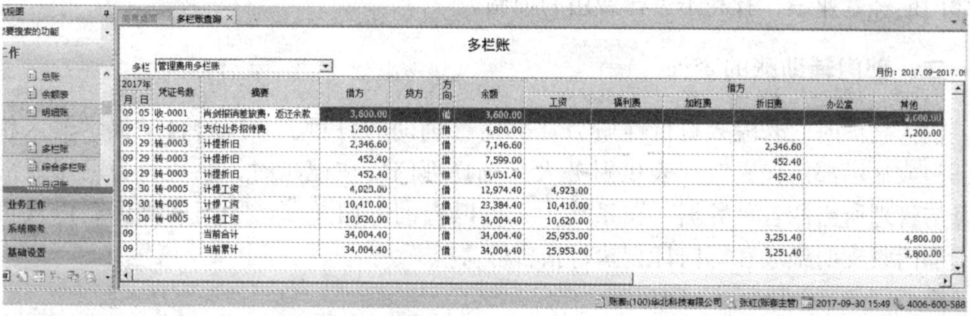

图 5-32　管理费用多栏账界面

其他科目账查询方法和步骤与以上类似。

二、账簿打印与管理

打印账簿是账务处理的最终目标，包括总账、明细账、日记账等。账簿打印用于打印正式的会计账簿，打印输出的会计账簿的格式和内容应当符合国家统一会计制度的规定。

"账簿打印"功能打印的是正式使用的账簿。账簿打印可选择套打方式，套打时应使用用友公司指定的打印用纸。系统一般默认账簿格式为金额式，根据需要可选择其他格式。

采用 U 盘、移动硬盘等介质存储会计数据时，记账凭证、总分类账、现金日记账和银行存款日记账仍需要打印输出；此外，还要按税务部门、审计部门的要求即时打印输出有关账簿和报表。

第四节　部门辅助账管理

一、部门辅助账的意义

随着企业规模的扩大，生产经营活动的复杂化，企业所包含的业务活动的种类越来越多，所涉及的专业领域也越来越广，各种业务的工作量也越来越大。为了加大企业的管理力度，提高经营效率，很多单位实施了按部门进行财务管理，细化会计核算的政策，对全部工作进行深入细致的分析，要求按部门进行再分类核算和管理。在传统的方法下，企业会开设明细账进行核算，这样增加了明细科目的级次，造成科目体系庞大，同时会给会计核算和管理资料的提供带来极大的困难。计算机账务处理子系统则借助计算机处理数据的特点，设置了辅助核算模块。通过该功能模块，不仅能方便地实现会计核算功能，而且能为管理提供快速便捷的辅助手段。

在会计核算过程中，设置部门辅助核算，不仅为财会部门深入核算企业内部各部门的收入情况及各项费用的开支情况提供了方便，而且通过部门核算产生的核算数据，为企业及部门业务的管理和各项费用的控制与管理提供了基础信息数据，有利于考核各部门的经营业绩，有利于进行费用的控制。

二、部门辅助账的查询

输入凭证时，若输入科目性质为"部门"辅助的科目，系统将自动提示输入相应的部门或显示部门代码对照表供财务人员选择部门。在记账时，系统将自动形成部门核算与管理所需的各种数据。在系统中，可以查询部门总账、部门明细账，以及自动输出部门收支明细表和部门计划执行报告等。

（一）部门科目总账

部门总账查询用于查询部门业务发生的汇总情况。系统提供了三种部门辅助总账查询方式：指定科目查询总账、指定部门查询总账、同时指定科目和部门查询总账。具体操作如下：

（1）在总账系统中，执行"账表→部门辅助账→部门总账→部门科目总账"指令，进入部门科目总账条件设置界面，如图5-33所示。

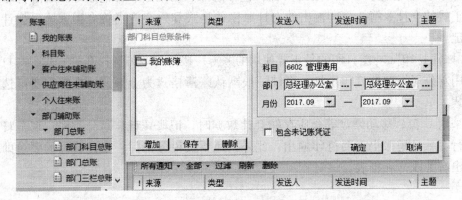

图5-33 查询部门科目总账条件设置界面

（2）在图5-33中，选择科目：6602 管理费用，选择部门：总经理办公室，选择月份：09后，单击"确定"即可查询总经理办公室管理费用的总账情况，如图5-34所示。

图5-34 部门科目总账界面

（3）在图 5 - 34 中将光标定位在某一笔业务上，单击"明细"，可以联查其明细账，如图 5 - 35 所示。

图 5 - 35 部门科目总账中某笔业务对应明细账界面

（4）在图 5 - 35 中将光标定位在某一笔业务上，单击"凭证"，可以联查其凭证，如图 5 - 36 所示。

图 5 - 36 部门明细账中对应凭证界面

（5）在图 5 - 36 中将光标定位在某一笔分录上，单击"查辅助明细"，可以联查其辅助明细账，如图 5 - 37 所示。

（二）部门明细账

查询部门明细账用于查询部门业务发生的明细情况。具体操作步骤如下：

（1）在总账系统中，执行"账表→部门辅助账→部门明细账→部门科目明细账"指令，进入部门科目明细账条件设置界面，其他与部门总账查询类似。

（2）在部门明细账查询界面，可联查其凭证和总账。

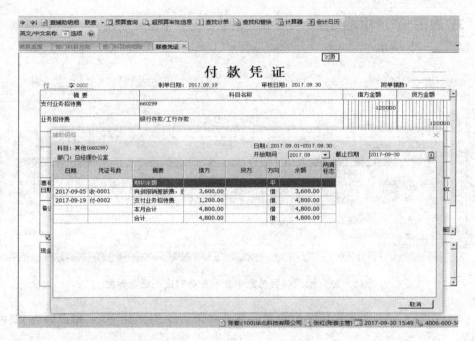

图 5 - 37　部门辅助明细账界面

三、部门收支分析

(一)部门收支分析表

为了加强对各部门收支的管理,企业对所有部门核算科目的发生额及其余额按部门进行统计分析。统计分析数据可以是发生额、余额或同时有发生额和余额。具体操作步骤如下:

(1)在总账系统中,执行"账表→部门辅助账→部门收支分析"指令,进入部门收入分析条件设置—选择分析科目界面,如图 5 - 38 所示。在图 5 - 38 中,选择分析科目:管理费用及其所有明细科目,点击"下一步",进入选择分析部门界面,如图 5 - 39 所示。

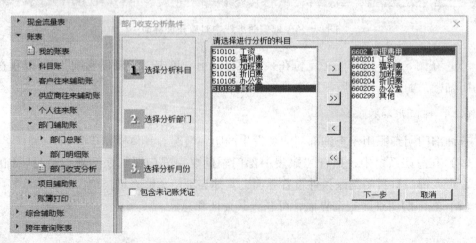

图 5 - 38　部门收入分析条件设置—选择分析科目界面

（2）在图5-39中，选择分析部门：总经理办公室，点击"下一步"，进入选择分析月份界面，如图5-40所示。

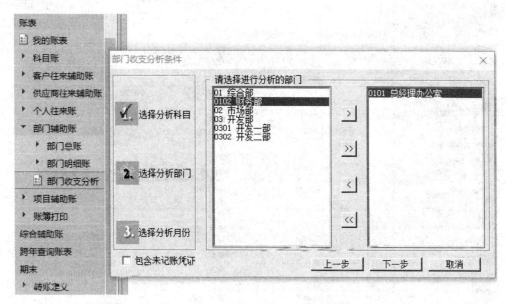

图5-39　部门收入分析条件设置—选择分析部门界面

（3）在图5-40中，选择分析月份：2017.09，点击"完成"，进入部门收支分析表界面，如图5-41所示。

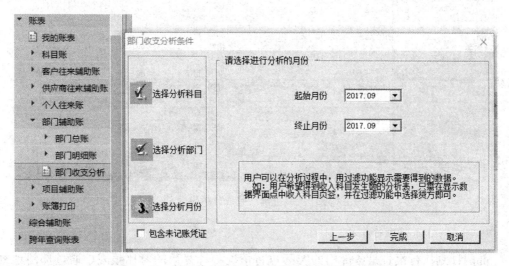

图5-40　部门收入分析条件设置—选择分析月份界面

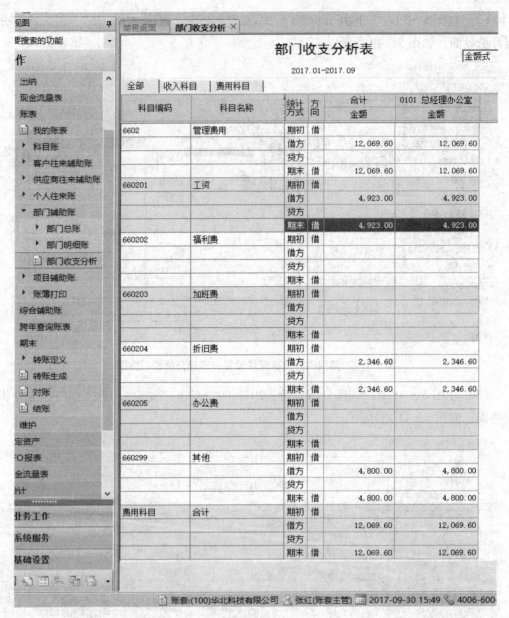

图 5-41 部门收入分析表

(二) 部门计划执行报告

部门计划执行报告是各部门的实际执行情况与计划数的对比报表。通过部门计划执行报告，可以使管理者了解各部门完成计划的情况。

部门计划执行报告主要有两种数据方式：一是各部门在某部门核算科目下的实际发生额与计划发生额的对比方式，二是各部门在某部门核算科目下的实际余额与计划余额比较方式。

选择分析的科目辅助核算必须设置"部门核算"。分析月份系统默认为当前月份，但可以调整分析的起止月份，改变分析范围。

第五节　项目辅助账管理

一、项目辅助账的意义

所谓项目，即专门的经营对象。实际上，它可以是一项工程、一种产品、一个科研项目等。实际会计核算时，经常要求将围绕这些项目所发生的所有收支，按费用或收入类别设立专门的明细账，以便更好地完成对每个项目投入产出及费用情况的核算。按这种核算要求，在手工方式下会按项目设立二级或三级科目，再在其下级设立收支或费用明细科目。很明显，这样做有两个缺点：一是科目结构复杂，体系庞大；二是难以进行横向的统计分析。在计算机账务处理系统中，提供的项目辅助核算可以实现该核算方式。

在日常业务处理中，录入凭证时，当输入科目的性质为"项目核算"时，系统将要求财会人员录入或选择项目代码。记账后，即可在项目辅助核算中查询各种项目核算与管理所需的账表，如项目总账、科目项目明细账和项目科目明细账，以及项目统计表和项目执行计划报告等。通过项目辅助核算，不仅方便地实现了对成本、费用和收入按项目核算，而且为这些成本、费用及收入地管理提供了快速方便的辅助手段。

二、项目辅助账的查询

（一）项目总账

项目总账查询用于查询各项目所发生业务的汇总情况，项目大类必须输入，部门可输也可不输，月份范围默认为年初至当前月。具体操作步骤如下：

（1）在"总账系统"中，执行"账表→项目辅助账→项目总账→项目总账"指令，可调出项目总账查询条件设置界面，如图 5-42 所示，条件设置后点击"确定"即可查到相应的账簿，如图 5-43 所示。

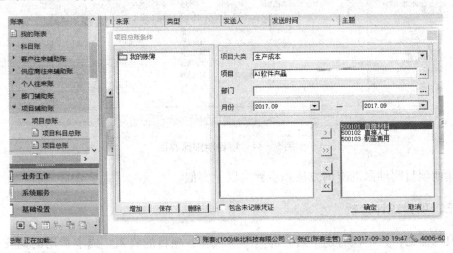

图 5-42　项目总账条件设置界面

图 5-43 项目总账界面

（2）在项目总账界面，可点击"明细"联查其明细账，在明细账界面可联查其凭证。

项目科目总账、项目三栏式总账、项目分类总账和项目部门总账的查询与以上查询步骤相似。

（二）项目明细账

项目明细账用于查询项目业务发生的明细情况。具体操作步骤如下：

在"总账系统"中，执行"账表→项目辅助账→项目明细账→项目明细账"指令，可调出项目明细账查询条件设置窗口，条件设置后点击"确定"即可查到相应的项目明细账簿，如图 5-44 所示。

图 5-44 项目明细账界面

其他项目明细账的查询方法和步骤与以上类似。

三、项目统计分析

项目辅助核算不仅有助于财会部门准确核算各项目的收入、成本费用的开支情况，还为财务部门提供了项目统计分析。项目统计查询用于统计所有项目的发生额和余额。

具体操作步骤如下：

在"总账系统"中，执行"账表→项目辅助账→项目统计分析"指令，可调出项目统计条件设置窗口，如图5-45所示，条件设置完后点击"完成"即可查到相应的项目统计表，如图5-46所示。

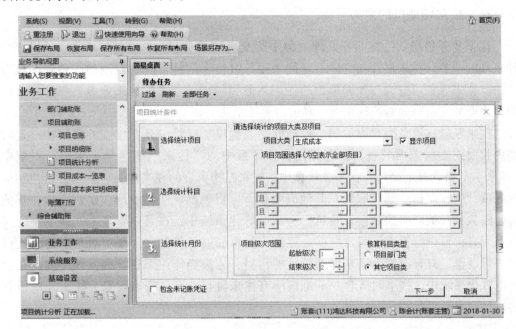

图5-45 项目统计条件设置界面

项目分类及项目名称	项目编号	统计方式	方向	合计 金额	生产成本(5001) 金额	直接材料(500101) 金额	直接人工(500102) 金额	制造费用(500103) 金额
自行开发项目(1)		期初	借	17,165.74	17,165.74	155.00	15,000.00	2,010.74
		借方		4,060.00	4,060.00		4,060.00	
		贷方						
		期末	借	21,225.74	21,225.74	155.00	19,060.00	2,010.74
A1软件产品(101)	101	期初	借	17,165.74	17,165.74	155.00	15,000.00	2,010.74
		借方		4,060.00	4,060.00		4,060.00	
		贷方						
		期末	借	21,225.74	21,225.74	155.00	19,060.00	2,010.74
委托开发项目(2)		期初	平					
		借方		3,550.00	3,550.00		3,550.00	
		贷方						
		期末	借	3,550.00	3,550.00		3,550.00	
B2网络工具(202)	202	期初	平					
		借方		3,550.00	3,550.00		3,550.00	
		贷方						
		期末	借	3,550.00	3,550.00		3,550.00	
合计		期初	借	17,165.74	17,165.74	155.00	15,000.00	2,010.74
		借方		7,610.00	7,610.00		7,610.00	
		贷方						
		期末	借	24,775.74	24,775.74	155.00	22,610.00	2,010.74

图5-46 项目统计表界面

项目成本一览表和项目成本多栏明细账的查询步骤同上。

第六节　往来辅助账管理

一、往来辅助账的意义

往来业务是指单位在业务处理过程中所发生的涉及应收、应付、预收、预付等会计事项的业务。往来核算与管理是对往来业务进行专门的反映与控制的一种辅助核算方法。往来业务可分为与外部单位的往来业务和与内部个人的往来业务，与外部单位的往来业务又可分为客户往来业务和供应商往来业务。

往来账款核算是指对因赊销、赊购商品或提供、接受劳务而发生的将要在一定时期内收回或支付款项的核算。电算化会计体系中的"往来"概念与手工核算系统中"往来"的概念是不同的。在手工核算中，往来是指资金的往来业务，往来科目包括应收账款、应收票据、预付账款、其他应收款、应付账款、应付票据、预收账款、其他应付账款和其他应交款等会计科目。会计电算化系统中，在具体管理上，并不一定对以上所有科目进行管理，而是根据企业会计核算与财务管理的需要，对其中的某些科目进行设置，只有设置为往来辅助核算的科目，才被当作往来核算和管理。因此在会计电算化系统中，往来的概念并不是指所有往来科目，而是指被设置为往来辅助核算的科目。

（一）往来科目的管理方式

账务处理系统提供以下两种往来业务核算与管理的方法：

（1）视同明细核算方式（即常规方式）。当往来单位较少且相对稳定，应收账款或应付账款发生的频率较低，且往来对账的业务量不大时，可采用与手工记账方式相类似的处理方法，即按往来单位设置明细科目（按往来单位建立明细账），使往来核算体现在基本业务核算中。

（2）往来辅助核算方式（即往来方式）。当单位往来业务频繁，清理欠款工作量较大时，可启用账务处理系统提供的单位往来辅助核算功能来管理往来款项。采用单位往来辅助核算后，往来单位不再以会计科目的形式出现，而是以往来单位目录的形式存在。

往来数据包括往来期初数据和日常往来业务数据。

（二）往来账核算的处理流程

应收应付账款系统根据对往来单位款项核算和管理的不同程度，提供了两种不同的方案，即在总账系统核算往来单位款项，或在应收与应付账款系统核算往来款项。

（1）在总账系统中使用应收应付功能，进行应收应付账款的核算和管理。使用总账系统，在输入凭证时，同时输入应收应付业务数据，并使用总账系统中提供的应收应付管理功能，输出往来账并进行核销、账龄分析、打印催款单等。

（2）单独使用应收应付账款系统进行应收应付账款的核算和管理。首先使用应收应付账款系统输入发票和往来业务单据，自动填制记账凭证，然后将记账凭证传递到总账系统中。其中，应付业务数据可直接输入，也可由采购系统传入；应收业务数据可以直接输入，也可由销售系统传入。电算化方式下，应付款数据流程与应收款数据流程大致相同。

（三）往来账款核算与管理的工作过程

在总账系统进行往来核算时，其操作过程一般为：建立客户（或供应商）档案、录入期初余额、凭证输入与审核、记账、核对、往来账表查询与打印、统计分析与销账等，如图5-47所示。

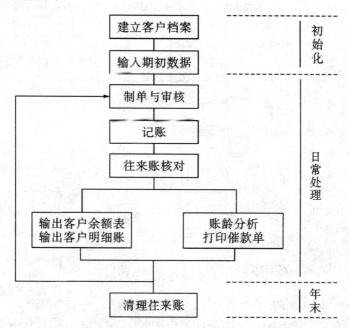

图5-47 在总账系统中处理应收业务的处理流程

在总账系统中处理应付业务的处理流程同上。

二、往来账的核对与核销

（一）往来账的核对

对已达往来账应该及时做往来账的核对工作。核对是指将已达账项打上已结清的标记，系统提供自动核对和手工核对两种方式。

（1）自动核对：这是指计算机自动将所有已结清的往来业务打上标记。

（2）手工核对：如果某些款项不能自动判断，可以通过手工辅助核对，即按指定键对已达账项打上标记。

核对应分往来科目、往来客户（或供应商）进行。首先选择往来科目，然后选择往来客户（或供应商），再选择核对方式进行核对。

总账系统为企业提供清理所有具有往来性质账户的功能，只有具有往来两清权限的操作员，才能使用往来清理功能。一般在记账完成后或期末查询、打印往来账前进行往来账两清处理工作。往来账的自动勾对要求填制凭证时输入的辅助信息要严格、规范，特别是对于有业务号的账项在填制凭证时必须规范输入。这样，不论是"一借一贷""一借多贷"，还是"多借一贷"，系统都能自动识别并进行勾对；否则只能手工勾对。具体操作步骤如下：

（1）在总账系统中，执行"账表→客户往来辅助账→客户往来两清"指令，调出客户往来两清条件设置界面，如图 5-48 所示。

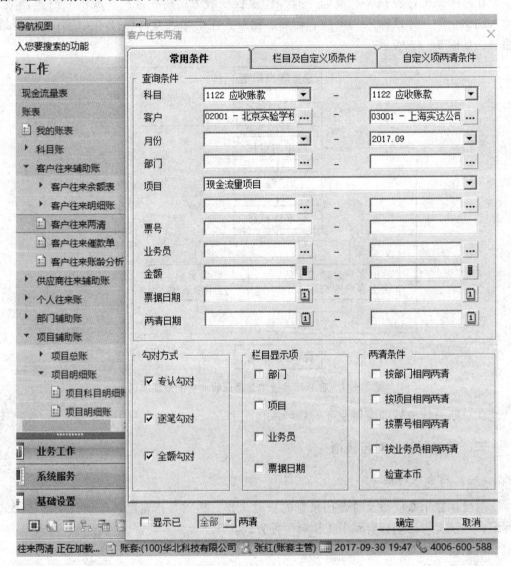

图 5-48　客户往来条件设置界面

（2）在图 5-48 中，在"科目"下拉列表框中选择"1122 应收账款"，在"客户"中选择"02001 北京实验学校　03001 上海实达公司"，"截止月份"选择"2017.09"，单击"确定"，进入客户往来两清核对界面，如图 5-49 所示。

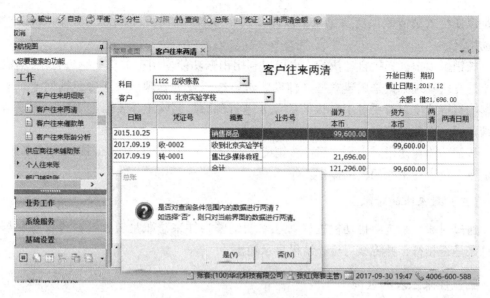

图 5-49　客户往来两清核对界面

（3）在图 5-49 所示，点击"自动"，点击"是"即可自动勾对，如果自动勾对后有应该勾对而未勾对，可以双击"两清"栏，进行手工勾对。点击工具栏"未两清金额"可调出未两清一览表，如图 5-50 所示。

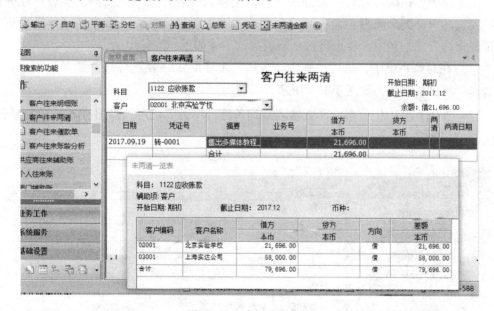

图 5-50　未两清一览表

在客户往来两清界面，还可以检查两清平衡情况，可联查其总账和凭证。供应商往来的两清处理与客户的相似。

（二）往来账的核销

核销是指对债权、债务已结清的业务做删除处理，表示本笔业务已经结清。其目

131

的是以便将未结清款项反映出来，以此反映企业各种应收款的形成、收回及其增减、变动情况。

核销可以由计算机自动执行，也可以利用销账功能使用有关功能键进行手动核销。由于计算机处理方式采用建立往来辅助账进行往来业务管理，为了避免辅助账过于庞大影响运行速度，需要对于已核销的业务进行删除。删除工作不必经常进行，通常年底结账后一次删除即可。

核销功能在使用时必须注意：核销前应经专门的负责人员核实待核销的往来账项，指定专人负责往来账的核销操作工作。

（三）往来账的对账

通过对账，系统会自动检查核对往来明细账与往来总账是否相符、科目总账与往来总账是否相符，并将核对检查结果显示输出。

三、往来账表的查询

往来账表查询模块可实现对往来汇总表、明细账和客户等进行查询，并生成各种信息统计表。查询可单独进行也可进行条件组合查询。

（一）往来余额表

往来余额表包括客户科目余额表、客户余额表、客户三栏式余额表、客户业务员余额表、客户分类余额表、客户部门余额表、客户项目余额表及客户地区分类余额表等多种查询方式。其中，客户科目余额表查询步骤如下：

（1）在总账系统中，执行"账表→客户往来辅助账→客户科目余额表"指令，可调出客户科目余额表，如图 5-51 所示。

（2）在图 5-51 中，根据需要输入查询条件，单击"确定"即可进入科目余额表，如图 5-52 所示。

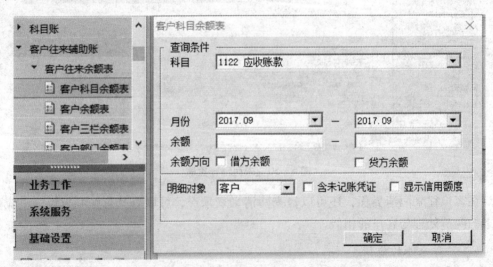

图 5-51　客户科目余额表查询条件设置界面

图 5-52 客户科目余额表界面

（3）在图 5-52 中，单击"明细"，可以联查客户往来明细账；单击"累计"，可以查询本期借贷方累计发生额。

其他客户余额表的查询方法同以上方法相似。

（二）往来明细账

往来明细账包括客户科目明细账、客户明细账、客户三栏式明细账、客户多栏明细账、客户分类明细账、客户业务员明细账、客户部门明细账、客户项目明细账及客户地区分类明细账等多种查询方式。其中，客户科目明细账具体查询步骤如下：

（1）在总账系统中，执行"账表→客户往来辅助账→客户往来明细账→客户科目明细账"指令，可调出客户科目明细账查询条件设置界面，如图 5-53 所示。

（2）在图 5-53 中，根据需要输入查询条件，单击"确定"即可进入客户科目明细账，如图 5-54 所示。

图 5-53 客户科目明细账查询条件设置界面

图 5-54 客户科目明细账界面

（3）如图 5 - 54 所示，单击"其他—总账"可以联查客户往来总账，用光标选择某一笔业务，单击"其他—凭证"可以联查该业务凭证，如图 5 - 55 所示。

图 5 - 55　联查客户科目明细账的凭证界面

四、往来账龄分析

往来账龄分析是往来管理的重要功能之一。账龄是指某一往来业务从发生之日到结清之日的时间期限。通过账龄分析表对往来账款拖欠时间的整理归类和分析，了解企业管理人员收付款工作的效率，以便正确确定今后的销售、采购策略，并能根据各种应收应付账款过期的时间和历史资料，估计坏账损失。

通过账龄分析表，系统将输出应收应付账款科目下所指定的各个账龄期间内各往来应收应付账款的分布情况，计算出各种账龄应收应付账款占总应收应付账款的比例，以帮助财务人员了解分析应收应付账款的资金占用情况，便于企业及时催收款项。

每一个账龄区间的天数输入不能小于等于起始天数。例如：客户往来账龄分析的具体操作步骤如下：

（1）在总账系统中，执行"账表→客户往来辅助账→客户往来账龄分析"指令，可调出客户往来账龄条件设置界面，如图 5 - 56 所示。选择查询条件后，单击"确定"，可调出各个客户账龄的详细情况，如图 5 - 57 所示。

（2）在图 5 - 75 中，单击"详细"可以查看各个客户账龄的详细情况，单击"比率"可以查询客户各账龄区间的金额占总额的百分比。

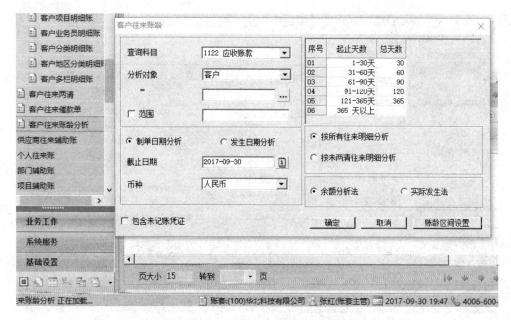

图 5-56 客户往来账龄条件设置界面

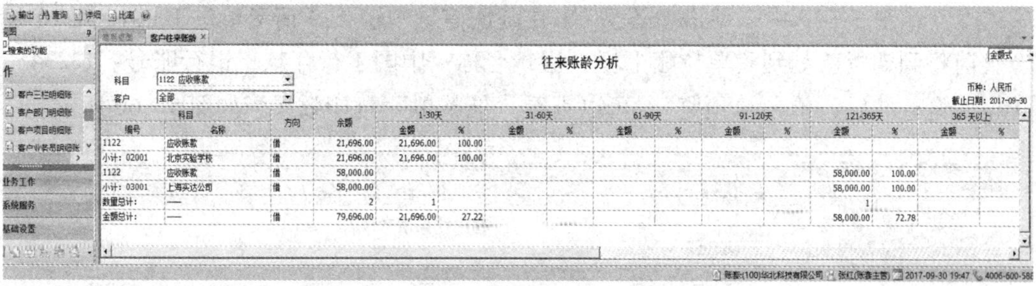

图 5-57 往来账龄分析界面

五、催款单的生成

催款单是对客户或对本单位职工的欠款催还的管理方式。催款单限制使用在设置有辅助核算的应收账款和其他应收款的科目。具体操作步骤如下:

（1）在总账系统中，执行"账表→客户往来辅助账→客户往来催款单"指令，调出客户往来催款条件设置界面，如图 5-58 所示。

（2）在图 5-58 中，在查询科目框中选择"应收账款"，其他条件为默认，单击"确定"，进入客户往来催款单界面，如图 5-59 所示。

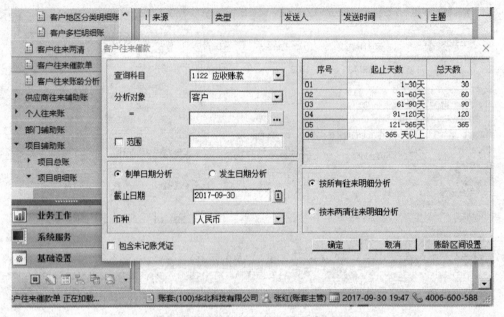

图 5-58　客户往来催款条件设置界面

（3）在图 5-59 中，单击"设置"，在函证信息中输入"请贵单位于 2017 年 10 月 10 日前将到期货款划到我单位账上！"，银行名称：中国工行存款，银行账号：122345，点击"确定"后，单击"预览"，可以查看"催款单"打印效果，如图 5-60 所示。

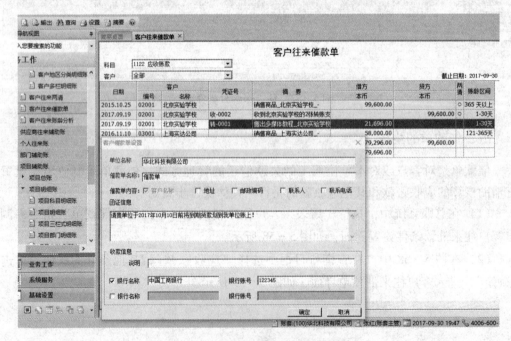

图 5-59　客户往来催款单设置界面

华北科技有限公司

催款单

客户名称： 上海实达公司

日期： 2017-09-30

函证内容： 请贵单位于2017年10月10日前将到期货款划到我单位账上！

日期	凭证号	摘要	借方 本币	贷方 本币	两清	账龄区间
2016.11.10		销售商品_上海实达公司_-	58,000.00			121-365天
	总计		58,000.00			
	余额		58,000.00			

银行名称1： 中国工商银行　　　　　　　　　　　　银行账号1： 122345

图5-60　催款单预览效果图

思考题

1. 试述用友ERP-U8管理系统的账务系统的特点。
2. 用友ERP-U8系统的总账日常处理中如何填制会计凭证？
3. 用友ERP-U8系统的总账日常处理中如何审核会计凭证？
4. 用友ERP-U8系统的总账日常处理中怎么进行凭证账簿查询？
5. 简述辅助核算管理的内容和方法。

第六章　期末处理

学习目的及要求

1. 理解银行对账的意义，掌握手工方式和计算机方式银行对账流程，掌握电算化系统中银行对账单的录入方法，以及余额调节表的生成和输出方法。

2. 了解月末转账的特点，掌握自动转账数据流程和工作流程，掌握自动转账取数公式的定义方法和生成自动转账凭证的方法，掌握试算平衡与月末结账的方法。

期末会计事项处理是指会计人员在每个会计期末都需要完成的一些特定的会计工作，例如银行对账、自动转账、对账、结账及年末处理。与日常业务相比，数量不多，但业务种类繁杂且时间紧迫。在手工会计工作中，每到会计期末，会计人员的工作非常繁忙。而在计算机环境下，由于各会计期间的许多期末业务具有较强的规律性，且方法很少改变，如费用计提、分摊，成本结转，期间损益结转的方法等，由计算机来处理这些有规律的业务，不但可以减少会计人员的工作量，而且可以加强财务核算的规范性、精准性。

第一节　银行对账

一、银行对账的意义

（一）银行对账的意义

为了准确掌握银行存款的实际余额，了解实际可以动用的货币资金数额，防止记账发生差错，企业应按期根据银行提供的对账单核对账目，并编制银行存款余额调节表。银行对账是企业出纳人员的基本工作之一。一般来说，企业的结算业务大部分要通过银行进行结算，但企业银行账和银行对账单之间由于银行与企业间单据传递的时间差造成了未达账项。系统中的银行对账可快速核对企业银行存款日记账记录与开户银行提供的银行对账单记录，找出所有的未达账项，并通过编制余额调节表使得调节后的银行存款日记账余额与调节后的银行对账单余额相符，保证银行存款的安全、完整。

（二）手工方式下银行对账流程

手工方式下银行对账流程图，如图 6-1 所示。

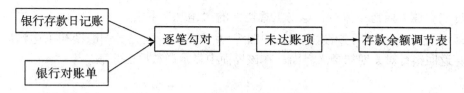

图6-1　手工方式下银行对账流程图

（三）计算机方式下银行对账流程

计算机方式下银行对账流程图，如图6-2所示。

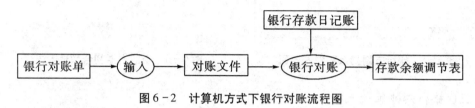

图6-2　计算机方式下银行对账流程图

二、期初未达账项录入

为保证银行对账工作的顺利进行，使用银行对账功能进行对账之前，必须在对账月初先将日记账、银行对账单未达账项输入系统中。具体的操作步骤如下：

（1）在总账系统中，执行"出纳→银行对账→银行对账期初录入"指令，弹出"银行科目选择"对话框，如图6-3所示。

（2）在"科目"下拉列表框中选择相应的银行科目并单击"确定"按钮，即可进入"银行对账期初"窗口，如图6-4所示。

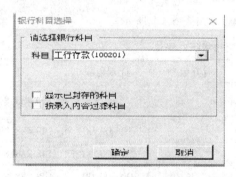

图6-3　银行科目选择界面

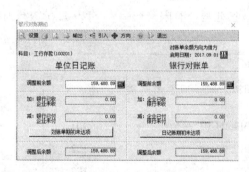

图6-4　银行对账期初录入界面

（3）在图6-4中根据需求，选择"启用日期"，并填制"调整前余额"（本书案例中单位日记账和银行对账单的调整前余额都为：159 488.89）。

（4）如有银行对账单期初未达账项，在图6-4中，单击"对账单期初未达账"按钮即可打开"银行方期初"窗口，单击工具栏上的"增加"按钮，在该窗口中增加一个空白行即可录入银行对账单期初未达账项，如图6-5所示，录入完对账单期初未达账后，点击保存返回银行对账期初录入界面，在该界面中显示调整后的余额。

（5）如有日记账期初未达账项，在图6-4中，单击"日记账期初未达账"按钮即可打开"企业方期初"窗口，单击工具栏上的"增加"按钮，在该窗口中增加一个空白行即可录入日记账期初未达账项，如图6-6所示，录入完日记账期初未达账后，点击保存返回银行对账期初录入界面，在该界面中显示调整后的余额。

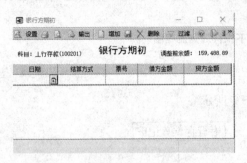

图6-5 银行方期初余额录入界面

图6-6 企业方期初余额录入界面

三、银行对账单录入

银行对账单是银行定期发送给企业其存款增减及余额明细表，用于核对银行存款账项的账单，它是月末各单位进行银行对账的主要依据。要实现计算机自动对账，在每月月末未对账前，须将银行开出的银行对账单输入计算机。

（一）手工录入银行对账单

用友系统中的"银行对账单"用于平时录入银行对账单。在指定账户（银行科目）后，可录入本账户下的银行对账单，以便于与单位银行存款日记账进行对账。如企业在多家银行开户，对账单应与其对应账号所对应的银行存款下的末级科目一致。

【实务案例】

华北科技有限公司2017年9月份银行对账单如表6-1所示。

表6-1 2017年9月份银行对账单

日期	结算方式	票号	借方金额	贷方金额	余额
期初余额（与企业期初余额相同）					159 488.89
2017.09.03	101			10 000.00	149 488.89
2017.09.19	102			1 200.00	148 288.89
2017.09.19	102			100 000.00	48 288.89
2017.09.29	101			18 935.86	29 353.03
2017.09.29	102		58 000.00		87 353.03
2017.09.29	102		78 000.00		165 353.03
2017.09.29	9			1 250.00	164 103.03

【操作步骤】

（1）在总账系统中，执行"出纳→银行对账→银行对账单"指令，调出"银行科目选择"对话框，如图6-7所示。

（2）在图6-7中选择相应的"科目""月份"，然后单击"确定"按钮，打开"银行对账单"界面，单击工具栏上的"增加"按钮，即可逐一录入银行对账单上的相关信息，输入完毕后单击"保存"按钮，银行对账单就录入成功，如图6-8所示。

图6-7 银行科目选择界面

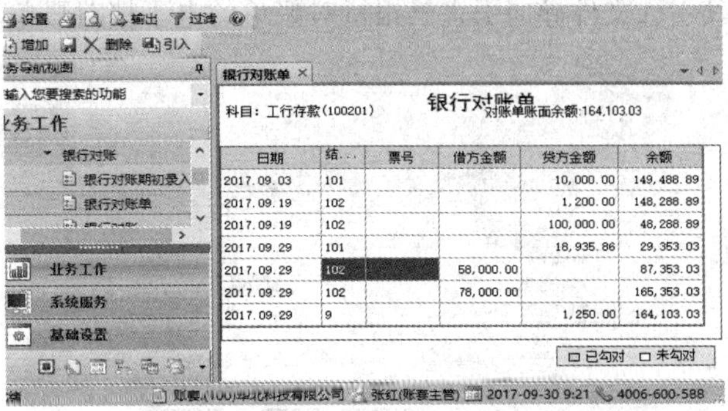

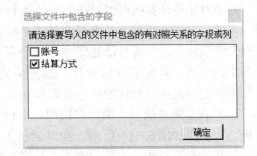

图6-8 银行对账单录入界面

（二）引入银行对账单

如果银行提供电子对账单，可以通过引入方式录入银行对账单。具体步骤如下：

（1）在图6-8银行对账单录入界面，单击工具栏上的"引入"按钮，打开"银行对账单引入接口管理"对话框，如图6-9所示。

（2）在图6-9中，单击"新建模板"按钮，弹出"选择文件中包含的字段"界面，勾选：结算方式，如图6-10所示。

图6-9 银行对账单引入接口管理界面

图6-10 选择文件中包含的字段界面

（3）在图6-10中，单击"确定"按钮，弹出"模板制作向导"界面，根据向导的提示输入模板名称：工行存款对账单，再根据实际需要设置相关信息后，点击"下一步"，如图6-11所示。

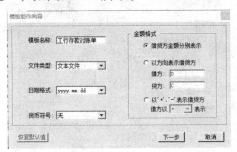

图6-11 模板制作向导（一）界面

图6-12 模板制作向导（二）界面

（4）按照模板制作向导逐步设置相关信息，直到完成向导的所有设置，如图 6 - 13 所示。

（5）在图 6 - 14 中，选择需要引入银行对账单的模板，点击"引入文件"，可按照其引入文件导向引入其银行对账单的电子档对账单。

图 6 - 13　模板制作向导（一）界面

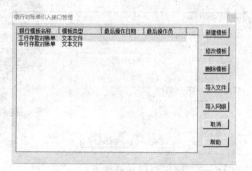

图 6 - 14　模板制作向导（二）界面

四、银行对账处理

在期初未达账项及银行对账单输入后，可进行对账处理，即将系统中的银行日记账与输入的银行对账单进行核对，以检查两者是否相符。银行对账有自动和手动两种形式。

（一）自动对账

自动对账是计算机根据对账依据将银行日记账未达账项与银行对账单进行自动核对、勾销，对于已核对上的银行业务，系统将自动在银行存款日记账和银行对账单双方写上两清标志，并视为已达账项，对于在两清栏未写上两清符号的记录，系统则视其为未达账项。对账依据通常是"结算方式＋结算号＋方向＋金额"和"方向＋金额"两种组合条件。具体的操作步骤如下：

（1）在总账系统中，执行"出纳→银行对账→银行对账"指令，弹出"银行科目选择"界面，如图 6 - 15 所示。在对话框中选择相应的内容之后单击"确定"按钮，即可打开"银行对账"界面，点击工具栏上的"对账"按钮即可打开"自动对账"条件设置界面，如图 6 - 16 所示。

图 6 - 15　银行科目选择界面

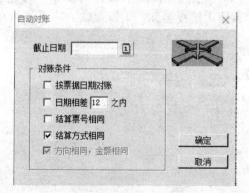

图 6 - 16　自动对账条件设置界面

（2）在图 6-16 中，自动对账条件设置后，点击"确定"就完成了自动对账，如图 6-17 所示。

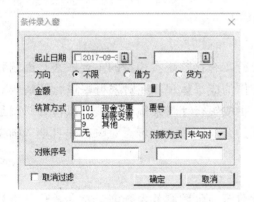

图 6-17 银行对账界面

如果想更准确、更详细地进行对账，还可以使用"银行对账"窗口中的"过滤"功能，它可以根据结算方式、票号等的不同条件缩小对账范围，使对账的准确率和效率大大提高。具体的操作步骤如下：

（1）在"银行对账"界面中，直接单击工具栏上的"过滤"按钮，即可进入"条件录入窗"界面，如图 6-18 所示。

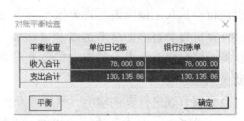

图 6-18 条件录入窗界面　　　　　**图 6-19 对账平衡检查结果界面**

（2）在图 6-18 中输入对账的起止日期、金额、结算方式、对账方式、票号和借贷方向等内容，再单击"确定"按钮即可根据输入的条件进行对账。

（3）在图 6-17 银行对账界面中，单击工具栏上的"检查"按钮即可弹出"对账平衡检查"对话框，如图 6-19 所示，从中可查看对账是否平衡。

（二）手工对账

手工对账是对自动对账的补充，由于系统中的银行未达账项是通过凭证处理自动形成的，期间有人工输入过程，可能存在输入不规范的情况，使用完自动对账以后，有可能还有一些特殊的已达账没有对出来，而被视为未达账项。所以为了保证对账的彻底和正确，可用手工对账来进行调整勾销。

以下四种情况中，只有第一种情况能自动核销已对账的记录，后三种情况均需通过手工对账来强制核销。

（1）对账单文件中一条记录和银行日记账未达账项文件中一条记录完全相同。

（2）对账单文件中一条记录和银行日记账未达账项文件中多条记录完全相同。

（3）对账单文件中多条记录和银行日记账未达账项文件中一条记录完全相同。

（4）对账单文件中多条记录和银行日记账未达账项文件中多条记录完全相同。

在图6-17银行对账单界面，可通过目测分析，将单位日记账和银行对账单上的已达业务，分别双击其"两清"栏，完成手工对账，如图6-20所示。

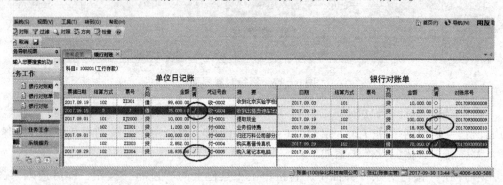

图6-20 银行对账—手工对账界面

五、银行存款余额调节表

余额调节表是月末证实银行日记账与银行实有存款账实相符的主要账表，编制和输出银行存款余额调节表是月末银行对账工作的成果体现。在对银行账进行两清勾对后，计算机自动整理汇总未达账和已达账，生成银行存款余额调节表，以检查对账是否正确。该余额调节表为截至对账截止日期的余额调节表，若无对账截止日期，则为最新余额调节表。

余额调节表进行查询输出，具体的操作步骤如下：

（1）在总账系统中，执行"出纳→银行对账→余额调节表查询"指令，打开银行存款余额调节表界面，如图6-21所示。

（2）从图6-21中选择一个银行科目，单击工具栏上的"查看"按钮，或是双击所选的银行科目，即可显示该银行账户的银行存款余额调节表，如图6-22所示。

图6-21 余额调节表查询界面

图6-22 银行存款余额调节表界面

（3）在图 6 - 22 界面，单击工具栏上的"详细"按钮可查看到更详细的余额表，如图 6 - 23 所示。

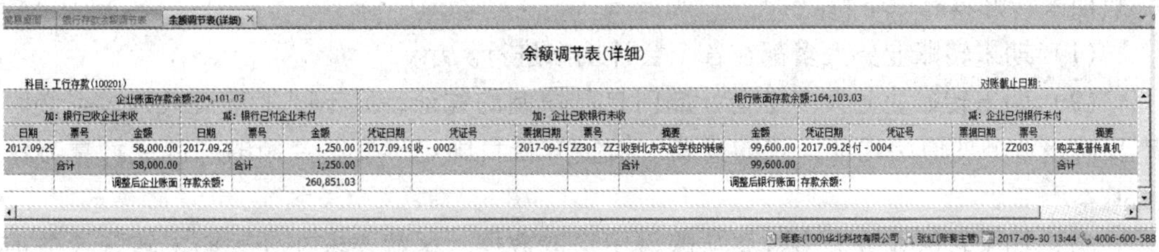

图 6 - 23　余额调节表详细信息界面

六、查询对账单或日记账勾对情况

对账单或日记账勾对情况查询，主要用于查询单位日记账和银行对账单的对账结果。它是对余额调节表的补充，通过进一步核对账单上勾对的明细情况（包括已达账项和未达账项），从而进一步了解对账结果。

如果银行存款余额调节表显示账面余额不平，可从以下几个方面查找原因：①查看"单位日记账期初未达项"及"银行对账单期初未达项"是否录入正确，如不正确则进行相应调整。②银行对账单录入是否正确，如不正确则进行相应调整。③银行对账中勾对是否正确，如不正确则进行相应调整。④检查当期会计业务是否记账完毕，如未记账完毕，等记账完毕后再对账。

七、删除已达账

删除已达账，是指在单位日记账和银行对账单的对账结果检查无误后，可通过核销银行账来核销已达账。

由于单位日记账的已达账项数据和银行对账单数据是辅助数据，对账正确后，已达账项数据已无保留价值，因此，通过对银行存款余额调节表和对账明细情况的查询，确定对账正确后，可删除单位日记账已达账项和银行对账单已达账项。

第二节　总账系统内部自动转账

在会计业务中存在一些凭证，它们每月或每年有规律地重复出现。如：每月计提短期借款利息、分摊无形资产、结转收入类和费用类账户余额，年底结转本年利润等。这类凭证的摘要、借贷方科目、金额的来源或计算方法基本不变。如果要编制此类凭证，每月都将做许多重复工作，而且所取金额必须待记账后才能查阅，稍有不慎，就会出现遗漏或错误。使用总账系统中的自动转账功能可以提高这项工作的效率。

一、期末转账的特点

转账分为外部转账和内部转账。外部转账是指将其他业务核算子系统生成的凭证转入总账系统中；内部转账主要是指在总账系统内部把某个或某几个会计科目中的余额或本期发生额结转到一个或多个会计科目中。本节阐述的是总账系统内部自动转账。一般期末转账具有以下特点：

（1）期末转账业务大多都在各个会计期末进行。

（2）期末转账业务大多是会计部门自己填制的凭证，又不同于日常核算，不必附有反映该业务的原始凭证，它的摘要、借贷方科目固定不变，金额的来源或计算方法也基本不变。

（3）期末转账业务大多数要从账簿中提取数据。这就要求在处理期末转账业务前必须先将其他经济业务全部登记入账。

（4）有些期末转账业务必须依据另一些期末转账业务产生的数据。这就要求期末转账需要根据业务的特点分批按步骤进行处理。

二、自动转账处理流程

在期末账务处理中，将期末自动转账凭证的摘要、会计科目、借贷方向、金额的计算公式预先存入计算机中，系统根据预先定义的金额来源计算方法从账簿中取数，自动产生记账凭证，并完成相应的结转任务。因此，期末自动转账分为转账定义和转账生成两部分。每笔转账业务每月一般只需进行一次，自动转账处理流程如图 6-24 所示。

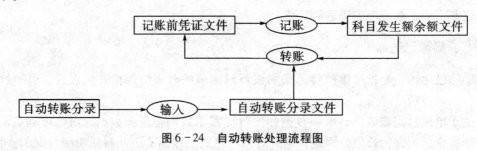

图 6-24　自动转账处理流程图

三、自动转账定义

一般地，把自动转账凭证的摘要、会计科目、借贷方向及金额的计算公式称为自动转账分录，而由自动转账分录所填制的记账凭证则称为机制凭证。

自动转账分录可分为两类：第一类为独立自动转账分录，表示其金额的大小与本月发生的任何经济业务无关；第二类为相关自动转账分录，表示其金额的大小与本月发生的业务有关。

设置自动转账分录就是将凭证的摘要、会计科目、借贷方向以及金额计算方法存入计算机中的过程，包括增加、删除、修改分录或对自动转账分录进行查询打印。如何设计金额的计算公式是自动转账定义的关键。

在电算化方式下的自动转账主要包括：自定义转账、对应结转、销售成本结转、汇兑损益结转和期间损益结转等。

（一）自定义转账设置

由于各个企业情况不同，各种计算方法也不尽相同，特别是对各类成本费用分摊结转方式的差异，必然会造成各个企业这类转账的不同。在电算化方式下，为实现在各个企业的通用，使用者可以自行定义自动转账凭证。自定义转账可以完成的转账业务有：①"费用分配"的结转，如薪资分配等。②"费用分摊"的结转，如制造费用、长期待摊费用、无形资产等。③"税金计算"的结转，如增值税、城建税、教育费附加、所得税等。④"提取各项费用"的结转，如提取福利费、提取借款利息等。⑤"部门核算"的结转。⑥"个人核算"的结转。⑦"客户核算"的结转。⑧"供应商核算"的结转。

如果使用应收款、应付款管理系统，则在总账管理系统中，不能按客户、供应商辅助项进行结转，只能按科目总数进行结转。

【实务案例】

华北科技有限公司 2017 年 9 月末自定义转账业务如下：

（1）自定义计提短期借款利息，按短期借款期末余额的 0.2% 进行计提当月借款利息。

借：财务费用——利息支出　　　　　　　　　　　　　　　400.00

　　贷：应付利息　　　　　　　　　　　　　　　　　　　　400.00

（2）自定义计提职工福利费，按"生产成本——直接人工""管理费用——工资"当月发生额的 14% 进行计提当月职工福利费。

借：生产成本——直接人资/A1 软件产品　　　　　　　　　568.40

　　生产成本——直接人资/B2 网络工具　　　　　　　　　497.0

　　管理费用——工资/总经理办公室　　　　　　　　　　　689.22

　　管埋费用——工资/财务部　　　　　　　　　　　　　1 457.40

　　管理费用——工资/市场部　　　　　　　　　　　　　1 486.80

　　贷：应付职工薪酬　　　　　　　　　　　　　　　　　4 698.82

【操作步骤】

第一：计提短期借款利息，自定义转账具体步骤如下：

（1）在总账系统中，执行"期末→转账定义→自定义转账"指令，调出"自定义转账设置"界面，如图 6-25 所示，点击"增加"课调出转账目录设置界面，如图 6-26 所示。

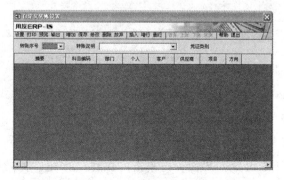

图 6-25　自定义转账设置界面

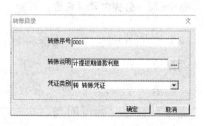

图 6-26　转账目录设置界面

（2）在图6-26界面中输入转账序号：0001，转账说明：计提短期借款利息，凭证类别：转账凭证，单击"确定"按钮，即可进入到新增加的"自定义转账设置"对话框，如图6-27所示。

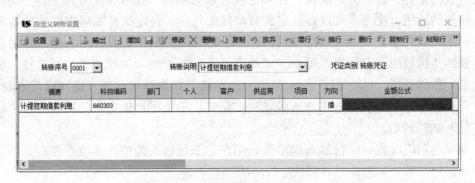

图6-27 自定义转账设置界面

（3）在图6-27中，点击"增行"可增加一行分录，在"科目编码"栏内输入：660303，双击"方向"栏内的空白栏，选择"借"方向，然后双击"金额公式"栏，单击"参照"按钮，弹出"公式向导"对话框，如图6-28所示。在公式名称框中选择：期末余额，然后单击"下一步"，即可进入下一个"公式向导"对话框中，如图6-29所示。

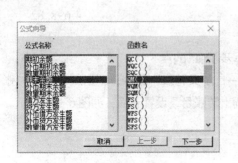

图6-28 公式向导（名称）界面　　　图6-29 公式向导（公式说明）界面

（4）在图6-29中，选择科目：2001 短期借款，方向：贷，勾选继续输入公式，选择运算符：＊（乘），点击"下一步"再次进入公式名称选择界面，选择公式名称：常数，点击"下一步"，进入常数输入界面，输入常数：0.002，如图6-30所示，点击"完成"按钮，即可回到"自定义转账设置"界面，再单击"保存"按钮，将添加的内容进行保存。

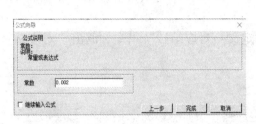 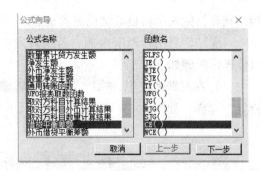

图6-30 公式向导（常数）界面   图6-31 公式向导（名称）界面

（5）在"自定义转账设置"界面，再次点击"增行"，输入科目：2231 应付利息，方向：贷，选择公式名称：借贷平衡差额，点击"下一步"后点击"完成"，点击"保存"，如图6-32所示。

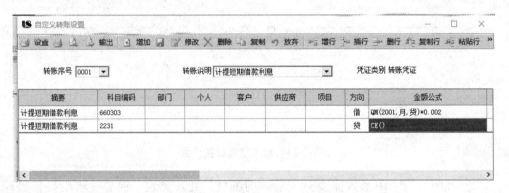

图6-32 自定义转账设置界面

计提福利费，自定义转账具体步骤与上述相似，其定义结果如图6-33所示。

摘要	科目编码	部门	个人	客户	供应商	项目	方向	金额公式
计提福利费	500102					A1软件产品	借	FS(500102,月,借,101)*0.14
计提福利费	500102					B2网络工具	借	FS(500102,月,借,202)*0.14
计提福利费	660202	总经理…					借	FS(660201,月,借,0101)*0.14
计提福利费	660202	财务部					借	FS(660201,月,借,0102)*0.14
计提福利费	660202	市场部					借	FS(660201,月,借,02)*0.14
计提福利费	2211						贷	FS(2211,月,贷)*0.14

图6-33 计提福利费自定义转账界面

（二）对应结转设置

对应结转不仅可进行两个科目一对一结转，还提供科目的一对多结转功能。对应结转的科目可为上级科目，但其下级科目的科目结构必须一致（相同明细科目），如有辅助核算，则两个科目的辅助账类也必须一一对应。

对应结转只结转期末余额，若结转发生额，需在自定义结转中设置。对应结转的具体操作步骤如下：

（1）在总账系统中，执行"期末→转账定义→对应结转"指令，调出"对应结转设置"界面，如图6-34所示。

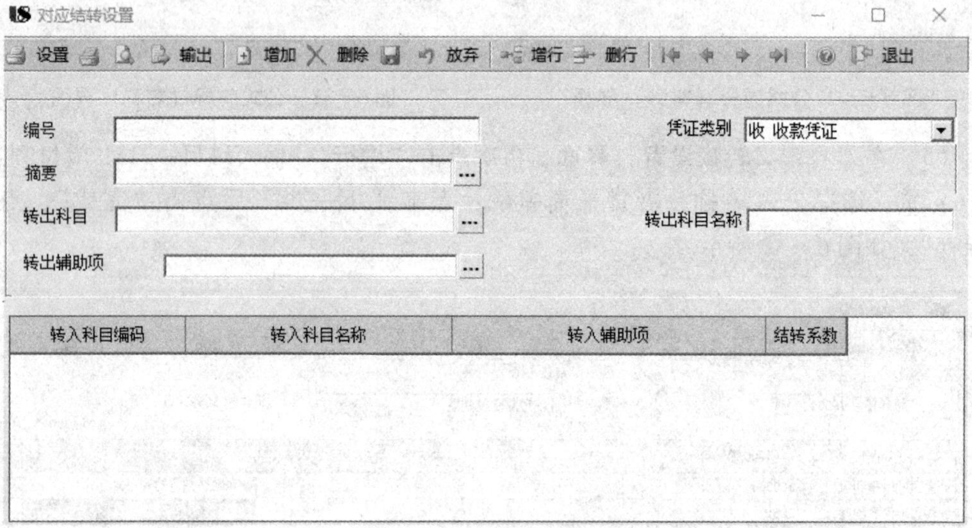

图6-34 对应结转设置界面

（2）在图6-34中输入需要对应结转的编号、凭证类别、摘要、转出科目编码、转出科目名称和转出辅助项后，单击工具栏上的"增行"按钮，在对话框中即可出现一个空行，输入需要转入科目的编码、名称、辅助项和结转系数。单击工具栏上的"保存"按钮，即可保存该转账凭证的设置。

若不想保留，单击工具栏上的"删行"按钮，或"放弃"按钮。

（三）销售成本结转设置

销售成本结转设置主要用来辅助没有启用销售管理系统的企业，完成销售成本的计算和结转。其分两种方法：全月平均法和售价法。

【实务案例】

华北科技有限公司2017年9月末用自动结转销售成本方法生成如下凭证：

结转成本，本月共销售多媒体教程600册，成本为28元/册。

借：主营业务成本——多媒体教程　　　　　　　　16 800.00

　　贷：库存商品——多媒体教程　　　　　　　　　16 800.00

销售成本结转设置的具体步骤如下：

在总账系统中，执行"期末→转账定义→销售成本结转"指令，调出"销售成本结转设置"界面，设置其相关信息后，点击"确定"保存其设置，如图6-35所示。

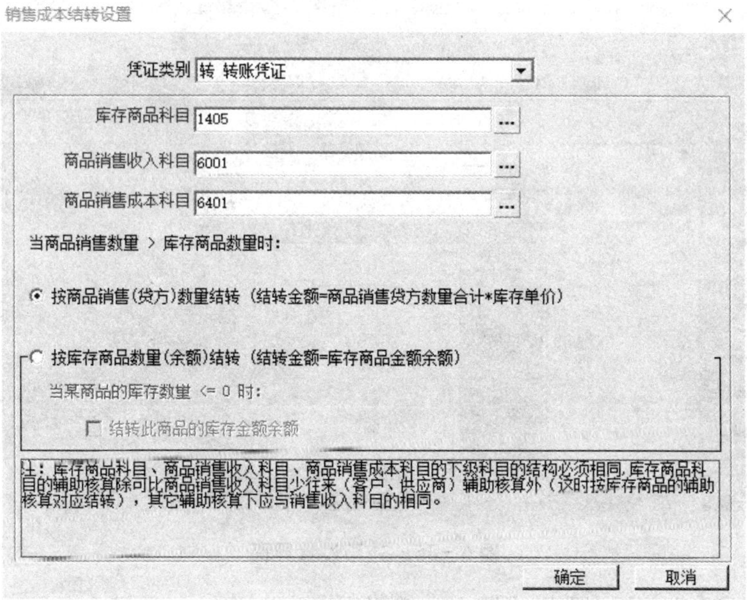

图6-35　销售成本结转设置界面

（四）汇兑损益结转设置

汇兑损益结转用于期末自动计算外币账户的汇兑损益，并在转账生成中自动生成汇兑损益转账凭证。汇兑损益只处理外汇存款账户、外币现金账户、外币结算的各项债权、债务；不包括所有者权益类账户、成本类账户和损益类账户。汇兑损益入账科目若有辅助核算，则必须与外币科目的辅助账类一致，或少于外币科目的辅助账类，且不能有数量外币核算的科目。若启用了应收款、应付款管理系统，则计算汇兑损益的外币科目不能是带客户或供应商往来核算的科目。

为了保证汇兑损益计算正确，填制某月的汇兑损益凭证时，必须先将本月的所有未记账凭证先记账完毕。

【实务案例】

华北科技有限公司2017年9月末中国人民银行公布的美元汇率为：6.8。

汇兑损益结转设置具体步骤如下：

（1）在企业应用平台中，执行"基础设置→基础档案→财务→外币设置"指令，调出外币设置界面，输入2017.09的调整汇率：6.8，如图6-36所示，点击"确定"保存期设置。

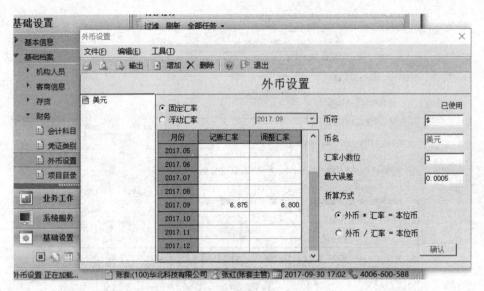

图 6-36　外币设置界面

（2）在总账系统中，执行"期末→转账定义→汇兑损益"指令，调出"汇兑损益结转设置"界面，选择凭证类别：付款凭证，汇兑损益入账科目：6061 汇兑损益等，如图 6-37 所示，点击"确定"保存设置信息。

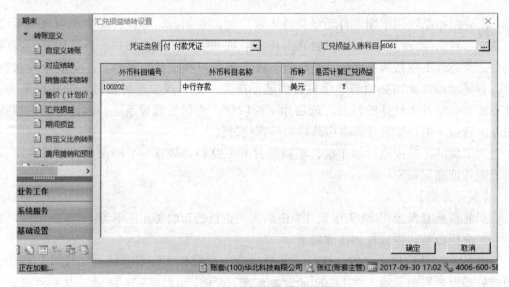

图 6-37　汇兑损益结转设置界面

（五）期间损益结转设置

期间损益结转用于在一个会计期间终止时，将损益类科目的余额结转到本年利润科目中，从而及时反映企业当期的盈亏情况。期间损益结转主要是对于管理费用、销售费用、财务费用、主营业务收入、营业外收支等科目的结转。

损益科目结转中将列出所有的损益科目。如果希望某损益科目参与期间损益的结转，则应在该科目所在行的本年利润科目栏填写本年利润科目代码，若为空，则将不结转此损益科目的余额。损益科目的期末余额将结转到该行的本年利润科目中去。损益科目结转表中的本年利润科目必须为末级科目。

【实务案例】

华北科技有限公司 2017 年 9 月末期间损益结转设置具体步骤如下：

在总账系统中，执行"期末→转账定义→期间损益"指令，调出"期间损益结转设置"界面，选择凭证类别：转账款凭证，本年利润科目：4103 本年利润，如图 6 - 38 所示，点击"确定"保存设置信息。

期间损益结转设置

凭证类别 转 转账凭证 ▾				本年利润科目 4103		
损益科目编号	损益科目名称	损益科目账类	本年利润科目编码	本年利润科目名称	本年利润科目账类	
600101	多媒体教程		4103	本年利润		
600102	多媒体课件		4103	本年利润		
6011	利息收入		4103	本年利润		
6021	手续费及佣金收入		4103	本年利润		
6031	保费收入		4103	本年利润		
6041	租赁收入		4103	本年利润		
6051	其他业务收入		4103	本年利润		
6061	汇兑损益		4103	本年利润		
6101	公允价值变动损益		4103	本年利润		
6111	投资收益		4103	本年利润		
6201	摊回保险责任准备金		4103	本年利润		
6202	摊回赔付支出		4103	本年利润		
6203	摊回分保费用		4103	本年利润		
6301	营业外收入		4103	本年利润		

每个损益科目的期末余额将结转到与其同一行的本年利润科目中. 若损益科目与之对应的本年利润科目都有辅助核算，那么两个科目的辅助账类必须相同 。损益科目为空的期间损益结转将不参与

打印　　预览　　确定　　取消

图 6 - 38　期间损益结转设置界面

四、自动转账生成

转账定义完成后，每月月末只需执行转账生成功能即可快速生成转账凭证，在此生成的转账凭证将自动追加到未记账凭证中去，通过审核、记账后才算真正完成转账工作。

独立自动转账分录可以在任何时候用于填制机制凭证，通常一个独立自动转账分录每月只使用一次。相关自动转账分录只能在某些相关的经济业务入账后使用，否则计算金额时就会发生差错。因此，在生成转账凭证之前，必须将以前的经济业务全部登记入账，方可采用已定义的转账分录格式生成机制转账凭证。

期末自动转账需按照合理的先后次序逐一生成机制凭证，自动转账凭证可以单独编号。

在产生机制凭证时，自动转账分录中的摘要、借贷标志、会计科目直接作为凭证的内容存入凭证临时文件；同时，计算机根据金额计算公式自动计算其结果，并存入机制凭证的金额栏。转账凭证生成后，并未记账。

同一张转账凭证，年度内可根据需要多次生成，但每月一般只需结转一次。

（一）生成自定义转账凭证

具体步骤如下：

（1）在总账系统中，执行"期末→转账生成"指令，进入"转账生成"界面，单击"自定义转账"单选按钮，如图6-39所示。

（2）在图6-39中，单击"全选"按钮，自定义转账分录一览表变为绿色，"是否结转"栏出现"Y"。如图6-40所示。

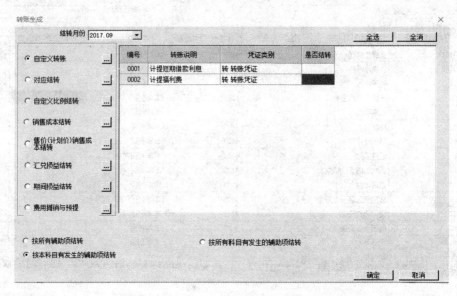

图6-39　自定义转账生成界面

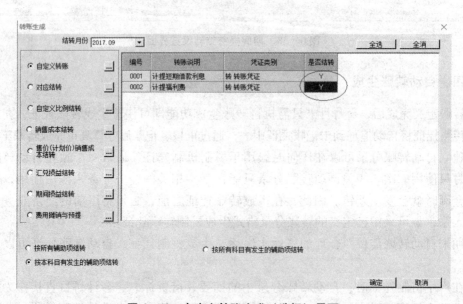

图6-40　自定义转账生成（选择）界面

（3）单击"确定"按钮，则生成相应的记账凭证，点击"保存"凭证，如图6-41所示。

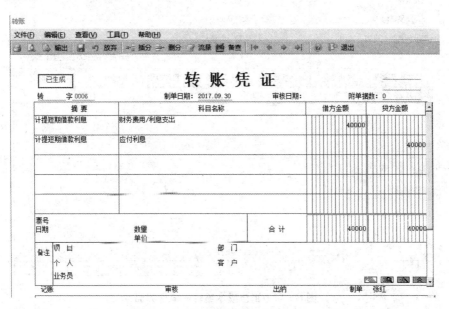

图6-41　自定义转账生成的凭证

（二）生成销售成本结转凭证

具体步骤如下：

（1）在总账系统中，执行"期末→转账生成"指令，进入"转账生成"界面，单击"销售成本结转"单选按钮，如图6-42所示。

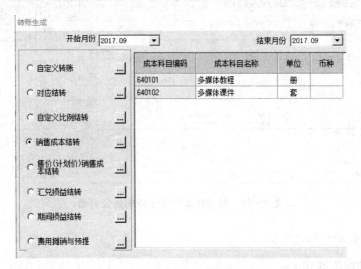

图6-42　销售成本结转选择界面

（2）在图6-42中，点击"确定"按钮，进入销售成本结转一览表界面，如图6-43所示，点击"确定"可生成销售成本结转凭证，如图6-44所示。

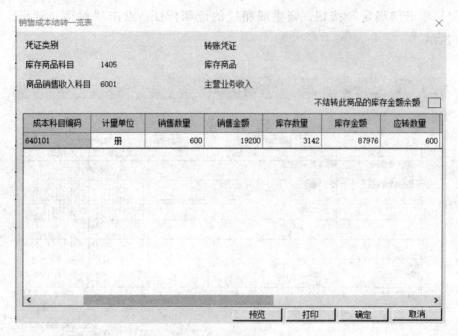

图 6-43 销售成本结转一览表界面

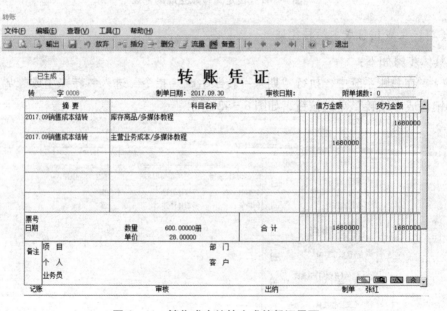

图 6-44 销售成本结转生成的凭证界面

（三）生成汇兑损益凭证

具体的操作步骤如下：

（1）在总账系统中，执行"期末→转账生成"指令，进入"转账生成"界面，单击"汇兑损益结转"单选按钮，选择外币币种：美元，点击"全选"，如图 6-45所示。

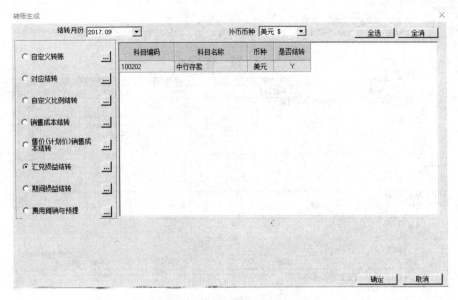

图 6-45 汇兑损益结转选择界面

（2）在图 6-45 中，单击"确定"按钮进入"汇兑损益试算表"界面，如图 6-46 所示。

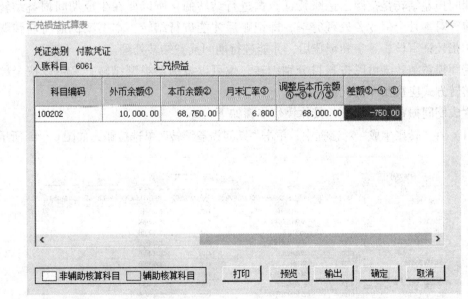

图 6-46 汇兑损益试算表界面

（3）在图 6-46 中，拖动滚动条可以查看系统生成的汇兑损益数据，查看完毕之后，单"确定"按钮即可自动生成汇兑损益结转凭证，如图 6-47 所示。

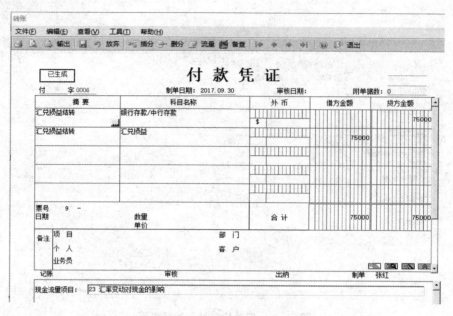

图 6 - 47　生成汇兑损益凭证界面

（四）生成期间损益凭证

期间损益结转是按照已记账凭证数据进行结转的，所以要在生成期间损益结转凭证之前，对本月全部业务处理完毕，即记账后才能进行结转。本书案例需将前转账生成的四张凭证审核、签字和记账后，才能进行期间损益结转处理。

期间损益结转既可以按科目分别结转，也可以按损益类型结转，又可以按全部结转，结转方式应视实际情况而定。

生成期间损益结转凭证，具体操作步骤如下：

（1）在"转账生成"对话框中，单击"期间损益结转"单选按钮，如图 6 - 48 所示。

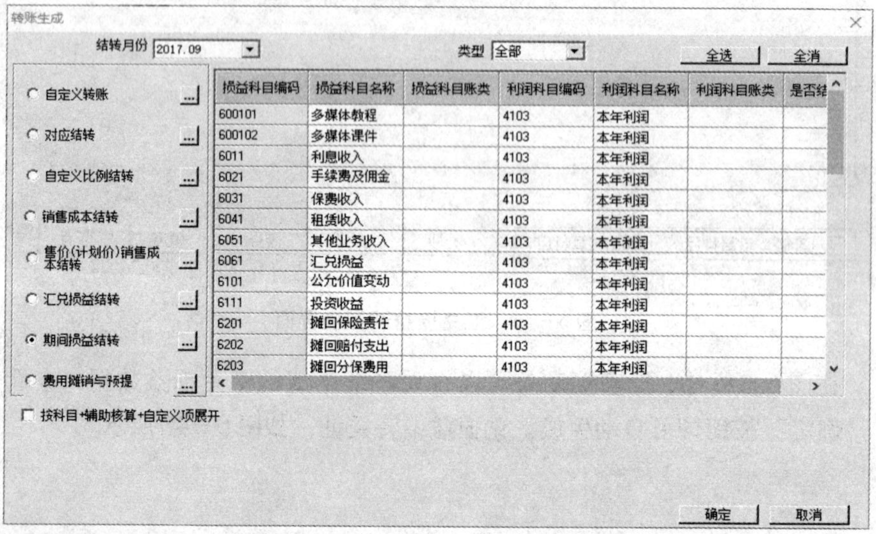

图 6 - 48　转账生成（期间损益结转）界面

（2）在图6-48中，单击"类型"下拉列表框的下三角按钮，在下拉列表中选择"全部"选项，再单击"全选"按钮，期间损益转账分录一览表变为绿色，"是否结转"栏出现"√"，如图6-49所示。

图6-49 转账生成期间损益选择界面

（3）在图6-49中，单击"确定"按钮，即可生成期间损益结转凭证，单击"保存"图标按钮，系统自动将当前凭证追加到未记账凭证中，如图6-50所示。

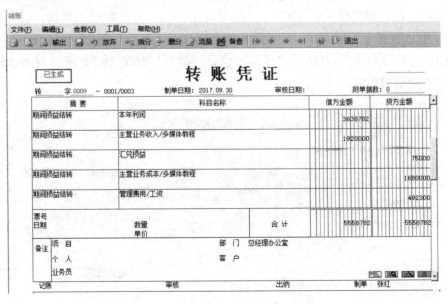

图6-50 转账生成期间损益凭证界面

第三节　试算平衡与结账

一、对账与试算平衡

试算平衡就是将系统中所设置的所有科目的期末余额按会计平衡公式"借方余额＝贷方余额"进行平衡检验，并输出科目余额表以及是否平衡信息。

对账是对各个账簿数据进行核对，以便检查各个对应记账数据是否正确和账簿是否平衡。它主要是通过核对总账与明细账、总账与辅助账数据来完成账账核对。

一般实行计算机记账后，只要记账凭证输入正确，计算机自动记账后各种账簿都应是正确、平衡的，但由于非法操作或计算机病毒或其他原因，有时可能会造成某些数据被破坏，因此，许多财务软件，为在期末结账前进一步确保账证相符和账账相符，仍然保留了控制系统进行自动试算平衡与自动对账的功能。为了保证账证相符和账账相符，应经常进行对账，至少一个月一次。一般应在每月月底结账前，通过调用试算平衡和对账功能，再一次进行正确性检验。

当对账出现错误或记账有误时，系统允许"恢复记账前状态"，进行检查、修改，直到对账正确。

操作步骤如下：

（1）在总账系统中，执行"期末→对账"指令，调出"对账"窗口，双击要进行对账月份的"是否对账"栏，或是选中要对账的月份，然后单击"选择"按钮，在"是否对账"栏内即出现一个"Y"标志，单击工具栏上的"对账"按钮，系统开始自动进行对账，并显示对账结果。如账账相符，则显示"正确"字样，如图 6-51 所示。如果账账不符，则对账结果显示"错误"信息。单击"错误"可显示"对账错误信息表"，供查看错误原因。

图 6-51　对账界面

（2）单击工具栏上的"试算"图标按钮，则出现试算平衡表，可以对各科目类别余额进行试算平衡，如图6-52所示。

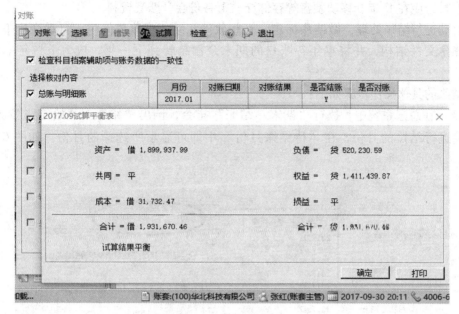

图6-52 试算平衡表

二、结账与反结账

在手工账务处理中，每个会计期末都需要进行结账处理。结账实际上就是计算和结转各账簿的本期发生额和期末余额，并终止本期账务处理的工作。电算化总账系统中，也有这一过程，以符合会计制度的要求。

电算化总账系统在每次记账时，实际上已经结出各科目的发生额和余额，结账主要是对结账月份日常处理的限制，表明该月的数据已经处理完毕，不能再输入当期凭证，也不能再在当期进行各账户的记账工作，可以说是在总账系统中给结账期画上一个句号。因此，电算化会计结账比手工会计结账简单得多。

结账是总账系统期末处理的最后一项内容，只能在每期的期末进行。

（1）结账主要完成的工作：①停止本月各账户的记账工作。②计算本月各账户发生额合计。③计算本月各账户期末余额并将余额结转到下月月初。

（2）结账的条件：①结账前系统要检验是否符合结账的要求，如果不符合，系统将不予结账。②结账必须逐月进行，上月未结账，本月不能结账。③结账月份内，记账凭证要全部入账，不允许含有未记账凭证，否则将不予结账。④核对总账与明细账，如果不一致，就不能结账。⑤损益类账户是否全部结转完毕，如未结转完，本月不能结账。

（3）结账过程：①选择结账月份。如果第一次启用总账系统是在年中，还必须先把以前各月份的空账进行结账处理后，才能进行本月结账处理。②自动进行结账前检验。若符合结账要求，系统将进行结账，否则不予结账。③自动向硬盘或U盘备份数据，保存结账前的工作状态，即保存结账前所有数据到硬盘备份目录，防止由于结账过程被中断造成数据丢失，同时输出月度工作报告。有关制度规定，会计年度终了进行结账时，应在 U 带、移动硬盘等存储介质上备份会计账套资料。

自动进行结账处理，做结账标志。有些软件在结年度账的同时，自动产生下一年度的账簿文件结构，并将本年各账户的期末余额结转到下一年，成为下一年的期初余额。

结账的具体操作步骤如下：

（1）在总账系统中，执行"期末→结账"指令，调出"结账—开始结账"界面，选择要进行结账的月份，在"待结账月份"中即可显示所选择的月份，如图 6 - 53 所示。

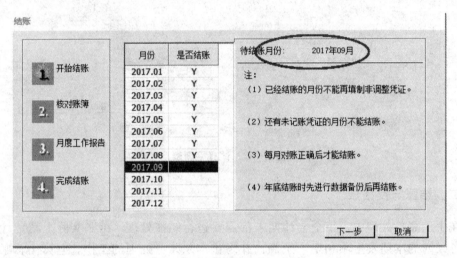

图 6 - 53　选择结账月份界面

（2）在图 6 - 53 中单击"下一步"按钮即可进入"结账—核对"界面，如图 6 - 54 所示。

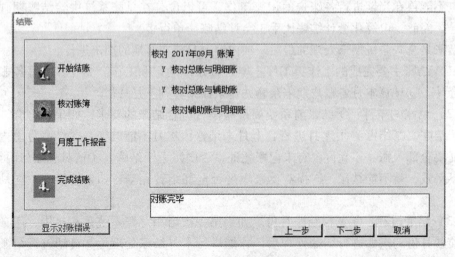

图 6 - 54　"结账—核对"界面

（3）单击"对账"按钮，系统自动对要结账的月份进行账账核对，对账结束时会有"对账完毕"的提示显示在文本框中，如图6-54所示，然后，依据向导点击"下一步"完成结账工作。

结账工作完成之后，由于各种原因造成的数据破坏，可以运用反结账功能取消结账，处理完错误后，再重新进行结账。

反结账的操作步骤为：在"结账向导一"中，选择要取消结账的月份上，按〔Ctrl + Shift + F6〕键即可。

【实务案例】

华北科技有限公司2017年9月末结账后，发现以下两处错误：

（1）第三号凭证金额错误，应改为：

借：管理费用——其他费用　　　　　　　　　　　　　　　　　1 500.00

　　贷：银行存款——工行存款　　　　　　　　　　　　　　　　　1 500.00

（2）第十二笔业务结转固定资产清理分录错误，应改为：

借：银行存款——工行存款　　　　　　　　　　　　　　78 000.00

　　营业外支出　　　　　　　　　　　　　　　　　100 754.17

　　贷：固定资产清理　　　　　　　　　　　　　　　　178 754.17

【操作步骤】

第一：在"结账向导一"中，选择9月份，按〔Ctrl + Shift + F6〕键进行反结账。

第二：通过补充登记法更正第三号凭证的错误，如图6-55所示。

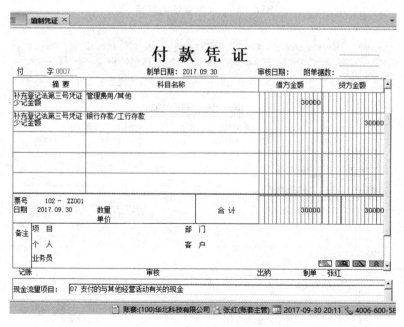

图6-55　补充登记凭证界面

第三：采用红字更正法更正第十二笔业务结转固定资产清理的错误凭证。

（1）在总账系统中，通过查询凭证找到第十二笔业务结转固定资产清理对应的凭证，点击工具栏“冲销凭证”后，系统就自动产生一张红字凭证，如图6－56所示。

（2）在总账系统中，通过“填制凭证”填制一张正确的结转固定资产清理凭证，如图6－57所示。

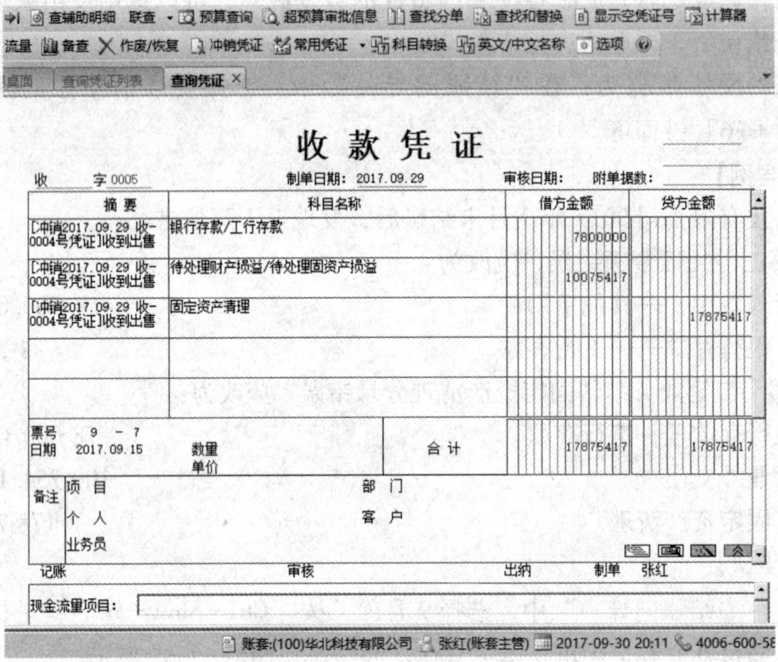

收款凭证

收 字 0005 制单日期：2017.09.29 审核日期： 附单据数：

摘要	科目名称	借方金额	贷方金额
[冲销2017.09.29 收-0004号凭证]收到出售	银行存款/工行存款	7800000	
[冲销2017.09.29 收-0004号凭证]收到出售	待处理财产损溢/待处理固资产损溢	10075417	
[冲销2017.09.29 收-0004号凭证]收到出售	固定资产清理		17875417
票号 9 - 7 日期 2017.09.15 数量 单价	合计	17875417	17875417

备注 项目 部门
个人 客户
业务员

记账 审核 出纳 制单 张红

现金流量项目：

图6－56 冲销凭证的界面

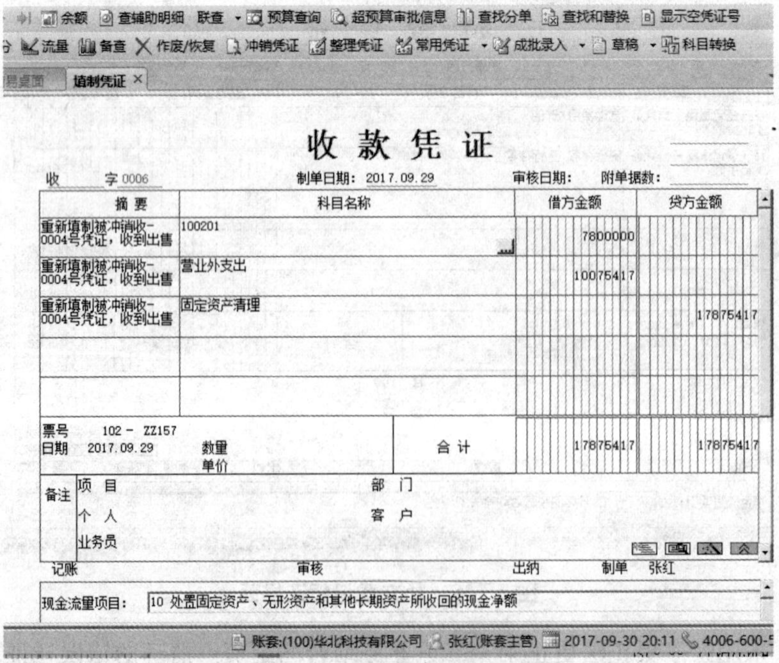

收款凭证

收 字 0006 制单日期：2017.09.29 审核日期： 附单据数：

摘要	科目名称	借方金额	贷方金额
重新填制被冲销收-0004号凭证，收到出售	100201	7800000	
重新填制被冲销收-0004号凭证，收到出售	营业外支出	10075417	
重新填制被冲销收-0004号凭证，收到出售	固定资产清理		17875417
票号 102 - ZZ157 日期 2017.09.29 数量 单价	合计	17875417	17875417

备注 项目 部门
个人 客户
业务员

记账 审核 出纳 制单 张红

现金流量项目：10 处置固定资产、无形资产和其他长期资产所收回的现金净额

图6－57 填制凭证的界面

（3）对上三张凭证进行审核、签字和记账。

（4）在总账系统中，通过"期末→转账生成→期间损益结账"生成更正后的期间损益结账凭证，如图6-58所示。对期间损益结转凭证进行审核、签字和记账。

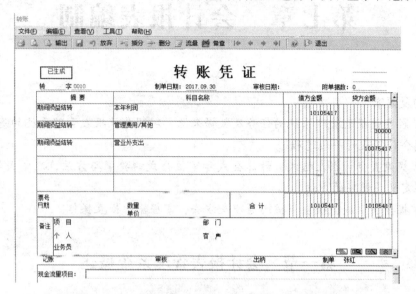

图6-58　更正错账后的期间损益结账凭证界面

（5）在总账系统中，通过"账表→科目账→明细账"，查询"本年利润"明细账，如图6-59所示。

图6-59　"本年利润"明细账界面

思考题

1. 简述银行对账的意义及其步骤。
2. 简述期末自动转账的意义和内容。
3. 简述电算化环境下对账和试算平衡的作用与方法。
4. 自定义转账可以完成哪些业务的处理？
5. 期末结账前要完成哪些工作？

第七章 会计报表编制

学习目的及要求

1. 了解会计报表管理系统的任务及数据来源，理解会计报表管理系统的基本概念，掌握编制会计报表的一般过程。

2. 掌握设置会计报表格式、计算公式和审核公式的要求与方法，理解关键字的作用，掌握定义关键字的方法。

3. 掌握报表生成、报表审核的原理及方法，掌握输出报表操作。

第一节 会计报表管理系统概述

会计报表管理系统是会计信息系统中的一个独立的子系统，它为企业内部各管理部门及外部相关部门提供综合反映企业一定时期财务状况、经营成果和现金流量的会计信息。

一、会计报表管理系统的任务

会计报表按照报送对象不同可分为对外报送报表和对内报送报表。对外报送报表主要包括资产负债表、利润表、现金流量表和主营业务收支明细表等；对内报送报表主要有成本分析表、费用明细表等。其中，对外报送报表格式和编制方法相对固定，而对内报送报表格式和编制方法可能会经常变化。

会计报表管理系统既可编制对外报表，又可编制各种各样的内部报表。它的主要任务是设计报表的格式和编制公式，从总账系统或其他业务系统中获取有关会计信息，自动编制各种会计报表，对报表进行审核、汇总、生成各种分析图，并按预定格式输出各种会计报表。

用友 UFO 报表是报表事务处理的工具，与总账等各系统之间有完善的接口，是真正的三维立体表，提供了丰富的实用功能，完全实现了三维立体表的四维处理能力。

二、会计报表管理系统数据处理流程

编制会计报表是每个会计期末重要的工作之一，从一定意义上说编制完会计报表是一个会计期间工作完成的标志。

在报表管理系统中，会计报表的数据来源一般有会计账簿、会计凭证、其他报表、其他业务子系统以及人工直接输入等。

报表管理系统的处理流程是：利用事先定义的报表公式从账簿、凭证和其他报表等文件中采集数据，经过分析、计算，填列在表格中，再生成报表数据输出，如图 7 - 1 所示。

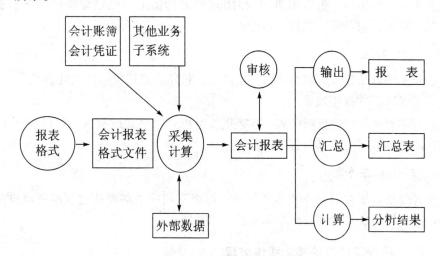

图 7 - 1　报表编制数据处理流程

三、会计报表管理系统基本功能结构

用友 UFO 报表管理系统具有文件管理功能、格式管理功能、数据处理功能、图形功能、打印功能和二次开发功能。

（一）文件管理功能

UFO 提供了创建新文件、打开已有的文件、保存文件、备份文件的文件管理功能，并且能够进行不同文件格式的转换。UFO 的文件可以转换为 ACCESS 文件、MS EXCEL 文件、LOTUS1 - 2 - 3 文件、文本文件、DBASE 文件。上述文件格式的文件也可转换为 UFO 文件。

（二）格式管理功能

UFO 提供了丰富的格式设计功能，如设计表的尺寸、画表格线（包括斜线）、调整行高列宽、设置字体和颜色等，可以制作符合各种要求的报表，并且内置了 11 种套用格式和 17 个行业的标准财务报表模板。

（三）数据处理功能

UFO 以固定的格式管理大量不同的表页。它能将多达 99 999 张具有相同格式的报表资料统一在一个报表文件中管理，并且在每张表页之间建立有机的联系。UFO 提供了排序、审核、舍位平衡、汇总功能；提供了绝对单元公式和相对单元公式，可以方便、迅速地定义计算公式；提供了种类丰富的函数，可以直接从账务系统中提取账务数据，生成财务报表。

（四）图形功能

UFO 提供了很强的图形分析功能，可以很方便地进行图形数据组织，制作包括直方图、立体图、圆饼图、折线图等 10 种图式的分析图形，可以编辑图形的位置、大小、标题、字体、颜色等，并打印输出图形。

（五）打印功能

报表和图形以及插入对象都可以打印输出。打印功能还包括"打印预览"，可以随时观看报表或图形的打印效果。

报表打印时，可以设置财务表头和表尾，可以打印格式或数据，可以在 0.3 倍 ~ 3 倍缩放打印，可以横向或纵向打印等。

（六）二次开发功能

二次开发功能提供批命令和功能菜单，可将有规律性的操作过程编制成批命令文件，进一步利用功能菜单开发出本单位的专用系统。

四、会计报表管理系统基本操作流程

会计报表管理系统的操作流程基本可以分为报表的格式和公式设置，报表的数据处理和报表输出，如图 7 - 2 所示。

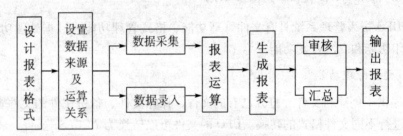

图 7 - 2　会计报表管理系统操作流程

五、会计报表结构与基本术语

按照报表结构的复杂性，可将报表分为简单表和复合表两类。简单表是规定的二维表，由若干行和列组成；复合表是简单表的某种组合。大多数的会计报表如资产负债表、利润表、现金流量表等都是简单表。

（一）报表结构

简单表的格式一般由四个基本要素组成：标题、表头、表体和表尾。

（1）标题：标题用来描述报表的名称。报表的标题可能不止一行，有时会有副标题、修饰线等内容。

（2）表头：表头用来描述报表的编制单位名称、日期等辅助信息和报表栏目。特别是报表的表头栏目名称，是表头的最主要内容，它决定报表的纵向结构、报表的列数以及每一列的宽度。有的报表表头栏目比较简单，只有一层，而有的报表表头栏目却比较复杂，需分若干层次。

（3）表体：这部分是报表的核心，决定报表的横向组成。它是报表数据的表现区域，是报表的主体。表体在纵向上由若干行组成，这些行称为表行；在横向上，每个表行又由若干个栏目构成，这些栏目成为表列。

（4）表尾：指表体以下进行辅助说明的部分以及编制人、审核人等内容。

（二）基本术语

1. 格式状态和数据状态

UFO 将含有数据的报表分为两大部分来处理，即报表格式设计工作与报表数据处理工作。报表格式设计工作和报表数据处理工作是在不同的状态下进行的。实现状态切换的是一个特别重要的按钮——"格式/数据"按钮，点取这个按钮可以在格式状态和数据状态之间切换。

（1）格式状态。在格式状态下可以设计报表的格式，如表尺寸、行高列宽、单元属性、组合单元等。报表的单元公式（计算公式）、审核公式、舍位平衡公式也在格式状态下定义。

在格式状态下所做的操作对本报表所有的表页都发生作用。在格式状态下不能进行数据的录入、计算等操作。在格式状态下时，报表的数据全部都隐藏了。

（2）数据状态。在数据状态下可以管理报表的数据，如输入数据、增加或删除表页、审核、舍位平衡、做图形、汇总等。在数据状态下不能从根本上修改报表的格式。

在数据状态下时，报表显示全部内容，包括格式和数据。

2. 单元、单元属性及组合单元

（1）单元。单元是组成报表的最小单位，单元名称由所在行、列标识。行号用数字 1～9 999 表示，列标用字母 A－IU 表示，例如：D22 表示第 4 列第 22 行的那个单元。

（2）单元属性。单元属性包括单元类型、对齐方式、字体颜色等。单元类型：数值型、字符型和表样型。

①数值单元。它是报表数据的存放单元，在数据状态下（格式/数据按钮显示为"数据"时）输入。数值单元的内容可以是 $1.7*（10E-308）～1.7*（10E+308）$ 的任何数（15 位有效数字），数字可以直接输入或由单元中存放的单元公式运算生成。建立一个新表时，所有单元的类型缺省为数值类型。

②字符单元。字符单元的内容可以是汉字、字母、数字及各种键盘可输入的符号组成的一串字符，一个单元中最多可输入 63 个字符或 31 个汉字。

③表样单元。它是报表的格式，是定义一个没有数据的空表所需的所有文字、符号或数字。一旦单元被定义为表样，那么在其中输入的内容对所有表页都有效。表样在格式状态下（格式/数据按钮显示为"格式"时）输入和修改，在数据状态下（格式/数据按钮显示为"数据"时）不允许修改。

图 7-3 为某单位资产负债表，界面显示为格式状态下的情形，没有数据的空表的内容就是表样。

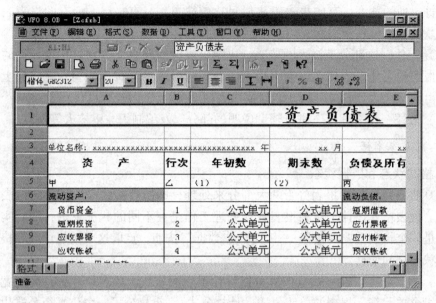

图 7 - 3 资产负债表格式状态界面

点取"格式/数据"按钮切换到数据状态后，表中将显示该报表的数据。这个资产负债表中的"年初数"和"期末数"两列中数据所在单元即是数值类型单元。

（3）组合单元。组合单元由相邻的两个或更多的单元组成，这些单元必须是同一种单元类型（表样、数值、字符）。UFO 在处理报表时将组合单元视为一个单元。可以组合同一行相邻的几个单元，也可以组合同一列相邻的几个单元，还可以把一个多行多列的平面区域设为一个组合单元。

组合单元的名称可以用组成组合单元的区域中任何一个单元的名称来表示。例如把 B2 到 B3 定义为一个组合单元，这个组合单元可以用"B2""B3"或"B2：B3"来表示。

3. 区域、固定区和可变区

（1）区域。它由一张表页上的一组单元组成，自起点单元至终点单元是一个完整的长方形矩阵。在 UFO 中，区域是二维的，最大的区域是一个二维表的所有单元（整个表页），最小的区域是一个单元。

（2）固定区。组成固定区域的行数和列数的数量是固定的数目。一旦设定好以后，在固定区域内其单元总数是不变的。

（3）可变区。它是指屏幕显示一个区域的行数或列数是不固定的数字，可变区的最大行数或最大列数是在格式设计中设定的。

在一个报表中只能设置一个可变区，或是行可变区或是列可变区。行可变区是指可变区中的行数是可变的，列可变区指可变区中的列数是可变的。

设置可变区后，在格式状态下屏幕只显示可变区的第一行或第一列，其他可变行列隐藏在表体内。在以后的数据操作中，可变行列数根据需要而增减。

有可变区的报表称为可变表。没有可变区的表称为固定表。

4. 关键字

一个报表的各个表页代表着不同的经济含义，例如主管单位把其 100 个下属单位的利润表组成一个报表文件，每个单位的利润表占一张表页。为了在这 100 张表页中迅速找到特定的单位，就有必要给每张表页设置一个标记，如把单位名称设为标记。这个标记就是关键字。

关键字是游离于单元之外的特殊数据单元，可以唯一标识一个表页，用于区别并选择表页，为多维操作起"关键字"的作用。

UFO 共提供了以下六种关键字，关键字的显示位置在格式状态下设置，关键字的值则在数据状态下录入，每个报表可以定义多个关键字。

（1）单位名称：字符型（最大 30 个字符），为该报表表页编制单位的名称。

（2）单位编号：字符型（最大 10 个字符），为该报表表页编制单位的编号。

（3）年：数字型（1904～2100），为该报表表页反映的年度。

（4）季：数字型（1～4），为该报表表页反映的季度。

（5）月：数字型（1～12），为该报表表页反映的月份。

（6）日：数字型（1～31），为该报表表页反映的日期。

第二节　创建会计报表及报表公式设置

会计报表系统的基础设置一般包括创建新的会计报表、报表格式设计、报表公式定义等。

在格式状态卜设计报表的表样，例如：表尺寸、行高和列宽、单元属性、组合单元、关键字、可变区等；在格式状态下定义报表的公式，如单元公式、审核公式、舍位平衡公式等。在格式状态下所做的操作对本报表所有的表页都有效，该状态不能进行数据的录入、计算等操作。

在数据状态下处理报表数据，例如：输入数据、增加或删除表页、审核、舍位平衡、图形操作、汇总报表等。

一、创建新表

用友 UFO 报表管理系统创建一张新报表的步骤如下：

第一步，启动。点取安装 UFO 时自动生成的 UFO 程序组，启动 UFO。

第二步，创建报表文件。点击"文件"菜单中的"新建"指令，将自动创建一个空的报表文件，文件名显示在标题栏中，为"report1"。

第三步，设置表尺寸。点击"格式"菜单中的"表尺寸"，将弹出对话框，如图 7-4 所示。在"行数"框中输入"50"，在"列数"框中输入"7"，点击"确认"按钮。

第四步，画表格线。选取一个区域，如 A3：F7 区域，点击"格式"→"区域画线",将弹出对话框,如图7-5所示。在对话框中点击"确认"按钮。

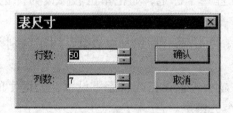

图7-4 设置表尺寸窗口　　　　　图7-5 设置区域画线窗口

第五步,设置组合单元。按需要选取一定区域,如 A1:C1 区域,点击"格式"→"组合单元",将弹出下面对话框,在对话框中点取"设置组合"按钮,如图7-6所示。

第六步,设置单元属性。选取 B5:F7 区域,点击"格式"→"单元属性",将弹出对话框,如图7-7所示。

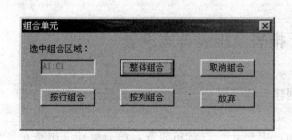

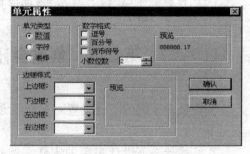

图7-6 设置组合单元窗口　　　　　图7-7 设置单元属性窗口

在"单元类型"中选"数值",在"数字格式"中选"逗号"和"小数位数"。

第七步,设置单元风格。选取一定的区域,如组合单元 A1:C1,点击"格式"→"单元风格",系统将弹出对话框,如图7-8所示。

图7-8 设置单元风格窗口

在"字号"框中选"16",在"背景色"框中选黄色,在"对齐"中选水平方向"居中"和垂直方向"居中"。

第八步，输入表样文字。在格式状态下录入表样文字。

第九步，设置关键字。选取相应的单元，点"数据"→"关键字"，在下拉菜单中点击"设置"，弹出对话框，如图7-9所示。选择相应内容后，在对话框中点击"确认"按钮。

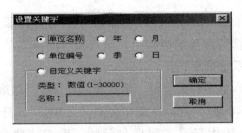

图7-9　设置关键字窗口

第十步，定义单元公式。选取相应区域，按"="弹出下面对话框，如图7-10所示。在编辑框中输入"F5＋D6"后，在对话框中点击"确认"按钮。

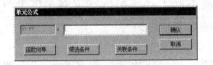

图7-10　定义单元公式窗口

第十一步，录入关键字的值。点击屏幕左下角的"格式/数据"按钮，进入数据状态。点击"数据"→"关键字"，在下拉菜单中点击"录入"，将弹出下面对话框，如图7-11。在变亮的编辑框中输入相应的具体内容。

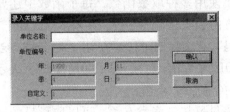

图7-11　录入关键字窗口

第十二步，录入数据。在数据状态下录入报表各栏目相应的数据。录入数据的过程中，可以看到单元公式自动显示运算结果。

第十三步，保存报表文件。

二、报表公式设置

会计报表的变动单元内容会随编制单位和时间的不同而不同，但其获取数据的来源和计算方法是相对稳定的。报表管理系统依据这一特点设计了"定义计算公式"的功能，为定义报表变动单元的计算公式提供了条件，从而使报表管理系统能够自动、及时、准确地编制会计报表。

报表公式是指报表或报表数据单元的计算规则，主要包括单元公式、审核公式和舍位平衡公式等。

（一）单元公式

单元公式是指为报表数据单元进行赋值的公式，其作用是从账簿、凭证、本表或其他报表等处调用、运算所需要的数据，并填入相应的报表单元中。它可以将数据单元赋值为数值，也可以赋值为字符。

单元公式一般由目标单元、运算符、函数和运算符序列组成。例如：

C5 = 期初余额（"1001"，月）+ 期初余额（"1002"，月）

其中，目标单元是指用行号、列号表示的，用于放置运算结果的单元，加上"C5"；运算符序列是指采集数据并进行运算处理的次序。报表系统提供了一整套从各种数据文件（包括机内凭证、账簿和报表，也包括机内其他数据来源）中采集数据的函数。企业可根据实际情况，合理地调用相关函数。

常用的报表数据一般是来源于总账系统或报表系统本身，取自报表的数据又可以分为从本表取数和从其他报表的表页取数。

1. 账务取数公式

账务取数是会计报表数据的主要来源，账务取数函数架起了报表系统和总账等其他系统之间进行数据传递的桥梁。账务取数函数（也称账务取数公式或数据传递公式），它的使用可以实现报表系统从账簿、凭证中采集各种会计数据生成报表，实现账表一体化。

账务取数公式是报表系统中使用最为频繁的一类公式，此类公式中的函数表达式最为复杂，公式中往往要使用多种取数函数，每个函数中还要说明如科目编码、会计期间、发生额或余额、方向、账套号等参数。其基本格式如下：

函数名（"科目编码"，"会计期间"，"方向"，账套号，会计年度，编码1,编码2)

例如函数 QC（"1001"，"全年"，"借"，001，2007）表示提取账务系统中 001 账套 2007 年的 1001 科目的年初借方余额。

编码1和编码2与该科目核算账类有关，可以取科目的辅助账，如职员编码、项目编码等，如无辅助核算则省略。主要账务取数函数如表 7 - 1 所示。

表 7 - 1　主要账务取数函数表

函数名	金额式	数量式	外币式
期初额函数	QC（ ）	SQC（ ）	WQC（ ）
期末额函数	QM（ ）	SQM（ ）	WQM（ ）
发生额函数	FS（ ）	SFS（ ）	WFS（ ）
累计发生额函数	LFS（ ）	SLFS（ ）	WLFS（ ）
条件发生额函数	TFS（ ）	STFS（ ）	WTFS（ ）

表7-1(续)

函数名	金额式	数量式	外币式
对方科目发生额函数	DFS（）	SDFS（）	WDFS（）
净额函数	JE（）	SJE（）	WJE（）
汇率函数	HL（）	SHL（）	WHL（）

2. 本表页内部统计公式

表页内部统计公式用于在本表页内的指定区域内做出诸如求和、求平均值、计数、求最大值、最小值、求统计方差等统计结果的运算，主要实现表页中相关数据的计算、统计功能。应用时，要按要求的统计量选择公式的函数名和统计区域。UFO 中本表页取数的主要函数如表 7-2 所示。

表 7-2 本表页取数主要函数表

函数名	函数	函数名	函数
求和	PTOTAL（）	最大值	PMAX（）
平均值	PAVG（）	最小值	PMIN（）
计算	PCOUNT（）	方差	PVAR（）
偏方差	PSTD（）		

例如：用 PTOTAL（B5：F9）表示求区域 B5～F9 单元的总和；用 PAVG（B5：F9）表示求区域 B5～F9 单元的平均值；用 PMAX（B5：F9）表示求区域 B5～F9 单元的最大值等。

3. 本表它页取数公式

一张报表可以由多个表页组成，并且表页之间具有极其密切的联系。如一张报表不同表页可能代表同一单位不同会计期间的同一报表。因此，一张表页中的数据可能取自上一会计期间表页的数据。本表它页取数公式可完成此类操作。

编辑此类公式应注意报表处理软件中的表页选择函数名及参数格式，特别是如何描述历史上的会计期间。

对于取自本表其他表页的数据可以利用某个关键字作为表页定位的依据或者直接以页标号作为定位依据，指定取某张表页的数据。

可以使用 SELECT（）函数从表其他表页取数。

例如：

（1）C1 单元取自第二张表页的 C2 单元数据。

表示为：C1 = C2@2。

（2）C1 单元取自上个月的 C2 单元的数据。

表示为：C1 = SELECT（C2，月@ = 月 +1）。

注：月@ = 月 +1 为上个月的表示方法，通过月 +1 表示数据取自关键字为本月的

上一个月的表页。（例如：本月关键字为 8 月，月 +1 所表示的含义为取关键字为 7 月份的表页的单元格的数值。）

（3）"损益表"中的本年累计数单元格，可利用本表其他页公式通过 SELECT 来做，本月数加上上个月的本年累计数即可。

公式格式：本月数单元格或区域 + SELECT（本年累计数单元格或区域，月@ = 月 +1）

报表举例：下表中所有的本年累计数单元格公式可以统一设置为：

D6：D22 = C6：C22 + SELECT（D6：D22，月@ = 月 +1）。

C6：C22 区域表示本月数，SELECT（D6：D22，月@ = 月 +1）表示上个月的本年累计数。

文字描述为：当月的本年累计数 = 本月发生数 + 上个月的本年累计数。

4. 报表之间取数公式

报表之间取数公式即它表取数公式，用于从另一报表某期间某页中某个或某些单元中采集数据。

在进行报表与报表之间的取数时，不仅要考虑数据取自哪一张表的哪个单元，还要考虑数据来源于哪一页。

例如，某年 7 月份的"资产负债表"中的未分配利润，需要取"利润分配表"中同一月份的未分配利润数据，如果"利润分配表"中存在其他月份的数据，而不是 7 月份的数据，则"资产负债表"就不应取其他月份的数据。表间计算公式一定会保证这一点。

编辑表间计算公式与同一报表内各表页间的计算公式类似，主要区别在于把本表表名换为其他表表名。

对于取自其他报表的数据可以用"'报表名［.REP］'——单元"格式指定要取数的某张报表的单元。

例如：令当前表所有表页 C5 的值等于表"Y"第 1 页中 C10 的值与表"Y"第 2 页中 C2 的值的和。表示为：C5 = "Y" - >C10@1 + "Y" - >C2@2。

（二）单元公式的设置

为了方便而又准确地编制会计报表，系统提供了手工设置和引导设置两种方式。在引导设置状态下，根据对各目标单元填列数据的要求，通过逐项设置函数及运算符，即可自动生成所需要的单元公式。

手工设置的操作步骤：先选定需要定义公式的单元，再执行"数据→编辑公式→单元公式"指令，打开"定义公式"对话框；在"定义公式"对话框内，直接输入计算公式后，单击"确认"按钮。

注意：单元公式在输入时，凡是涉及数学符号的均须在英文半角状态下输入。

引导设置的操作步骤：选定被定义单元 D6，即货币资金的期末数；单击编辑框的"fx"按钮，打开"定义公式"对话框；单击"函数向导"按钮，进入"函数向导"对话框，如图 7 - 12 所示。

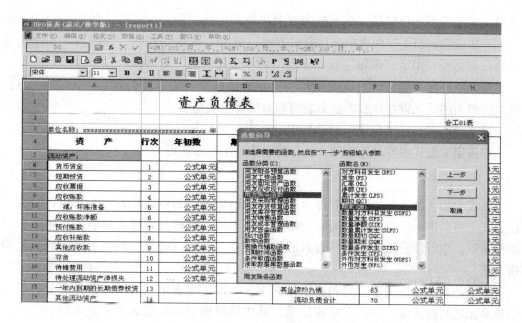

图7-12 函数向导对话框

在"函数分类"列表框中选择"用友账务函数"选项；在"函数名"列表框中选择期末"期末（QM）"选项；单击"下一步"按钮，进入"用友账务函数"对话框；单击"参照"按钮，进入"账务函数"对话框，如图7-13所示。

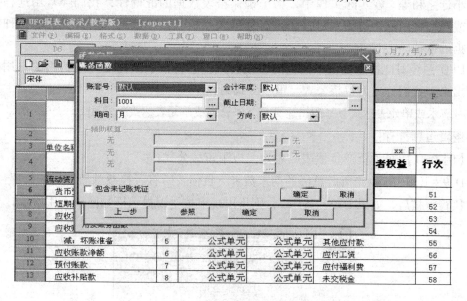

图7-13 账务函数对话框

第一步：单击"账套号"下拉列表框的下三角按钮，在下拉列表中选择其账套号；单击"会计年度"下拉列表框的下三角按钮，在下拉列表框中选择其会计年度；在"科目"文本框中输入"1001"，或单击参照按钮，选择"1001"科目；单击"期间"

下拉列表框的下三角按钮，在下拉列表中选择其期间单位；单击"方向"下拉列表框的下三角按钮，在下拉列表中选择取数方向；单击"确认"按钮，返回到"用友账务函数"对话框；单击"确定"按钮，返回到"定义公式"对话框。

第二步：在"定义公式"对话框中，接着前面参照输入的公式后输入"＋"后，继续按照上述输入银行存款的期末余额和其他货币资金。

第三步：在"定义公式"对话框中，点击"确认"。

如被定义公式内容只有一项，执行第一步和第三步即可。

（三）审核公式

报表中的各个数据之间一般都存在某种钩稽关系。利用这种钩稽关系可以定义审核公式，可以进一步检验报表编制的结果是否正确。审核公式可以检验表页中数据的钩稽关系，也可以验证同表不同表页的钩稽关系，还可以验证不同报表之间的数据钩稽关系。

审核公式由验证关系公式和提示信息组成。定义报表审核公式，首先要分析报表中各单元之间的关系，来确定审核关系，其次根据确定的审核关系定义审核公式。其中审核关系必须确定正确，否则审核公式会起到相反的效果，即由于审核关系不正确导致一张数据正确的报表被审核为错误，而编制报表者又无法修改。

在经常使用的各类财经报表中的每个数据都有明确的经济含义，并且各个数据之间一般都有一定的钩稽关系。如在一个报表中，小计等于各分项之和；而合计又等于各个小计之和等。在实际工作中，为了确保报表数据的准确性，我们经常用这种报表之间或报表之内的钩稽关系对报表进行钩稽关系检查。一般地来讲，我们称这种检查为数据的审核。

UFO系统对此特意提供了数据的审核公式，它将报表数据之间的钩稽关系用公式表示出来，我们称之为审核公式。审核公式为：

＜算术或单元表达式＞ ＜逻辑运算符＞ ＜算术或单元表达式＞ ［MESS "说明信息"］

逻辑运算符有：＝、＞、＜、＞＝、＜＝、＜＞

【例7－1】在"资产负债表"中定义以下审核公式：

D39＝H39　mess"资产总额的期末数＜＞负债及所有者权益总额的期末数！"

执行审核后，如果D39＜＞H39，则将出现审核错误提示框如图7－14所示。

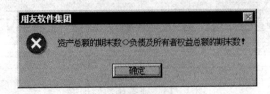

图7－14　审核提示对话框

操作步骤：执行"数据"→"编辑公式"→"审核公式"指令，打开"审核公式"对话框；在"审核公式"对话框中，输入"D39＝H39　MESS '资产总额的期末数＜＞负债及所有者权益总额的期末数！'"，如图 7 - 15 所示，单击"确定"按钮。

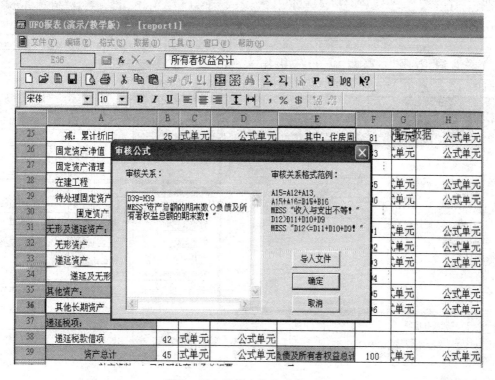

图 7 - 15 编辑审核公式窗口

（四）舍位平衡公式

在报表汇总时，各个报表的数据计量单位有可能不统一，这时，需要将报表的数据进行位数转换，将报表的数据单位由个位转换为百位、千位或万位。如将"元"单位转换为"千元"或"万元"单位，这种操作可成为进位操作。进位操作后，原来的平衡关系重新调整，使舍位后的数据符合指定的平衡公式。这种用于对报表数据进位及重新调整报表进位之后平衡关系的公式称为舍位平衡公式。

定义舍位平衡公式需要指明要舍位的表名、舍位范围以及舍位位数，并且必须输入平衡公式。

【例 7 - 2】将数据由元进位为千元，定义报表的舍位平衡公式。

第一步：在报表格式设计状态下，执行"数据→编辑公式→舍位公式"指令，调出"舍位平衡公式"对话框，即可在各编辑框中输入本报表的舍位平衡关系。如将数据由元进位为万元，如图 7 - 16 所示。

第二步：在"舍位平衡公式"对话框中输入舍位平衡公式，舍位平衡公式编辑完毕，检查无误后选择"完成"，系统将保存舍位平衡公式。按"ESC"键或选择"取消"将放弃此次操作。

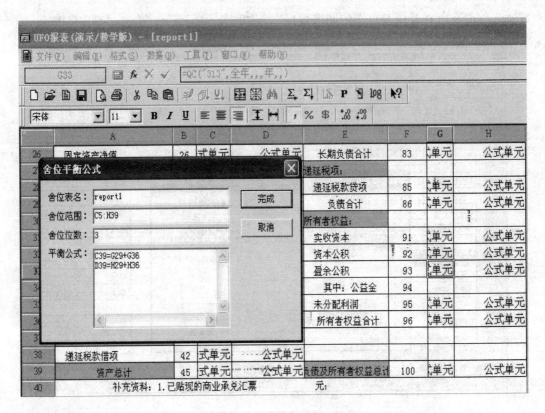

图 7-16 编辑舍位平衡公式

第三节 会计报表数据处理

报表的数据包括报表单元的数值和字符，以及游离于单元之外的关键字。数值单元只能接收数字，而字符单元既能接收数字又能接收字符。数值单元和字符单元可以由公式生成也可以由键盘输入，关键字的值则必须由键盘录入。

报表数据处理主要包括生成报表数据（即编制报表）、审核报表数据和舍位平衡操作等工作，数据处理工作必须在数据状态下进行。处理时计算机根据已定义的单元公式、审核公式和舍位平衡公式自动进行数据采集、审核及舍位等操作。报表数据处理一般是针对某一特定表页进行的，因此在数据处理时还涉及表页的操作，例如表页的增加、删除等。

一、生成报表

报表公式定义和数据来源的定义只说明了表和数据之间的关系。会计报表的生成就是根据各报表数据的生成方法，具体计算每个单元的数值并填入目标表的过程。通用报表软件使用一个通用的报表生成程序，对所有的报表进行一次操作，生成报表的过程是在人工控制下由计算机自动完成的。

大多数的会计报表都与日期有密切联系。在定义报表结构时，可以无日期限制，但是在生成报表时必须确定其日期。例如，"资产负债表"和"利润表"等会计报表，一般必须在月末结账以后才能生成。若在月中进行报表生成，即使所有报表公式都正确，也会生成一张数据错误的报表。在生成报表时可反复使用已经设置的报表公式，并且在相同的会计期间可以生成相同结果的报表，在不同的会计期间可以生成不同结果的报表。

采用通用报表处理方法生成会计报表，应注意以下几个问题：报表与账簿之间的关系；各会计报表之间存在的钩稽关系；每一种报表内各类数据存在的钩稽关系。

（一）设置报表与账簿之间的关系

设置报表与账簿之间的关系简称为账套初始。账套初始是在编制报表之前指定报表数据来源的账套和会计年度。操作步骤为：执行"数据→账套初始"或"计算时提示选择账套"指令，打开"账套及时间初始"对话框，输入相应的账套号和会计年度。

（二）增加、删除表页

增加表页可以通过插入表页也可以通过追加表页来实现。

插入表页是在当前表页后插入一张空表页，追加表页是在最后一张表页后追加 N 张空表页。一张报表最多能管理 99 999 张表页。

（1）追加和插入表页。在数据状态下，执行"编辑→追加→表页"指令，可以在报表的最后增加新的表页；执行"编辑→插入→表页"指令，可以在当前表页的前面插入新的表页。

在报表中增加表页后，新增的表页将自动沿用在格式状态下设计的报表格式，直接在其中输入数据即可。

（2）删除表页。在数据状态下，执行"编辑→删除→表页"指令，系统将弹出"删除表页"对话框，如图 7 - 17 所示，在对话框中输入要删除的表页后它们被删除。其中的数据全部被删除，不能恢复。报表的格式和单元公式不会被删除。

图 7 - 17 制定删除表页窗口

在对话框中如果不输入任何内容直接确认，则删除当前表页。可以同时删除多张表页，多个表页号之间用逗号"，"隔开，例如输入"1，3，10"则删除第 1 页、第 3 页和第 10 页。如果要删除符合删除条件的表页，在"删除条件"编辑框中输入删除条件，或者利用"条件"按钮定义删除条件。

①想要删除表页号大于 3 的表页，则定义删除条件"MREC（）>3"。

②想要删除第 10 页到第 50 页，则定义删除条件"MREC（）>＝10 AND MREC（）<＝50"。

③想要删除 A3 单元值为 12.5 的表页，则定义删除条件"A3＝12.5"。

④想要删除 1996 年上半年的表页，则定义删除条件"年＝1996 AND 月<＝6"。

注意：如果指定的删除表页不存在，将出现提示框"表页号大于总表页数！"；如果同时定义了表页号和删除条件，则系统删除同时满足这两个条件的表页，例如：在"删除表页"编辑框中输入"1，3，5，10"，在"删除条件"编辑框中输入"MREC（）>4"，则删除第 5 页和第 10 页。如果没有同时满足"删除表页"和"删除条件"的表页，则不作任何删除。

（3）交换表页。表页交换是将指定的任何表页中的全部数据进行交换。

在数据状态下，执行"编辑→交换→表页"指令，将弹出下面对话框，如图 7－18 所示。

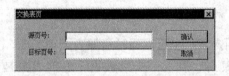

图 7－18 指定交换表页窗口

在"源表页号"和"目标表页号"编辑框中输入要互相交换位置的表页页号，可以一次交换多个表页，多个表页号用"，"隔开。例如：要同时交换第 1 页和第 2 页，第 3 页和第 4 页，第 10 页和第 20 页，则在"源页号"编辑框中输入"1，3，10"，在"目标页号"编辑框中输入"2，4，20"。

（三）录入关键字

关键字可以唯一标识一个表页，关键字的值和表页中的数据是相关联的，所以要在数据状态下在每张表页上录入关键字的值。

设置关键字是为了在大量表页中找到特定的表页，因此每张表页上的关键字的值最好不要完全相同。如果有两张关键字的值完全相同的表页，利用筛选条件和关联条件寻找表页时，只能找到第 1 张表页。具体操作步骤如下：

（1）点击"格式/数据"按钮，进入数据状态。

（2）点中要录入关键字的值所在表页的页标，使它成为当前表页。

（3）执行"数据→关键字→录入"指令，将弹出对话框，如图 7－19 所示，录入相应的关键字。

（四）计算

表的计算是指按计算公式重新计算报表中的数据。一般要正确进行报表的编制首先需要正确定义单元公式，其次，还需要正确完成账簿的记账，这样才能得到正确的报表数据。

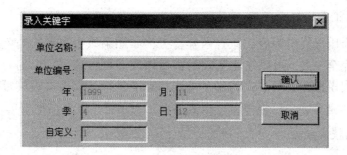

图 7 - 19　录入关键字窗口

在数据状态下，执行"数据→表页重算"指令，可以选择整表计算或表页重算。整表计算时是将该表的所有表页全部进行计算，而表页重算仅是指对具体某一页的数据进行计算。

二、审核报表

在数据处理状态中，当报表数据录入完毕或进行修改后，应对报表进行审核，以检查报表各项数据钩稽关系的准确性。

在实际应用中，主要报表中数据发生变化，都必须进行审核。通过审核不仅可以找到一张报表内部的问题，还可以找出不同报表间的问题。审核时，执行审核功能后，系统将按照审核公式逐条审核表内的关系。当报表数据不符合钩稽关系时，系统会提示错误信息。导致审核出现错误的原因有：单元公式出现语法等错误，审核公式本身错误，账套变量找不到或账套数据源错误等。出现错误提示，应按提示信息修改相关内容后，重新计算，并再次进行审核，直到不出现任何错误信息为止。在屏幕底部的状态栏中出现"审核完全正确"提示信息，表示该报表各项钩稽关系正确。

进入数据处理状态，执行"数据→审核"指令，可实施报表的审核。

三、会计报表舍位操作

当报表编辑完毕，需要对报表进行舍位平衡操作时，可进入数据状态，执行"数据→舍位平衡"指令。

系统按照所定义的舍位关系对指定区域的数据进行舍位，并按照平衡公式对舍位后的数据进行平衡调整，将舍位平衡后的数据存入指定的新表或他表中。打开舍位平衡公式指定的舍位表，可以看到调整后的报表。

四、会计报表模板应用

设计一个报表，既可以从头开始按部就班地操作，也可以利用 UFO 提供模板直接生成报表格式，省时省力。UFO 提供了 11 种报表格式和 17 个行业的标准财务报表模板，既可以直接套用它，再进行一些小的改动即可，也可以直接套用企业自定义的模板。

（一）套用报表模板

当前报表套用报表模板后，原有内容将丢失。如果该报表模板与实际需要的报表格式或公式不完全一致，可以在此基础上稍做修改即可快速得到所需要的报表格式和公式。套用报表模板和套用格式需要在格式状态下进行。套用报表模板时，执行"格式→报表模板"指令，系统将弹出"报表模板"对话框，在对话框中选择行业和报表。

（二）定制报表模板

使用者也可以根据本单位的实际需要定制报表模板，并可将自定义的报表模板加入系统提供的模板库中，也可以对其进行修改、删除操作。自定义模板的步骤：

第一步：在 UFO 中做出本单位的模板后，执行"格式→自定义模板"指令，系统弹出"自定义模板"对话框；选定某行业或单位（如没有自定义报表模板所属行业或单位，可点击"增加"，增加相应的行业或单位后再选定某行业），点取"自定模板"的"下一步"，弹出对话框如图 7－20 所示。

第二步：点击"增加"，弹出"添加模板"对话框，如图 7－21 所示。

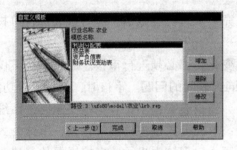

图 7－20　自定义模板窗口　　　　　　　图 7－21　添加模板窗口

第三步：选定模板文件，单击"添加"，将模板加入选定的行业模板列表中，使该模板的全路径加到模板路径下。

在"模板名称"中可以任意修改模板名称，单击"浏览"找到该报表的保存路径，并选取报表单击"打开"可将报表的全路径加到模板路径下。

第四步：点取"完成"，自定义模板操作结束。

第四节　会计报表输出

报表输出形式一般有屏幕查询、网络传送、打印输出和磁盘输出等形式。输出报表数据时往往会涉及表页的相关操作，如表页排序、查找、透视等。

一、会计报表查询

报表查询是报表系统应用的一项重要工作。在报表系统中，可以对当前正在编制的报表予以查阅，也可以对历史的报表进行迅速有效的查询。在进行报表查询时一般可以以整表的形式输出，也可以将多张表页的布局内容同时输出，后者这种输出方式叫作表页透视。

查找表页可以以某关键字或某单元为查找依据。执行"编辑→查找"指令，打开"查找"对话框；选择查找内容并输出相应的条件；单击"查找"按钮。

二、会计报表打印

打印输出方式是指将编制出来的报表以纸质的形式打印输出。打印输出是将报表进行保存、报送有关部门不可缺少的一种报表输出方式。但在打印前必须在报表系统中做好打印机的有关设置，以及报表打印的格式设置，并确认打印机已经与主机正常连接。打印报表前可以在预览窗口预览。

此外，将各种报表以文件的形式输出到磁盘上也是一种常用的方式。此类输出对于下级向上级部门报送数据，进行数据汇总是一种行之有效的方式。一般的报表系统都提供有不同文件格式的输出方式，方便不同软件之间进行数据交换。在报表输出时既可以输出报表的格式，也可以输出报表的数据。

第五节 报表编制案例

为了方便准确地编制财务报表，用友 ERP 系统提供了资产负债表、损益表、现金流量表等报表模板，以及自动取数公式。

（1）以本书案例数据为基础，通过自定义报表格式和取数公式，编制华北科技有限公司 2017 年 9 月份的管理费用明细表，其格式如表 7-3 所示。

表 7-3 管理费用明细表

单位名称：华北科技有限公司　　　　2017 年 9 月　　　　　　单位：元

项　　目	管理费用	工资	福利费	折旧费	加班费	办公费	其他
总经理办公室							
财务部							
市场部							
开发一部							
开发二部							
合　计							

审核人：　　　　　　　　　　　制表人：

（2）以本书案例数据为基础，利用用友系统 UFO 的报表模板，通过修改其格式、重新定义其取数公式，编制华北科技有限公司 2017 年 9 月份的资产负债表、损益表和现金流量表。

附：

文件(F) 编辑(E) 格式(S) 数据(D) 工具(T) 窗口(W) 帮助(H)

E10:F10@1 制表人刘勇

管理费用明细表

单位名称：华北科技有限公司　　　　2017 年　　　9 月　　　单位：元

项目	管理费用	工资	福利费	折旧费	加班费	办公费	其他
总经理办公室	13,058.82	4,923.00	689.22	2,346.60			5,100.00
财务部	12319.80	10,410.00	1,457.40	452.40			
市场部	12,559.20	10,620.00	1,486.80	452.40			
开发一部							
开发二部	演示数据						
合计	37,937.82	25,953.00	3,633.42	3,251.40			5,100.00
审核人：张红				制表人刘勇			

账套：[100]华北科技有限公司　操作员：张红(账套主管)

检查公式已经完成

图 7－22　华北科技有限公司 2017 年 9 月份的管理费用明细表

文件(F) 编辑(E) 格式(S) 数据(D) 工具(T) 窗口(W) 帮助(H)

A35@1 长期待摊费用

资产负债表

会工01表

单位名称：华北科技有限公司　　　　2017 年　　　9 月　　　单位：元

资　产	行次	年初数	期末数	负债及所有者权益	行次	年初数	期末数
流动资产：				流动负债：			
货币资金	1	166,264.59	288,776.73	短期借款	35	200,000.00	200,000.00
交易性金融资产	2			应付票据	36		
应收票据	3			应付账款	37	276,850.00	295,500.00
应收账款	4	156,812.00	78,908.00	预收账款	38		
预付账款	5			应付职工薪酬	39	10,222.77	48,484.59
应收利息	6			应交税费	40	-13,000.00	-24,154.00
应收股利	7			应付利息	41		400.00
其他应收款	8	3,800.00		应付股利	42		
存货	9	404,036.71	506,803.44	其他应付款	43		
持有待售资产	10			持有待售负债	44		
一年内到期的非流动资产	11			一年内到期的非流动负债	45		
其他流动资产	12			其他流动负债	46		
流动资产合计	13	730,913.30	874,488.17	流动负债合计	47	474,072.77	520,230.59
	14				48		
非流动资产	15			非流动负债：	49		
可供出售金融资产	16			长期借款	50		
持有至到期投资	17			应付债券	51		
长期应收款	18			长期应付款	52		
长期股权投资	19			专项应付款	53		
投资性房地产	20			预计负债	54		
固定资产	21	1,063,095.16	896,986.12	递延收益	55		
在建工程	22			递延所得税负债	56		
工程物资	23			其他非流动负债	57		
固定资产清理	24			非流动负债合计	58		
生产性生物资产	25			负债合计	59	474,072.77	520,230.59
油气资产	26				60		
无形资产	27	59,142.00	59,142.00	所有者权益：	61		
研发支出	28			实收资本（或股本）	62	1,500,000.00	1,568,750.00
商誉	29			资本公积	63		
长期待摊费用	30			其他综合收益	64		
递延所得税资产	31			盈余公积	65		
其他非流动资产	32			未分配利润	66	-120,922.31	-258,364.30
非流动资产合计	33	1,122,237.16	956,128.12	所有者权益合计	67	1,379,077.69	1,310,385.70
资产总计	34	1,853,150.46	1,830,616.29	负债及所有者权益总计	68	1,853,150.46	1,830,616.29

账套：[100]华北科技有限公司　操作员:张红(账套主管)

准备

图 7－23　华北科技有限公司 2017 年 9 月份的资产负债表

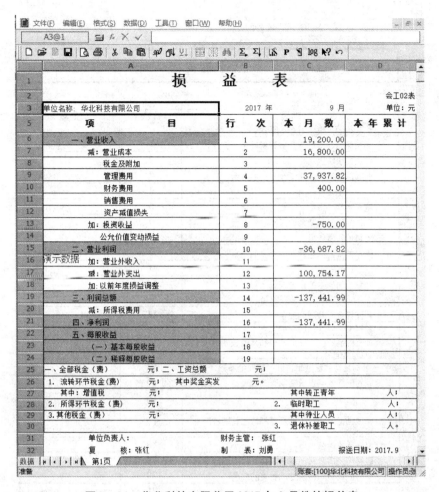

图 7 - 24 华北科技有限公司 2017 年 9 月份的损益表

文件(F)	编辑(E)	格式(S)	数据(D)	工具(T)	窗口(W)	帮助(H)

A1:C1@1　现金流量表

现金流量表

会x03表

编制单位：华北科技有限公司　　　　　　2017年9月　　　　单位：元

项目	行次	金额
一、经营活动产生的现金流量：		
销售商品、提供劳务收到的现金	1	99600.00
收到的税费返还	2	
收到的其他与经营活动有关的现金	3	10200.00
现金流入小计	4	109,800.00
购买商品、接受劳务支付的现金	5	100000.00
支付给职工以及为职工支付的现金	6	
支付的各项税费	7	
支付的其它与经营活动有关的现金	8	11500.00
现金流出小计	9	111,500.00
经营活动产生的现金流量净额	10	-1,700.00
二、投资活动产生的现金流量：		
收回投资所收到的现金	11	
取得投资收益所收到的现金	12	
处置固定资产、无形资产和其他长期资产所收回的现金净额	13	78000.00
处置子公司及其他营业单位收到的现金净额	14	
收到的其他与投资活动有关的现金	15	
现金流入小计	16	78,000.00
购建固定资产、无形资产和其他长期资产所支付的现金	17	21787.86
投资所支付的现金	18	
取得子公司及其他营业单位支付的现金净额	19	
支付的其他与投资活动有关的现金	20	
现金流出小计	21	21,787.86
投资活动产生的现金流量净额	22	56,212.14
三、筹资活动产生的现金流量：		
吸收投资所收到的现金	23	68750.00
借款所收到的现金	24	
发行债券所收到的现金	25	
收到的其他与筹资活动有关的现金	26	
现金流入小计	27	68,750.00
偿还借款所支付的现金	28	
偿还到期债券所支付的现金	29	
分配股利、利润或偿付利息所支付的现金	30	
支付的其他与筹资活动有关的现金	31	
现金流出小计	32	
筹资活动产生的现金流量净额	33	68,750.00
四、汇率变动对现金的影响额	34	750.00
五、现金及现金等价物净增加额	35	122,512.14

演示数据

制表人：刘勇　　　　　　　　会计主管：张红

单位负责人：

数据　｜◀ ◀ ▶ ▶｜ ◀　第 ◀｜

准备　　　　　　　　　　　　　　　　账套:[100]华北科技有限公司

图 7-25　华北科技有限公司 2017 年 9 月份的现金流量表

思考题

1. 简述报表管理系统的主要功能。
2. 图示报表管理系统的数据处理流程。
3. 简述创建一张新报表的步骤。
4. 如何表示单元、区域、组合单元？

第八章　薪资核算

学习目的及要求

1. 了解薪资管理系统薪资核算的任务及特点，掌握薪资核算系统的业务流程以及该子系统的功能模块结构。

2. 掌握薪资核算系统基础设置，掌握工资业务处理，即能够使用薪资核算系统进行企业工资的计算汇总、工资费用的分摊与计提并生成转账凭证。

3. 能够进行工资数据的业务查询、制作出工资报表并进行月末处理。

第一节　薪资核算系统概述

一、薪资核算系统的任务

薪资核算系统的任务是：以职工个人的工资原始数据为基础，计算应发工资、应扣款项和实发工资等，编制工资结算单；按部门和人员类别进行汇总，进行个人所得税计算；按工资的用途、部门进行工资费用分配与计提，并实现自动转账处理；提供多种方式的查询，实现工资分析和管理；打印工资发放表、各种汇总表及个人工资条。

二、薪资核算系统业务处理流程

（一）手工方式下薪资核算业务处理流程

为了实现薪资核算电算化，首先应了解手工方式下薪资核算的程序和处理流程，在此基础上进而抽象出电算化薪资核算的业务流程，如图8-1所示。

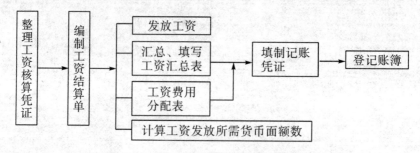

图8-1　手工方式下薪资核算业务流程

（二）计算机方式下薪资核算数据处理流程

电算化下的薪资核算是根据手工薪资核算流程按照薪资核算的要求进行的，具体流程如图8-2所示。

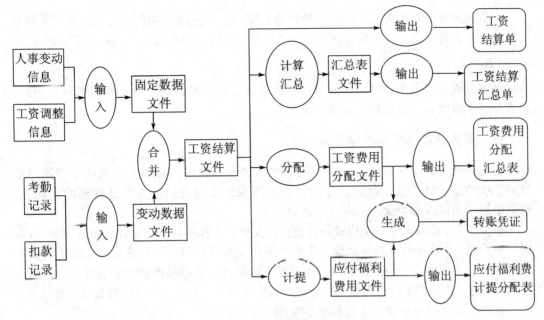

图8-2　电算化下薪资核算业务流程

三、薪资核算系统基本功能结构

薪资核算的基本功能模块结构如图8-3所示。

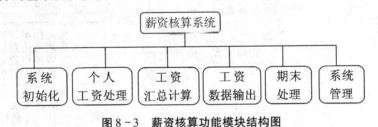

图8-3　薪资核算功能模块结构图

（一）系统初始化

这主要包括建立工资账套、设置部门、设置人员类别及人员附加信息等人员档案、设置工资项目、定义运算关系等功能。

（二）个人工资处理

这主要是为了及时反映人员变动及工资数据变化的需要而设置的，能灵活地进行相关数据增、减、修改的操作。

（三）工资汇总计算

工资汇总计算既可根据工资项目之间的联系设置相应的公式进行计算，以减少数据录入量，提高自动化程度；又可按各种标准分级汇总工资，便于统计分析；还可将不同的工资计算方式、不同的工资项目、不同地区的人员工资汇总在一起，从而完成统一核算的功能。

（四）工资数据输出

工资数据可由屏幕和打印机两种途径进行输出；可提供多种查询方式，就工资的基本数据及相关的报表（包括企业自行定义的报表）进行多标准的查询输出或打印输出。

（五）期末处理

期末处理包括月末处理和年末处理，前者就是将当月数据经过处理后结转至下月，后者是将工资数据经过处理后结转至下年。

四、薪资核算系统基本操作流程

工资管理由于涉及处理的先后问题，所以进入系统后，必须按正确的顺序调用系统的各项功能，只有按正确的次序使用，才能保证少走弯路，并保证数据的正确性，特别是第一次使用的企业，更应遵守使用次序。

如果企业中所有人员的工资统一管理，而人员的工资项目、工资计算公式全部相同，则可按下列方法建立薪资核算系统：①安装并启动薪资核算系统；②设置工资账套参数（选择单个工资类别）；③设置部门；④设置工资项目、银行名称和账号长度、设置人员类别；⑤输入人员档案；⑥设置工资计算公式；⑦输入工资数据；⑧进行其他业务处理。

薪资核算系统单类别基本操作流程如图 8-4 所示。

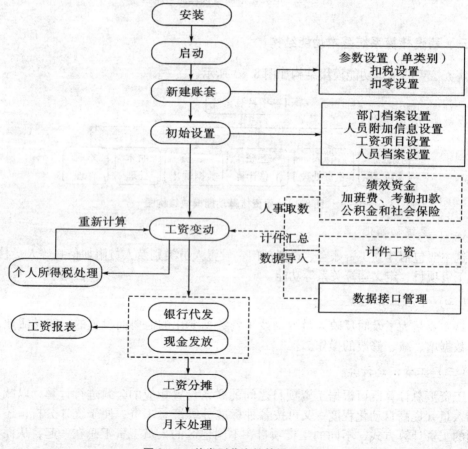

图 8-4　单类别薪资核算操作流程

如果企业的薪资分类管理，就需要按照图 8-5 所示的多类别薪资核算操作流程来处理。

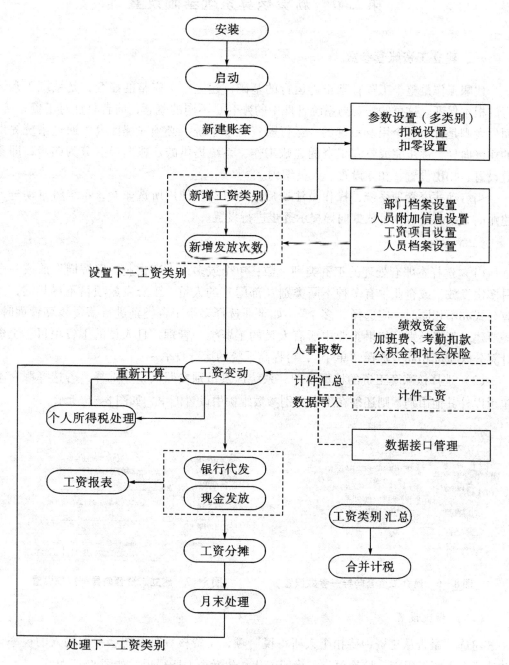

图 8-5 多类别薪资核算操作流程

第二节　薪资核算系统基础设置

一、建立工资账套参数

建账工作是整个工资管理正确运行的基础，建立一个完整的账套，是系统正常运行的根本保证。这里的账套与系统管理中的账套是不同的概念，前者只针对工资系统，而后者则是针对整个用友系统的。运行薪资管理系统，必须先建账套，通过系统提供的建账向导，逐步完成整套工资的建账工作。系统提供的建账向导共分为四步，即参数设置、扣税设置、扣零设置、人员编码。

当启动薪资管理系统，操作员注册后，如果首次使用所选账套，系统将自动进入建账向导系列窗口，可依据向导提示逐步进行设置。

（一）参数设置

（1）选择本账套处理的工资类别个数：单个或多个。当企业工资按周发放或一个月多次发放，或企业中有多种不同类别（部门）的人员，工资发放项目不尽相同，计算公式亦不相同时，应选择"多个"。如企业选择多个工资类别进行薪资核算管理时，需要建立工资类别。如果企业中所有人员的工资统一管理，且人员的工资项目、工资计算公式全部相同，选择"单个"，可提高系统的运行效率。

（2）选择该账套工资的核算币种。系统提供币别参照供企业选择，若选择账套本位币以外其他币别，则还须在工资类别参数维护中设置汇率，如图8-6所示。

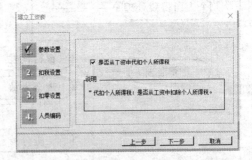

图8-6　建立工资套向导—参数设置　　　图8-7　建立工资套向导—扣税设置

（二）扣税设置

勾选"是否从工资中待扣个人所得税"项，工资核算时系统会根据输入的税率自动计算个人所得税额。核算单位需为职工代扣代缴个人所得税，如图8-7所示。

（三）扣零设置

扣零是指系统在每次发放工资时依据扣零类型（扣零至元、扣零至角、扣零至分）将零头扣下，积累取整，于下次工资发放时补上。选择此项，系统自动在固定工资项目中增加"本月扣零"和"上月扣零"两个项目，此后企业不必在计算公式中设置有关扣零处理的计算公式,"应发合计"中也不用包括"上月扣零","扣款合计"中不用包括"本月扣零",如图8-8所示。

（四）人员编码

人员编码即单位人员编码长度。以数字作为人员编码。该项应结合企业部门设置和人员数量进行定义,但总长不能超过10位字符。用友系统要求薪资系统人员编码同公共平台的人员编码保持一致,如图8-9所示。

 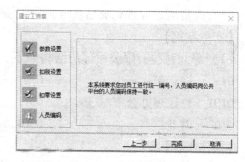

图8-8　建立工资套向导－扣零设置　图8-9　建立工资套向导—人员编码

【实务案例】

华北科技有限公司建立工资套选择的是:多类别进行薪资核算,币种为:人民币,从工资中代扣个人所得税,工资由银行代发不扣零、人员编码6位。

二、设置基本分类档案

（一）设置部门档案

本功能主要是对当前打开工资类别的对应部门进行设置,以便按部门核算各类人员工资,提供部门核算资料。设置部门不仅可以按部门或班组汇总、统计、领款、分发职工工资,而且这些下发的工资还可以按部门记入账簿,最终达到分部门管理工资的目的。

（二）设置人员类别

设置人员类别可以便于企业按人员类别进行工资汇总计算,以实现在同一个账套内跨越各个部门按人员各类别的不同进行综合汇总。通过"设置"下的"人员类别设置",系统弹出人员类别设置窗口。人员类别名称长度不得超过10个汉字或20位字符。系统默认的"无类别"选项针对不进行人员类别划分的单位在设置人员档案时使用。

（三）设置人员附加信息

为了便于对人员进行更加有效的管理,丰富人员档案的内容,除了人员编号、人员姓名、所在部门、人员类别等基本信息外,还需要一些辅助管理信息,如可增加设置人员的性别、民族、婚否、学历等。

（四）银行名称设置

银行名称设置即设置发放工资的银行,可以按需要设置多个,例如,同一工资类别中的人员由于在不同的工作地点，需由不同的银行代发工资，或者不同的工资类别由不同的银行代发工资，均需要设置多个银行名称，系统默认的银行名称的账号长度为 11 位，也可根据实际需要进行修改。

（五）设置人员档案

人员档案用于登记工资发放人员的姓名、职工编号、所在部门、人员类别等信息，处理员工的增减变动等。点击"设置"菜单下的"人员档案"，进入功能界面。

只有人员档案设置完成后，才能对工资项目及工资计算公式进行定义。

【实务案例】

（1）华北科技有限公司部门结构如下：

01	综合部	02	市场部
0101	总经理办公室	03	开发部
0102	财务部	0301	开发一部　0302 开发二部

【操作步骤】

在企业应用平台，执行"基础设置→基础档案→机构人员→部门档案"指令，可进入部门档案的增加、修改和删除界面，点击"增加"可逐一增加各部门信息。

（2）华北科技有限公司工资类别信息如下：

管理人员类别，所属部门为总经理办公室、财务部和市场部，启用时期为"2017年 9 月 1 日"。

生产人员类别，所属部门为开发一部、开发二部，启用时期为"2017 年 9 月 1 日"。

【操作步骤】

在企业应用平台，执行"业务工作→人力资源→薪资管理→工资类别→新建工资类别"指令，可进入新建工资类别的增加界面，输入新工资类别名称，点击"下一步"，选择所属部门后，点击"完成"。

（3）华北科技有限公司人员档案如表 8 - 1 所示。

表 8 - 1　人员档案

人员编码	姓名	行政部门名称	雇佣状态	人员类别	性别	所属工资类别
010101	肖剑	总经理办公室	在职	正式工	男	管理人员类别
010102	李好	总经理办公室	在职	正式工	男	管理人员类别
010201	张红	财务部	在职	正式工	女	管理人员类别
010202	王晓	财务部	在职	正式工	女	管理人员类别
010203	刘勇	财务部	在职	正式工	男	管理人员类别
020101	赵斌	市场部	在职	正式工	男	管理人员类别
020102	周悦	市场部	在职	正式工	女	管理人员类别
020103	宋佳	市场部	在职	正式工	女	管理人员类别

表8-1(续)

人员编码	姓名	行政部门名称	雇佣状态	人员类别	性别	所属工资类别
030101	孙健	开发一部	在职	正式工	男	生产人员类别
030102	杨兰	开发一部	在职	正式工	男	生产人员类别
030201	刘兵	开发二部	在职	正式工	男	生产人员类别
030202	赵亮	开发二部	在职	正式工	男	生产人员类别

【操作步骤】

(1)在企业应用平台,执行"基础设置→基础档案→机构人员→人员档案"指令,可进入人员档案的增加、修改和删除界面,点击"增加"可逐一增加各人员信息。

(2)在企业应用平台,执行"业务工作→人力资源→薪资管理→工资类别→打开工资类别"指令,打开需增加人员档案的工资类别。

(3)在企业应用平台,执行"业务工作→人力资源→薪资管理→设置→人员档案"指令,可进入薪资系统人员档案的增加、修改和删除界面,点击"批增"可一次性将基础公用平台中已录入的人员档案信息成批增加到薪资管理系统中。

(4)华北科技有限公司代发薪资银行名称:中国工商银行,银行账号定长为6位。

【操作步骤】

在企业应用平台,执行"基础设置→基础档案→收付结算→银行档案"指令,可进入银行档案的增加、修改和删除界面,点击"增加"可增加银行的信息。

三、设置工资项目与计算公式

(一)工资项目设置

工资项目的设置和建立是薪资核算子系统运行的基础,同时也是体现管理者对工资信息需求的主要方式。不同的企业可以根据自身薪资核算的特点,灵活地设置工资项目,并进行工资数据的汇总、查询和统计。

工资项目设置即定义薪资核算所涉及的项目名称、类型、宽度等。薪资核算系统中提供了一些固定的工资项目,主要为"应发合计""扣款合计""实发合计",它们是工资账中不可缺少的。若在建立工资账时设置了"扣税处理",则系统在工资项目中自动生成"代扣税"项目;若启用了"计件工资管理"子系统,还可选择"是否核算计件工资",则系统在工资项目中自动生成"计件工资"项目。这些项目不能删除和重命名。其他项目可根据实际情况定义或参照增加,如:基本工资、岗位工资、奖金等。在此设置的工资项目对于多工资类别的工资账套而言,是针对所有工资类别所需要使用的全部工资项目;对于单工资类别而言,就是此工资账套所使用的全部工资项目。

需要注意的是,在多类别工资管理时,只有关闭工资类别后,才能新增工资项目。

在薪资核算系统中,执行"设置→工资项目设置"指令,打开工资项目设置界面,如图8-10所示。

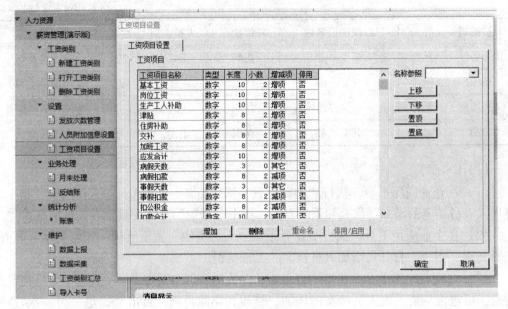

图 8-10　工资项目设置界面

其中：

（1）工资项目名称，即工资发放项目名称。系统提供了常用工资项目名称的选择，即可以直接在设置窗口右侧的"名称参照"下拉列表框中进行选择。

（2）类型，即项目的类型。若该工资项目将来要参与工资计算，则将其设置为"数字"型，否则设置为"字符"型。

（3）长度，即项目数据的最大位数，数字型数据中小数点占一位长度。设置长度时，除了整数位以外，还需要算上小数点和两位小数的长度。

（4）增减项，包括增项、减项和其他项。其中，"增项"为"应发合计"的构成项，"减项"为"扣款合计"的构成项，"其他项"的计算公式由企业自行定义。双击"增减项"可在下拉列表框中选择。

在所有工资项目添加完毕后，可通过单击向上、向下移动箭头，调整工资项目的排列顺序，调整完毕点击"确认"按钮保存设置。

【实务案例】

华北科技有限公司薪资核算公用工资项目如表 8-2 所示。

表 8-2　薪资核算公用工资

工资项目	类型	长度	小数点	增减及其他
基本工资	数字	10	2	增项
岗位工资	数字	10	2	增项
生产工人补助	数字	10	2	增项
津贴	数字	10	2	增项
住房补贴	数字	8	2	增项

表8-2(续)

工资项目	类型	长度	小数点	增减及其他
交补	数字	8	2	增项
加班工资	数字	8	2	增项
应发合计	数字	10	2	增项
病假天数	数字	3		其他
病假扣款	数字	8	2	减项
事假天数	数字	3		其他
事假扣款	数字	8	2	减项
扣公积金	数字	8	2	减项
扣款合计	数字	8	2	减项
扣税基础	数字	8	2	其他
实发合计	数字	10	2	增项

注：①生成人员类别包括上表中所有项目；

②管理人员类别包括上表中除"生产工人补助"以外的其他所有项目。

【操作步骤】

（1）在企业应用平台，执行"业务工作→人力资源→薪资管理→设置→工资项目设置"指令，可进入工资项目设置界面，逐一增加各工资项目。

（2）在薪资管理系统中，打开各具体工资类别，执行"设置→工资项目设置"指令，可进入工资项目设置界面，通过选择公用工资项目增加各工资项目。

（二）设置计算公式

定义工资项目的计算公式是指对薪资核算生成的结果设置计算公式。设置计算公式可以直观表达工资项目的实际运算过程，灵活地进行工资计算处理。应发合计、扣款合计和实发合计公式不用设置，系统将自动提供。

工资项目计算公式的输入既可以直接输入公式，也可以应用函数向导引导输入。利用公式窗口中提供的运算符、函数、人员类别、部门等内容，企业可以轻松地完成公式的定义。

工资项目定义完成后，在该界面下通过点击公式设置选项卡即可进入公式设置界面，如图8-11所示。

【实务案例】

华北科技有限公司薪资核算相关计算公式定义如下：

管理人员类别：扣税基础＝基本工资＋岗位工资＋津贴＋住房补贴＋加班工资

　　　　　　病假扣款＝病假天数×5　　　事假扣款＝事假天数×15

生产人员类别：扣税基础＝基本工资＋岗位工资＋津贴＋住房补贴＋加班工资

　　　　　　　＋生产工人补助

　　　　　　病假扣款＝病假天数×5　　　事假扣款＝事假天数×15

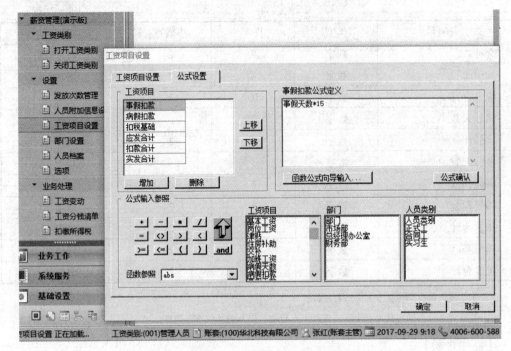

图 8 - 11　工资公式定义界面

【操作步骤】

（1）在薪资管理系统中，打开管理人员工资类别，执行"设置→工资项目设置"指令，可进入工资项目设置界面，点击公式设置选项卡即可进入公式设置界面，如图 8 - 11 所示。

（2）在公式设置界面，点击"工资项目"下的"增加"按钮，在"工资项目"下拉列表框中选择"事假扣款"，在公式定义区，直接输入事假扣款的公式：事假天数 × 15，然后点击"公式确认"按钮即可，如图 8 - 11 所示。其他公式定义相似。

生产人员类别的公式定义与管理人员类别的公式定义相似。

假如：岗位工资为"经理人员的岗位工资 800 元，管理人员的岗位工资 500 元，其他人员的岗位工资 300 元"。

在公式设置窗口，点击"工资项目"下的"增加"按钮，在"工资项目"下拉列表框中选择"岗位工资"，在公式定义区，直接输入岗位工资的公式：IFF（人员类别 ="经理人员"，800，IFF（人员类别 ="管理人员"，500，300）），然后点击"公式确认"按钮即可，如图 8 - 12 所示。

图 8 - 12　"岗位工资"公式定义窗口

第三节　薪资核算业务日常处理

薪资核算的日常处理主要是对职工工资数据进行计算和调整，比如某个职工工资变动、个别数据修改，个人所得税的报税处理，银行代发等工作。其中有些项目是一次输入，有些是每月录入，有的可通过计算公式来实现。

一、固定工资数据编辑

固定工资数据是指每月基本不变的工资项目，如基本工资、工龄工资、固定补贴、岗位工资等，这些工资项目的数据一般较为稳定，数值很少变动，在日常工作中只有待其发生变化时才重新调整，平时是无须反复输入的。可以在系统初始时输入，当月不需要进行修改，输入的途径有两种：一是通过"人员档案"界面中的"数据档案"进入，二是通过"工资变动"界面进入。

二、变动工资数据编辑

变动工资项目是指每月均要发生变化的项目，如奖金、请假天数、个人所得税等。这些工资项目的数据在发生变动时输入或修改。在变动数据中，有些变动数据的编辑必须通过手工逐项录入完成，如请假天数；有些变动数据则可以成批处理，如奖金；还有一些变动数据则由系统根据既定的公式自动计算生成，如请假扣款、个人所得税等。

（一）修改个别变动项目数据

在对某一个职工的数据修改调整时，可在"工资变动"界面通过"定位"功能快速地定位需要修改的记录。

（二）人员增减的调整

由于人事调动、新进员工、员工辞职等原因会造成企业职员的增减变动，这时需在人员档案设置中进行相应的人员变动、增减的调整。

（三）成批替换工资数据

如果要对同一工资项目进行统一变动，则可通过"工资变动"界面"替换"功能一次性地将所有满足条件的职工相关的工资项目数据进行调整。

三、工资计算与汇总

在修改了某些数据，重新设置了计算公式，或者进行了数据替换等操作后，必须调用工资变动中的"重算工资"和"工资汇总"功能对个人工资数据重新计算汇总以保证工资数据的正确。

【实务案例】

华北科技有限公司管理人员薪资如表8-3所示。

表8-3　管理人员薪资

姓名	基本工资	岗位工资	津贴	住房补贴	交补	病假天数	病假扣款	事假天数	事假扣款	扣公积金
肖剑	1 500	280	320	158	30	4	20	2	30.00	36.80
李好	1 800	290	320	195	30	4	20	2	30.00	39.20
张红	3 200	295	320	195	30	4	20			39.80
王晓	900				30			2	30.00	39.00
刘勇	4 600	295	320	195	30					68.20
赵斌	810				30					18.50
周悦	4 200	295	320	195	30					96.20
宋佳	3 900	295	320	195	30					69.20

生产人员薪资如表8-4所示。

表8-4　生产人员薪资

姓名	基本工资	岗位工资	生产人员补助	津贴	住房补贴	交补	病假天数	病假扣款	事假天数	事假扣款	扣公积金
孙健	1 800	200	200	100	50	30	1				68
杨兰	1 200	100	200	100	50	30			2		50
刘兵	1 500	200	150	100	50	30			1		68
赵亮	1 000	100	240	100	50	30	2				50

注：其他未列出工资项目为自动计算出来，无须输入。

【操作步骤】

（1）在薪资管理系统中，打开管理人员工资类别，执行"设置→选项"指令，进入选项设置界面，将个人所得税申报表中的"收入额合计"项所对应的工资项目改为"扣税基础"，点击"税率设置"，将基数改为"3 500"，点击"确定"及保存其设置，如图8-13所示。

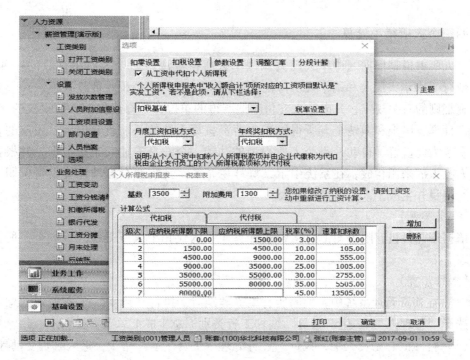

图 8-13　选项设置界面

（2）在薪资管理系统中，执行"业务处理→工资变动"指令，可进入工资录入界面，录入完相关工资数据后，再进行汇总和计算，管理人员薪资计算结果如图 8-14 所示。

工资变动

人员编号	姓名	部门	人员类别	基本工资	岗位工资	津贴	住房补贴	交补	加班工资	应发合计	病假天数	病假扣款	事假天数	事假扣款	扣公积金	扣款合计	扣税基础	实发合计	代扣税
010101	肖俐	总经理办公室	正式工	1,500.00	280.00	320.00	158.00	30.00		2,288.00	4	20.00			36.80	56.80	2,258.00	2,231.20	
010102	李好	总经理办公室	正式工	1,800.00	290.00	320.00	195.00	30.00		2,635.00					39.20	59.20	2,605.00	2,575.80	
010201	张红	财务部	正式工	3,200.00	295.00	320.00	195.00	30.00		4,040.00	4	20.00			39.80	75.10	4,010.00	3,964.90	15.30
010202	王鹏	财务部	正式工	900.00				30.00		930.00			2	30.00	39.00	69.00	900.00	861.00	
010203	刘勇	财务部	正式工	4,600.00	295.00	320.00	195.00	30.00		5,440.00					68.20	154.20	5,410.00	5,285.80	86.00
020101	赵斌	市场部	正式工	810.00				30.00		840.00					18.50	18.50	810.00	821.50	
020102	屈悦	市场部	正式工	4,200.00	295.00	320.00	195.00	30.00		5,040.00					96.20	142.20	5,010.00	4,897.80	46.00
020103	宋佳	市场部	正式工	3,900.00	295.00	320.00	195.00	30.00		4,740.00					69.20	105.50	4,710.00	4,634.50	36.30
				20,910.00	1,750.00	1,920.00	1,133.00	240.00	0.00	25,953.00	12	60.00	2	30.00	406.90	680.50	25,713.00	25,272.50	183.60

图 8-14　管理人员薪资计算结果表

生产人员薪资核算步骤和方法同上，计算结果如图 8-15 所示。

工资变动

人员编号	姓名	部门	人员类别	基本工资	岗位工资	生产工人补助	津贴	住房补贴	交补	应发合计	病假天数	病假扣款	事假天数	事假扣款	扣款合计	扣税基础	实发合计	代扣税
030101	孙健	开发一部	正式工	1,800.00	200.00	200.00	100.00	50.00	30.00	2,380.00	1	5.00			5.00	2,350.00	2,375.00	
030102	杨兰	开发一部	正式工	1,200.00	100.00		100.00	50.00	30.00	1,680.00			2	30.00	30.00	1,650.00	1,650.00	
030201	刘氏	开发二部	正式工	1,500.00	200.00	150.00	100.00	50.00	30.00	2,030.00			1	15.00	15.00	2,000.00	2,015.00	
030202	赵亮	开发二部	正式工	1,000.00	100.00	240.00	100.00	50.00	30.00	1,520.00	2	10.00			10.00	1,490.00	1,510.00	
				5,500.00	600.00	790.00	400.00	200.00	120.00	7,610.00	3	15.00	3	45.00	60.00	7,490.00	7,550.00	

图 8-15　生产人员薪资计算结果表

四、个人所得税计算

个人所得税是根据《中华人民共和国个人所得税法》对个人所得征收的一种税。按照现行《中华人民共和国个人所得税法》《中华人民共和国税收征收管理法》及其相关实施细则的有关规定，凡向个人支付应纳所得的单位，都有代扣个人所得税的义务。因此，计算、申报和缴纳个人所得税成为薪资核算系统的一项重要内容。用友的薪资核算系统为此设置了自动计算个人所得税的功能，企业只需输入工资数据，并根据职工个人收入的来源构成，在系统中定义好计税基数，系统便会自动计算出每位职工的个人所得税并生成个人所得税申报表。

【实务案例】

依据华北科技有限公司汇总工资表计算职工的代扣个人所得税，生成个人所得税申报表。

【操作步骤】

（1）在薪资管理系统中，关闭所有工资类别后，执行"维护→工资类别汇总"指令，选择"管理人员""生产人员"两种工资类别汇总生成汇总工资类别。

（2）打开汇总工资类别，执行"业务处理→工资变动"指令，进入工资变动界面，汇总和计算。

（3）执行"业务处理→扣缴所得税"指令，进入个人所得税申报表模板界面，选择第一个模板，可生成华北科技有限公司的个人所得税申报表，如图8-16所示。

图8-16 华北科技有限公司的个人所得税申报表

五、银行代发工资

银行代发工资即由银行发放企业职工个人工资。它的主要内容是向银行提供规定格式的工资数据文件。银行代发格式分为文件格式设置和输出格式设置。

（一）银行代发文件格式设置

银行代发文件格式设置是指对银行代发一览表栏目的设置及其栏目类型、长度和取值的定义，通常系统默认设置有单位编号、人员编号、账号、金额和录入时间等栏目，企业可根据需要进行增删修改，如图 8 - 17 所示。

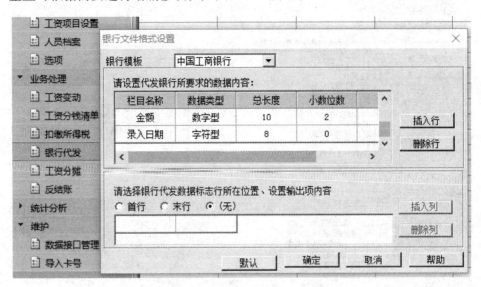

图 8 - 17　银行代发文件格式设置

（二）银行代发磁盘输出格式设置

银行代发磁盘输出格式设置是指对工资数据文件输出的格式进行设置，也即文件方式设置，有 TXT、DAT 和 DBF 三种格式选择，并可对数据的显示格式进行定义。

六、工资数据输出

工资业务处理完成后，相关工资报表数据将同时生成。系统提供了多种形式的报表反映薪资核算的结果。报表格式是工资项目按照一定的格式设定的，如果对报表提供的固定格式不满意，系统提供修改报表和新建报表的功能。

（一）我的账表

我的账表主要功能是对工资系统中所有的报表进行管理，主要有工资表和工资分析表两种报表类型。如果系统提供的报表不能满足企业的需要，企业还可以启用自定义报表功能，新增账表夹和设置自定义报表。

（二）工资表的查询

工资表用于本月工资的发放和统计，本功能主要完成查询和打印各种工资表。工资表包括以下一些由系统提供的原始表：工资卡、工资发放条、部门工资汇总表、部门条件汇总表、工资发放签名表 、人员类别汇总表、条件统计（明细）表、工资变动汇总（明细）表。

在薪资系统中，执行"统计分析→工资表"指令，打开"工资表"对话框，选择要查看的工资表，单击"查看"按钮，输入查询条件，即可得到相应的查询结果，如图8-18所示。

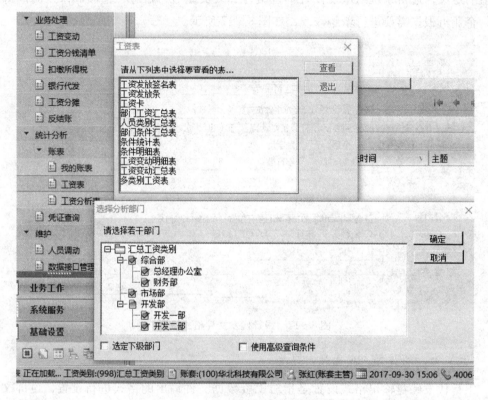

图8-18 工资表查看对话框

（三）工资分析表的查询

工资分析表是以工资数据为基础，对部门、人员类别的工资数据进行分析和比较，产生各种分析表，供决策人员使用。其中包含：工资增长分析、按月分类统计表、部门分类统计表、工资项目分析表、员工工资汇总表、按项目分类统计表、员工工资项目统计表、分部门各月工资构成分析、部门工资项目构成分析表。

注意：工资分析表不受数据权限控制，能查询到无权限的部门工资数据。

第四节 薪资核算业务月末处理

薪资核算业务月末处理是指对当月发生工资费用进行工资总额的计算、分配及各种经费的计提；制作自动转账凭证，供总账系统登账使用；进行程序性的月末结账工作。

一、工资费用分配

把工资数据文件报送银行后，财会部门还需根据工资费用分配表，将工资费用根据用途进行分配，并计提各项经费，最后编制相关的转账凭证，供记账处理之用。

首次使用工资分摊功能，应先进行工资分摊设置。所有与工资相关的费用均需建立相应的分摊类型名称及分摊比例，如应付工资、福利费、工会经费、职工教育经费、养老保险金等。

【实务案例】

依据华北科技有限公司汇总工资表计提本月工资费和福利费。

【操作步骤】

（1）在薪资管理系统中，执行"业务处理→工资分摊"指令，进入"工资分摊"界面，如图 8－19 所示。

（2）在"工资分摊"界面点击"工资分摊设置"按钮，进入"分摊类型设置"界面，如图 8－20 所示。在此界面中，点击"增加"按钮，可增加新的工资分配类型；点击"修改"按钮，可修改一个已设置的工资分配类型；点击"删除"按钮，可删除一个已设置的工资分配类型，已分配的类型不能删除。

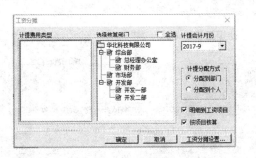

图 8－19　工资分摊界面　　　　　图 8－20　分摊类型设置界面

（3）在图 8－20 界面，点击"增加"按钮，进入计提类型名称和计提比例输入界面，输入计提类型名称：工资，分摊计提比例：100％，点击"下一步"，进入分摊构成设置界面，如图 8－21 所示。

部门名称	人员类别	工资项目	借方科目	借方项目大类	借方项目	贷方科目	贷
总经理办公室,财务部,市场部	正式工	应发合计	660201			2211	
开发一部	正式工	应发合计	500102	生产成本	A1软件产品	2211	
开发二部	正式工	应发合计	500102	生产成本	B2网络工具	2211	

图 8－21　工资分摊构成设置界面

（4）在工资分摊构成设置界面，输入分摊构成的相关内容，所有构成项目均可参照输入。

（5）单击"完成"，返回"分摊类型设置"。再单击"返回"按钮，返回到"工资分摊"界面。

本公司福利费分摊计提比例为14%，其分摊计提方法和步骤同上。

二、生成凭证

工资分摊设置完成后，可以进行费用的分摊和转账凭证的生成，具体步骤如下：

（1）在"工资分摊"界面，在"计提费用类型"中选择要分摊的费用，如"计提工资""计提福利费"等。

（2）选择参与核算的部门，如选择所有部门。

（3）选择计提费用的月份与计提分配方式。

（4）选择费用是否明细到工资项目，如选中该项，则在"计提工资一览表"界面中显示借贷方科目，否则不予显示。

（5）单击"确定"按钮，进入"计提工资一览表"界面，根据需要选择"合并科目相同、辅助项相同的分录"复选框，如图8-22所示。

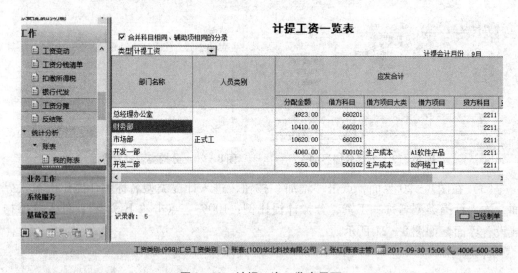

图8-22　计提工资一览表界面

（6）单击"制单"按钮，生成工资分摊的凭证，如图8-23所示。

图 8-23　工资分摊生成转账凭证界面

（7）对凭证的类别及辅助核算项目进行修改、补充，然后保存，系统自动显示"已生成"字样。

三、凭证查询

薪资核算系统传输到总账系统的凭证，在总账系统中只能进行凭证的查询、审核和记账等操作，但不能修改或删除。如需修改或删除，只能通过薪资系统中的"统计分析"下的"凭证查询"功能来修改、删除和冲销。

四、月末处理

月末结转是将当月数据经过处理后结转至下月。每月工资数据处理完毕后均需进行月末结转。由于在工资项目中，有的项目数据是不变的，称之为固定数据（如：工龄）；有的项目是变动的，称之为变动数据（如：请假天数）。在每月工资处理时，均需将变动数据项目进行"清零"操作。月末结转只有在会计年度的 1 月至 11 月进行。

在薪资管理系统中，执行"业务处理→月末处理"指令，打开"月末处理"界面，勾选要进行月末处理的工资类别，打开"选择清零项目"对话框，根据实际需要选择清零项目，选择完毕单击"确认"按钮，返回到"月末处理"界面，在提示框中单击"确定"按钮，如图 8-24 所示。

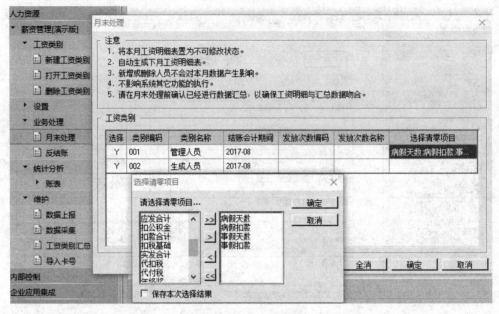

图 8-24　月末处理界面

思考题

1. 电算化薪资核算与手工薪资核算有什么区别和联系？
2. 薪资核算系统的基本功能是什么？
3. 薪资核算系统的日常业务处理包含哪些内容？
4. 为什么要设置工资项目？
5. 进行月末处理的意义是什么？
6. 什么是月末"清零"？为什么要进行月末"清零"？

第九章　固定资产核算

学习目的及要求

1. 了解固定资产管理系统的任务及特点，掌握固定资产系统的业务流程以及该子系统的功能模块结构。

2. 掌握固定资产系统基础设置，掌握固定资产增加、减少、变动和折旧的处理，掌握月末转账、对账和结账处理。

第一节　固定资产核算系统概述

一、固定资产核算系统的任务

固定资产是企业的劳动手段，也是企业赖以生产经营的主要资产。它的管理和核算是企业经营管理和会计核算的一个重要组成部分，是改善企业经营管理的一个重要方面。由于固定资产在企业总资产中所占比重很大，数据结构规律性强，核算方法也比较规范，所以由计算机来进行业务处理会比较容易、方便。

（一）固定资产核算系统的特点

固定资产核算系统与其他系统相比有三个明显的特点：

（1）数据存储量大。在一般企业中，固定资产不仅价值高，而且数量也比较多，同时反映每一项资产的信息项目也比较多，根据管理的需要为每项固定资产建立卡片，所以数据存储量大。

（2）日常输入数据少。固定资产管理系统投入运行之后，一般只有在固定资产发生购入以及内部调动等情况下才需要输入新数据。除此之外，需要输入的数据一般很少。这对于固定资产管理系统来说，减少了出错的可能性。

（3）输出数据多。在固定资产管理系统中，系统日常输出的数据比日常输入的数据要多。由于使用的目的不同，往往同一项固定资产数据要反映在不同的账表上。在手工方式上，这种账表编制的工作量不仅很大，而且受手工条件的限制，容易出现数据不一致的情况。采用计算机进行处理后，输出的速度不但可以提高，而且可以避免数据的不一致现象。

（二）固定资产核算系统的任务

固定资产核算系统的任务是：完成企业固定资产日常业务的核算和管理，生成固定资产卡片，按月反映固定资产的增加、减少、原值变化及其他变动，并输出相应的增减变动明细账，保证固定资产的安全完整并充分发挥其效能，同时按月自动计提折旧，生成折旧分配凭证，输出一些相关的报表和账簿。

二、固定资产核算系统数据处理流程

固定资产管理系统中资产的增加、减少以及原值和累计折旧的调整、折旧计提都要将有关数据通过记账凭证的形式传输到总账系统，同时通过对账保持固定资产账目与总账的平衡，并可以查询凭证。固定资产管理系统为成本管理系统提供折旧费用数据。UFO 报表系统可以通过使用相应的函数从固定资产系统中提取分析数据。

企业会计制度中，不同性质的企业，固定资产的会计处理方法不同。固定资产核算系统提供企业单位应用方案和行政事业单位应用方案两种选择。行政事业单位应用方案与企业单位应用方案的差别在于行政事业单位整个账套不提折旧。从操作流程来看，所有与折旧有关的操作环节在行政事业单位操作流程中均不体现。

年度最后一个会计期间月末结账后，该年工作结束，以新年度会计期间进入，在系统管理模块中完成结转上年操作，将上年的各项资料转入本年账套后，可对部分账套参数或基础设置信息进行调整，再开始日常处理工作。

（1）固定资产手工业务流程，如图9-1所示。

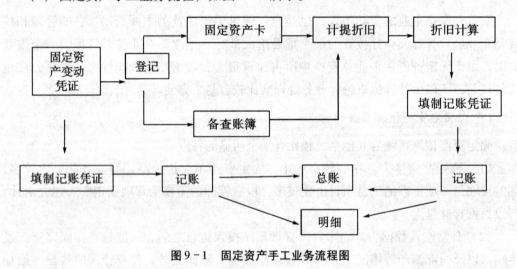

图9-1　固定资产手工业务流程图

（2）固定资产管理系统的数据流程，如图9-2所示。

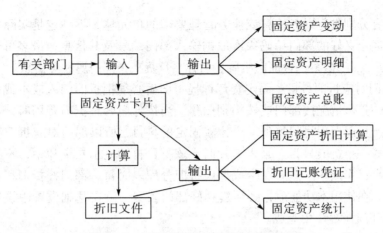

图9-2　固定资产管理系统数据流程图

三、固定资产核算系统基本功能结构

固定资产核算系统功能模块如图9-3所示。

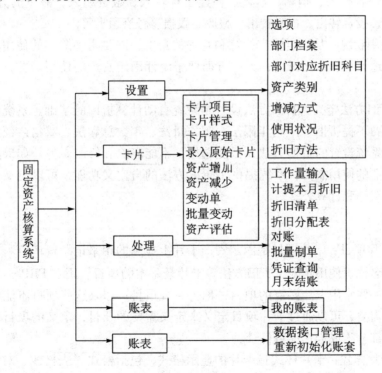

图9-3　固定资产核算系统功能模块

（一）设置

（1）选项：选项包括在账套初始化中设置的参数和其他一些在账套运行中使用的参数或判断。

（2）部门档案：部门档案主要用于设置企业各个职能部门的信息。部门指使用单位下辖的具有分别进行财务核算或业务管理要求的单元体，不一定是实际中的部门机构。按照已经定义好的部门编码级次原则输入部门编号及其信息，最多可分5级，编码总长12位。部门档案包含部门编码、名称、负责人、部门属性等信息。

（3）部门对应折旧科目：固定资产计提折旧后必须把折旧归入成本或费用，根据不同使用者的具体情况按部门或按类别归集。当按部门归集折旧费用时，某一部门所属的固定资产折旧费用将归集到一个比较固定的科目，所以部门对应折旧科目设置就是给部门选择一个折旧科目，录入卡片时，该科目自动显示在卡片中，不必一个一个输入，可提高工作效率。然后在生成部门折旧分配表时每一部门按折旧科目汇总，生成记账凭证。在使用本功能前，必须建立好部门档案，可在基础设置中设置，也可在本系统的"部门档案"中完成。

（4）资产类别：固定资产的种类繁多，规格不一，要强化固定资产管理，及时准确地作好固定资产核算，必须建立科学的固定资产分类体系，为核算和统计管理提供依据。企业可根据自身的特点和管理要求，确定一个较为合理的资产分类方法。

（5）增减方式：增减方式包括增加方式和减少方式两类。增加的方式主要有：直接购入、投资者投入、捐赠、盘盈、在建工程转入、融资租入。减少的方式主要有：出售、盘亏、投资转出、捐赠转出、报废、毁损、融资租出等。

（6）使用状况：从固定资产核算和管理的角度，需要明确资产的使用状况，一方面可以正确地计算和计提折旧；另一方面便于统计固定资产的使用情况，提高资产的利用效率。

（7）折旧方法定义：折旧方法设置是系统自动计算折旧的基础。系统给出了常用的多种方法：不提折旧、平均年限法、工作量法、年数总和法、双倍余额递减法。这几种方法是系统设置的折旧方法，只能选用，不能删除和修改。另外如果这几种方法不能满足企业的使用需要，系统提供了折旧方法的自定义功能，可以定义自己合适的折旧方法的名称和计算公式。

（二）卡片

（1）卡片项目：卡片项目是固定资产卡片上显示的用来记录资产资料的栏目，如原值、资产名称、使用年限、折旧方法等卡片最基本的项目。用友ERP－U8固定资产系统提供了一些常用卡片必需的项目，称为系统项目；如果这些项目不能满足对资产特殊管理的需要，可以通过卡片项目定义来定义需要的项目，定义的项目称为自定义项目，这两部分构成卡片项目目录。

（2）卡片样式：卡片样式指卡片的显示格式，包括格式（表格线、对齐形式、字体大小、字形等）、所包含的项目和项目的位置等。由于不同的企业使用的卡片样式可能不同，即使是同一企业内部对不同的资产也会由于管理的内容和侧重点不同而使用不同样式的卡片，所以本系统提供卡片样式自定义功能，充分体现了ERP－U8产品的灵活性。

（3）卡片管理：卡片管理是对固定资产系统中所有卡片进行综合管理的功能操作。通过卡片管理可完成卡片修改、卡片删除、卡片打印。

（4）录入原始卡片：原始卡片是指卡片记录的资产开始使用日期的月份大于其录入系统的月份，即已使用过并已计提折旧的固定资产卡片。在使用固定资产系统进行核算前，必须将原始卡片资料录入系统，保持历史资料的连续性。

（5）资产增加：新增加固定资产卡片时，在系统日常使用过程中，可能会通过购进或其他方式增加企业资产，该部分资产通过"资产增加"操作录入系统。当固定资产开始使用日期的会计期间＝录入会计期间时，才能通过"资产增加"录入。

（6）资产减少：资产在使用过程中，总会由于各种原因，如毁损、出售、盘亏等，退出企业，该部分操作称为"资产减少"。本系统提供资产减少的批量操作，为同时清理一批资产提供方便。

（7）变动单：变动单包括原值增加、原值减少、部门转移、使用状况变动、折旧方法调整、使用年限调整、工作总量调整、净残值（率）调整。

（8）批量变动：需批量变动的资产输入变动内容及变动原因后，可将需变动的资产成批生成变动单。

（9）资产评估：随着市场经济的发展，企业在经营活动中，根据业务需要或国家要求需要对部分资产或全部资产进行评估和重估，而其中固定资产评估是资产评估很重要的部分。本系统将固定资产评估简称为资产评估。本系统资产评估主要完成的功能是：将评估机构的评估数据手工录入或定义公式录入系统；根据国家要求手工录入评估结果或根据定义的评估公式生成评估结果。本系统资产评估功能提供可评估的资产内容包括原值、累计折旧、净值、使用年限、工作总量、净残值率，可根据需要选择。

（三）处理

（1）工作量输入：当账套内的资产有使用工作量法计提折旧的时候，每月计提折旧前必须录入资产当月的工作量，本功能提供当月工作量的录入和以前期间工作量信息的查看。

（2）计提本月折旧：执行此功能后，系统将自动计提各个资产当期的折旧额，并将当期的折旧额自动累加到累计折旧项目。

（3）折旧清单：折旧清单显示所有应计提折旧的资产所计提折旧数额的列表，当期的折旧清单中列示了资产名称、计提原值、月折旧率、月工作量、月折旧额等信息。全年的折旧清单中同时列出了各资产在12个计提期间中月折旧额、本年累计折旧等信息。

（4）折旧分配表：它是编制记账凭证，把计提折旧额分配到成本和费用的依据。什么时候生成折旧分配凭证，根据在初始化或选项中选择的折旧分配汇总周期确定，如果选定的是一个月，则每期计提折旧后自动生成折旧分配表；如果选定的是三个月，则只有到3的倍数的期间，即第3、第6、第9、第12期间计提折旧后才自动生成折旧分配凭证。折旧分配表有两种类型：部门折旧分配表和类别折旧分配表，只能选择一个制作记账凭证。

（5）对账：系统在运行过程中，应保证本系统管理的固定资产的价值和账务系统中固定资产科目的数值相等。而两个系统的资产价值是否相等，通过执行本系统提供的对账功能实现，对账操作不限制执行的时间，任何时候均可进行对账。系统在执行月末结账时自动对账一次，给出对账结果，并根据初始化或选项中的判断确定不平情况下是否允许结账。只有系统初始化或选项中选择了与账务对账，本功能才可操作。

（6）批量制作单：在完成任何一笔需制单的业务的同时，可以通过单击"制单"制作记账凭证传输到账务系统，也可以在当时不制单（选项中制单时间的设置必须为"不立即制单"），在某一时间（比如月底）利用本系统提供的另一功能——批量制单，完成制单工作。批量制单功能可同时将一批需制单业务连续制作凭证传输到账务系统，避免了多次制单的烦琐。凡是业务发生当时没有制单的，该业务自动排列在批量制单表中，表中列示应制单而没有制单的业务发生的日期、类型、原始单据号，缺省的借贷方科目和金额以及制单选择标志。

（四）账表

用友 ERP－U8 管理软件系列产品下属子系统的"账表"菜单下"我的账表"子菜单项，对系统所能提供的全部报表进行管理。点击"我的账表"，系统将弹出账表管理界面，从界面上可以看出，"账表管理"是通过账夹来对报表进行管理的。账夹，就是放置系统报表的夹子。它分为两种：自定义账夹和新建账夹。

所谓自定义账夹就是指系统已给定的账夹，如界面中的"辅助明细表""科目备查资料"。在自定义账夹里存放的是基本报表，即系统自动生成的报表，用户可以对其进行编辑和修改，但不能再保存，只能另存在某个新建账夹下。所谓新建账夹就是指用户自行新建的账夹，如界面中的"新建公用账夹"和"新建专用账夹"，新建账夹里放置的是用户自定义的报表和系统账夹下的基本报表经过编辑和修改后另存的报表，用户可以对新建账夹里的报表进行编辑和修改，并可直接保存。

在新建账夹与新建账夹之间，用户可以将一份报表来回自由地拖放，实现报表的任意组合放置。但是对系统账夹而言，则不能对其下属的基本报表进行任何的拖放操作。必要时，只能先将基本报表另存到某个新建账夹下，再在新建账夹之间进行任意的拖放操作。

（五）维护

（1）数据接口管理：该功能为卡片导入功能，可以将已有的固定资产核算系统的资产卡片，自动写入本系统中，可以减少手工录入卡片的工作量。

（2）重新初始化账套：系统在运行过程中发现账错误很多或太乱，无法或不想通过"反结账"纠错，这种情况可以通过"重新初始化账套"将该账套的内容全部清空，然后从系统初始化开始重新建立账套。

四、固定资产核算系统基本操作流程

（一）新用户操作流程

新用户操作流程，如图9－4所示。

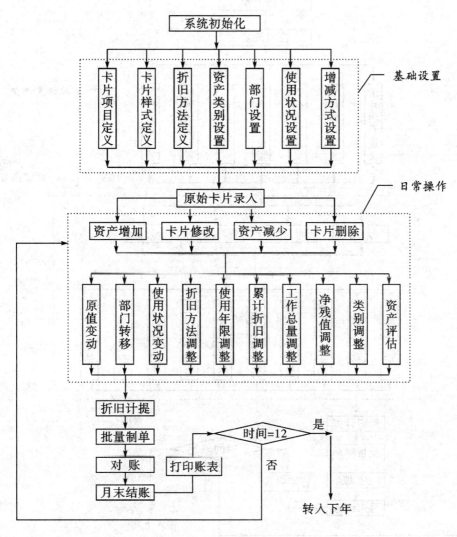

图 9 - 4　新用户操作流程图

（二）老用户操作流程

本年度最后一个会计期间月末结账后，以后各年的操作流程如图 9 - 5 所示。

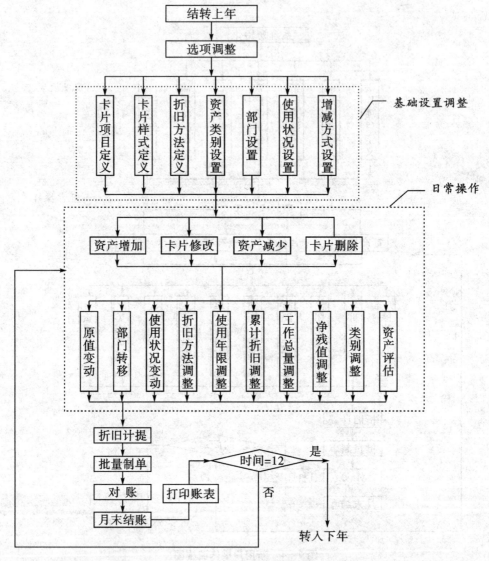

图 9-5 老用户操作流程图

第二节 固定资产核算系统基础设置

固定资产系统基础设置是根据单位的具体情况，建立一个适合单位需要的固定资产子系统的过程。固定资产系统基础设置是使用固定资产系统管理资产的首要操作。

一、建立固定资产账套

固定资产账套包括约定与说明、启用月份、折旧信息、编码方式及账务接口等，这些参数在初次启动固定资产核算子系统时设置，其他参数可以在"选项"中补充。

【实务案例】

华北科技有限公司固定资产电算化管理的初始信息如下：

主要折旧方法：平均年限法（一）；

折旧分配周期：1个月；

资产类别编码长度：2-1-1-2；

自动编号（类别编号＋序号，序号长度3位）；

与总账系统进行对账科目：1601固定资产，1602累计折旧；

对账不符不结账。

【操作步骤】

具体步骤见初始化向导。

（一）初次启动固定资产管理的参数设置

第一次使用固定资产系统时，系统自动提示进行系统初始化，第一次启动固定资产系统则直接进入"固定资产初始化向导"，如图9-6所示。

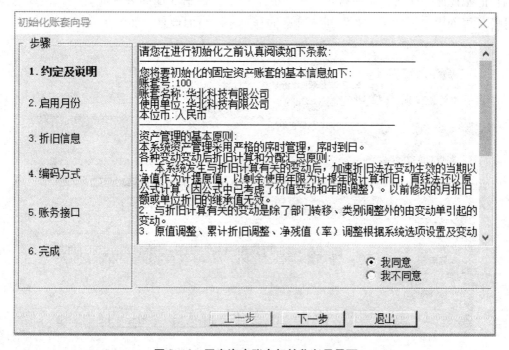

图9-6　固定资产账套初始化向导界面

（1）约定与说明。初始化设置——约定和说明，其内容是该账套的基本信息和系统处理的一些基本原则，需要使用者认真检查、确认。

（2）启用月份。如果需要向总账系统传递凭证，则固定资产系统的启用月份不得在总账系统的启用月份之前。在启用日期确定后，在该日期前的所有固定资产都将作为期初数据进行处理。在图9-6中，单击"下一步"，进入建账向导二——启用月份。

单击"下一步"进入建账向导三——折旧信息。固定资产初始化向导——折旧信息，如图9-7所示。

（3）折旧信息设置。其目的是根据使用单位性质确定本账套计提折旧的性质，即选定本单位的应用方案。如果选用的是行政事业单位应用方案，则按照制度规定单位的所有资产不计提折旧，那么在"本账套计提折旧"的判断框中不打钩，表示本账套不提折旧，一旦确定本账套不提折旧，账套内与折旧有关的功能不能操作，该判断在初始设置完成后不能修改。

折旧汇总分配周期是指企业在实际计提折旧时的时间间隔。其实企业不一定每个月都要计提一次，因行业和自身情况的不同，可能会每季度计提一次或半年、一年计提一次，同时折旧费用的归集也按照这样的周期进行，如保险行业每 3 个月计提和汇总分配一次折旧。所以本系统提供该功能，使企业可根据所处的行业和自身实际情况确定计提折旧和将折旧归集入成本和费用的周期。系统具体的处理办法是，每个期间均计提折旧，但折旧的汇总分配按设定的周期进行，把该周期内各期间计提的折旧汇总分配，初始设置时折旧汇总分配周期只能从 1、2、3、4、6、12 中选择。一旦选定折旧汇总分配周期，系统自动提示第一次分配折旧，也是本系统自动生成折旧分配表制作记账凭证的期间，如选取的是 6 则提示下一次在第 6 期期末分配折旧。在"启用月份"界面中单击"下一步"进入建账向导三——折旧信息，如图 9-7 所示。

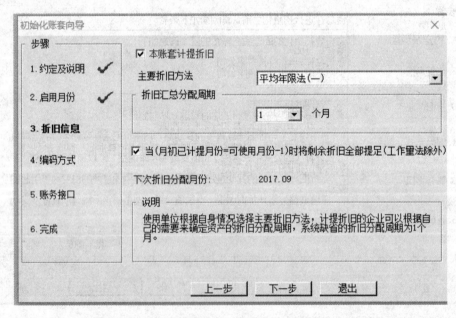

图 9-7　固定资产账套初始化向导——折旧信息界面

设置完折旧信息，单击"下一步"，进入建账向导四——编码方式。固定资产初始化向导——编码方式，如图 9-8 所示。

（4）编码方式设置。在图中首先设置本账套中资产类别的编码方式，资产类别是根据单位管理和核算的需要给资产所做的分类，可参照国家标准分类，也可根据企业管理需要分类。本系统类别编码最多可设置 8 级、8 位，可以设定级数和每一级的编码长度。系统推荐采用国家规定的 4 级 6 位（2112）方式。

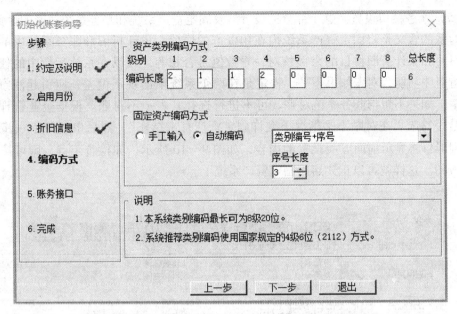

图9-8　固定资产账套初始化向导——编码方式界面

固定资产编号是资产的管理者给资产所编的编号，可以在输入卡片时手工输入，也可以选用自动编码的形式自动生成。如果选择了"手工输入"，则卡片输入时通过手工输入的方式录入资产编号。如果选择了"自动编号"，可单击下拉框，从"类别编号 + 序号""部门编号 + 序号""类别编号 + 部门编号 + 序号""部门编号 + 类别编号 + 序号"中根据单位情况选择一种。自动编号中序号的长度可自由设定为1～5位，自动编号的好处一方面在于输入卡片时简便，更重要的是便于资产管理，根据资产编号很容易了解资产的基本情况。经过以上设置，单击"下一步"，进入建账向导五——账务接口。固定资产初始化向导——账务接口，如图9-9所示。

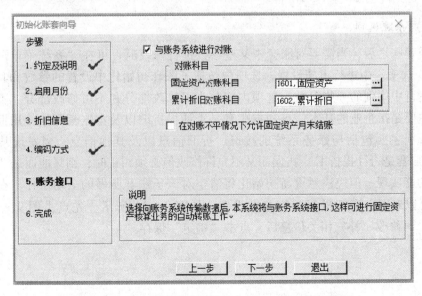

图9-9　固定资产账套初始化向导——账务接口界面

（5）账务接口设置。这个部分的设置涉及固定资产系统和账务系统对账的设置。

对账的含义是将固定资产系统内在用资产的原值、累计折旧和账务系统中的固定资产科目和累计折旧科目的余额核对，看数值是否相等。可以在系统运行中的任何时候执行对账功能，对账如果不平，肯定是在两个系统中出现了偏差，应引起注意，予以调整，如果不想与账务系统对账，可不进行选择，表示不对账。根据企业管理需要确定是否勾选"在对账不平情况下允许固定资产月末结账"，然后单击"下一步"按钮。则屏幕将显示前面五项设置的内容，如图9-10所示，如检查正确，则可按"完成"按钮。这样就可以正式启用固定资产系统了。

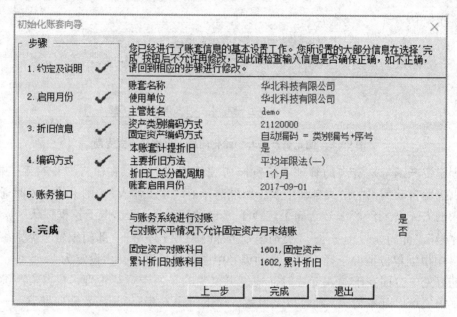

图9-10　固定资产账套初始化向导——完成界面

（二）系统选项

完成建账之后，当需要对账套中某些参数进行修改时，可在"系统菜单"→"设置"→"选项"中进行重新设置，选项中包括了账套初始化中设置的参数和其他一些账套在运行中用到的一些参数。选项内容分为可修改部分和不可修改部分。不可修改的选项主要是指企业的基本信息和本账套是否计提折旧以及本账套开始使用期间，可修改的选项主要包括与账务系统的接口、折旧信息以及其他信息。当发现某些设置（如：本账套是否计提折旧）错误而又不允许修改但必须纠正时，则只能通过"重新初始化"功能实现，但应注意重新初始化将清空对该子账套所做的一切工作。在系统选项中，可以对固定资产进行补充参数设置。如图9-11所示。先点击图9-11中的"编辑"，再修改、补充相关信息后，点击"确定"保存。

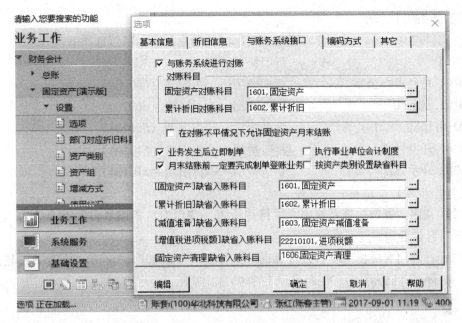

图 9-11　固定资产的选项设置界面

【实务案例】

华北科技有限公司固定资产管理系统与财务系统接口相关信息如下：

业务发生后立即制单；

月末结账前一定要完成制单登账业务；

［固定资产］缺省入账科目：固定资产（1601）；

［累计折旧］缺省入账科目：累计折旧（1602）；

［减值准备］缺省入账科目：固定资产减值准备（1603）；

［增值税进项税］缺省入账科目：应交税费——应交增值税（进项税额）22210101；

［固定资产清理］缺省入账科目：固定资产清理（1606）；

选项其他参数采用默认值。

二、基础设置

（一）部门档案设置

部门档案可以在"企业应用平台→基础档案"中设置，也可在总账系统中进行设置，其结果都可在各个模块中共享。

（二）部门对应科目设置

固定资产计提折旧后必须把折旧归入成本或费用，根据不同使用者的具体情况按部门或按类别归集。当按部门归集折旧费用时，某一部门所属的固定资产折旧费用将归集到一个比较固定的科目，所以部门对应折旧科目设置就是给部门选择一个折旧科目，录入卡片时，该科目自动显示在卡片中，不必一个一个输入，可提高工作效率。然后在生成部门折旧分配表时每一部门按折旧科目汇总，生成记账凭证。

【实务案例】

华北科技有限公司固定资产管理，其部门及对应折旧科目信息如下：

部门	折旧科目
0101 总经理办公室	管理费用——折旧费（660204）
0102 财务部	管理费用——折旧费（660204）
02 市场部	管理费用——折旧费（660204）
0301 开发一部	制造费用——折旧费（510104）
0302 开发二部	制造费用——折旧费（510104）

【操作步骤】

（1）在固定资产核算系统中，执行"设置→部门对应折旧科目"指令，进入部门对应折旧科目设置界面。

（2）在部门对应折旧科目设置界面，选择要设置的部门，单击"修改"按钮，双击折旧科目即可输入对应折旧科目，如图 9-12 所示。

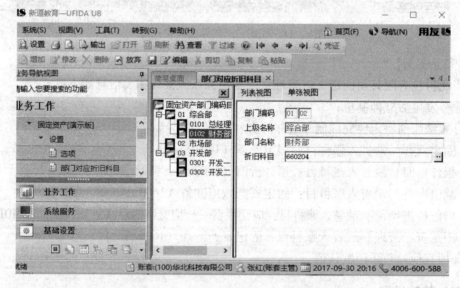

图 9-12　部门对应折旧科目设置界面

（三）固定资产类别设置

设置固定资产类别可以很方便地根据固定资产类别进行统计、查询等操作。在定义固定资产类别时，可以设置该类固定资产的折旧类型、常用折旧方法、预计使用年限、预计净残值率，定义了这些共性之后，在输入某项固定资产卡片时，系统自动将这些公共的项目复制到该项固定资产卡片中，也可以对该固定资产的这些项目进行修改，以满足某项固定资产的实际需要。

【实务案例】

华北科技有限公司固定资产分类管理信息如下：

固定资产类别：

01. 房屋建筑物；02. 专用设备；03. 交通设备；04. 办公设备。

【操作步骤】

（1）在固定资产核算系统中，执行"设置→资产类别"指令，进入资产类别设置界面，如图9-13所示。

图9-13 固定资产类别设置界面

（2）在图9-12中，单击"增加"按钮，输入类别编码、类别名称、使用年限、净残值率、计量单位、计提属性、折旧方法、卡片样式等信息。单击"保存"按钮。

固定资产组、增减方式、使用状况以及折旧方法的增加、删除和修改的操作步骤与资产类别的操作步骤相似。本书案例中的资产组、增减方式（如图9-14所示）、增减方式（如图9-15所示）以及折旧方法（如图9-16所示）与系统默认信息相同。

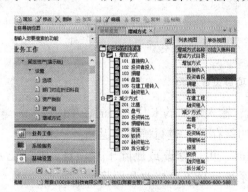

图9-14 固定资产增减方式

图9-15 固定资产增减方式

图9-16 固定资产折旧方法

(四) 卡片项目定义

卡片项目是资产卡片上要显示的用来记录资产资料的栏目，如原值、资产名称、使用年限、折旧方法等是卡片最基本的项目。用友固定资产系统提供了一些常用卡片必需的项目，称为系统项目，但系统项目不一定能满足所有企业的需要，当不满足时，企业可以通过卡片自定义项目来定义所需要的项目，所定义的项目则称为自定义项目，这两部分构成卡片项目目录。具体操作步骤如下：

（1）在固定资产子系统下，执行"卡片 → 卡片项目"指令，打开"卡片项目定义"界面，如图 9-17 所示。

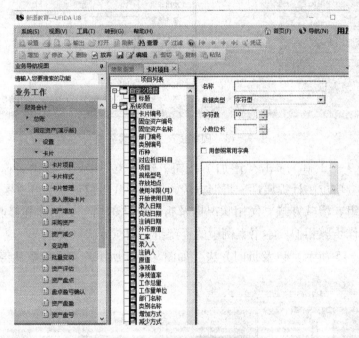

图 9-17　卡片项目设置界面

（2）在图 9-17 中，单击"增加"按钮，输入增加的卡片项目的各项内容。

（3）单击"保存"，系统提示"数据成功保存！"，进行确认后返回。

当自定义卡片项目有误，或无须再使用时，可以修改或删除卡片项目。对于已定义的自定义项目，不能修改数据类型，所有系统项目不可修改和删除。

卡片样式定义的方法和步骤与卡片项目定义的方法和步骤相似。

三、原始卡片录入

在使用固定资产系统进行核算前，除了前面必要的基础工作外，还必须将建账日期以前的数据录入到系统中，保持历史数据的连续性。

【实务案例】

华北科技有限公司固定资产原始卡片信息如表 9-1 所示。

表 9 - 1 固定资产原始卡片信息

名称	类别	规格	部门	存放地点	使用年限	开始使用日期	原值（元）	累计折旧（元）	残值率	已计提折旧月数
办公楼	01	2000 平方	多部门	办公室	30 年	2004 - 10 - 01	730 000	71 276.39	5%	38
小型机	02	8 - S5Y	开发一部	开发一部	5 年	2015 - 09 - 01	100 000	17 783.33	3%	23
程控交换机	02	IBM	开发二部	开发二部	4 年	2017 - 02 - 01	20 000	2 425.00	3%	6
奥迪车	03	ST2000	总经办	总经办	10 年	2014 - 09 - 01	250 000	69 270.83	5%	35
电脑	04	联想天禧	总经办	总经办	4 年	2017 - 01 - 01	9 000	1 273.13	3%	7
电脑	04	联想天鹤	财务部	财务部	4 年	2016 - 02 - 01	13 000	4 728.75	3%	18
电脑	04	联想天鹤	市场部	市场部	4 年	2016 - 09 - 01	13 000	2 889.79	3%	11
电脑	04	HP（6 台）	开发二部	开发二部	4 年	2016 - 09 - 01	75 408	16 762.57	3%	11
电脑	04	HP（4 台）	开发一部	开发一部	4 年	2016 - 09 - 01	50 272	11 175.05	3%	11
合计							1 260 680	197 584.84		

注：①原始卡片增加方式均为直接购入的方式，使用状况均为在用，各卡片均为"平均年限法（一）"。

②办公楼各部门的使用比例为：总经办"10%"，财务部"10%"，市场部"10%"，开发一部"40%"，开发二部"30%"。

【操作步骤】

（1）在固定资产系统中，执行"卡片→录入原始卡片"指令，调出"固定资产类别档案"对话框，选择录入卡片所属的资产类别，以便确定卡片的样式，点击"确定"即可进入固定资产原始卡片录入界面，如图 9 - 18 所示。

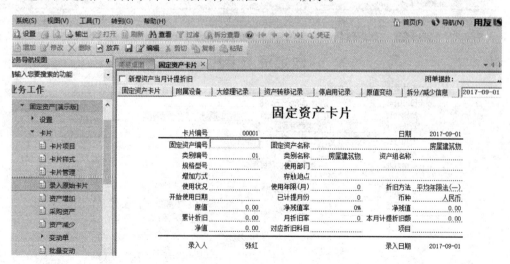

图 9 - 18 固定资产原始卡片录入界面

（2）单击"固定资产卡片"选项卡页面，输入对应的卡片信息。

卡片中的固定资产编号根据初始化或选项设置中的编码方式，自动编码或手工录入。录入人自动显示为当前操作员，录入日期为当前登录日期。在该界面中，除主卡的"固定资产卡片"外，还有若干的附属页签，附属页签上的信息只供参考，既不参与计算，也不进行回溯。在进行录入固定资产数据时，有些卡片项目需要直接手工录入，有些则可以进行选择。如单击卡片项目出现类似"类别编号"按钮，则单击按钮显示参照界面，选择需要的内容即可。

其中使用部门可选择一个或多个使用部门，单击其中的"部门名称"项，如选择多部门使用，如图9-19所示，单击"确定"按钮，进入"使用部门"选择界面。单击"增加"按钮，新增一空记录行，单击参照图标选择使用部门、对应折旧科目和对应项目，并手工录入使用比例，如图9-20所示，单击"确定"返回"录入原始卡片"界面。当资产为多部门使用时，原值、累计折旧等数据可以在多部门间按设置的比例分摊。单个资产对应多个使用部门时，卡片上的对应折旧科目处不许输入，只能按使用部门选择时的设置确定。开始使用日期，必须采用 YYYY-MM-DD 的形式录入。其中只有年和月对折旧计提有影响，且不会影响折旧的计提，但是也必须录入。

（3）附属设备选项卡页面。该页面用来管理资产的附属设备，附属设备的价值已包括在主卡的原值中。附属设备可在资产使用过程中随时添加和减少，其价值不参与折旧的计算。

（4）大修理记录、资产转移记录、停启用记录、原值变动选项卡页面均以列表的形式来显示记录，第一次结账后或第一次做过相关的变动单后将根据变动单自动填写，不得手工输入。

（5）减少信息选项卡页面。资产减少后，系统根据输入的清理信息自动生成该页面的内容，该页面中只有清理收入和费用可以手工输入，其他内容不能手工输入。

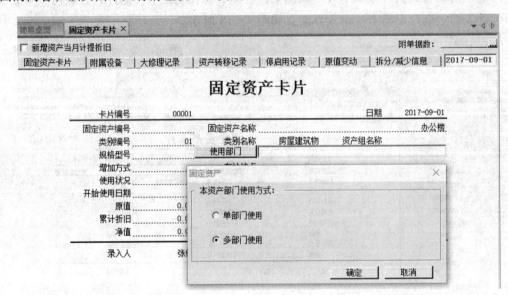

图9-19　多部门使用资产设置选择界面

图 9-20 多部门使用资产比例设置界面

（6）输入完所有信息后，点击"保存"，系统会提示"数据成功保存"，如图 9-21 所示。

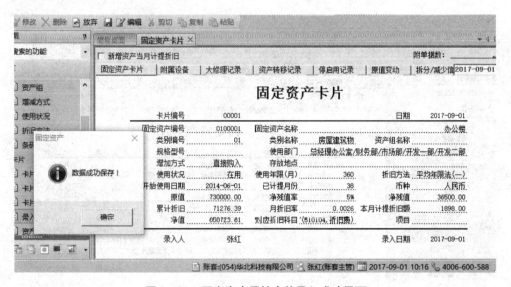

图 9-21 固定资产原始卡片录入成功界面

第三节 固定资产核算业务日常处理

一、固定资产增加核算

资产增加即新增加固定资产卡片，在系统日常使用过程中，可能会通过购进或其他方式增加企业资产，该部分资产通过"资产增加"操作录入系统。当固定资产开始使用日期的会计期间等于录入会计期间时，才能通过"资产增加"录入。

【实务案例】

华北科技有限公司固定资产新增信息如下：

（1）当月 28 日购惠普传真机一台，价值 2 852 元，总经理办公室使用，使用年限

5 年，平均年限法（一），净残值率 10%，属于办公设备。（无增值税）

相关凭证　　借：固定资产　　　　　　　　　　　　　　　2 852.00

　　　　　　　　贷：银行存款——工行存款　　　　　　　　　2 852.00

（2）当月 29 日购进笔记本电脑一台，价值为 18 935.86 元，型号 SY50，属于办公设备，开发一部使用，使用年限 4 年，净残值率 5%，平均年限法（一）。（无增值税）

相关凭证　　借：固定资产　　　　　　　　　　　　　　　18 935.86

　　　　　　　　贷：银行存款——工行存款　　　　　　　　　18 935.86

【操作步骤】

（1）在固定资产系统中，执行"卡片→资产增加"指令，调出资产类别界面，供选择新增固定资产所属资产类别，选择资产类别后点击"确定"进入新增固定资产卡片录入界面，录入相关信息后，点击"保存"，惠普传真机卡片信息录入完后如图 9 - 22 所示。

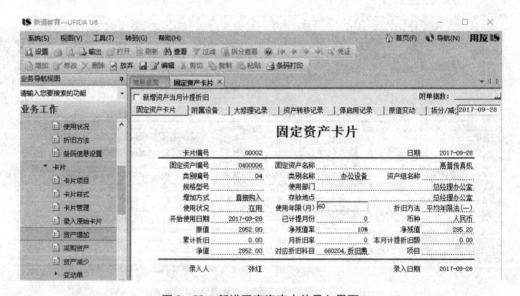

图 9 - 22　新增固定资产卡片录入界面

新增固定资产一般录入固定资产名称、增加方式、使用状况、开始使用日期、原值、部门名称、使用年限、选择折旧方法、对应折旧科目。其他可根据情况录入，也可不用录入。累计折旧和净值是选择了折旧方法后自动计提的。如果是购买的已经使用过的固定资产，则必须录入已计提折旧月份，就是指已计提几个月。

新卡片第一个月不提折旧，折旧额为空或零。原值录入的一定要是卡片录入月原始价值，否则将会出现计算错误。如果录入的累计折旧、累计工作量不是零，说明是购入的旧资产，该累计折旧或累计工作量是在进入本企业前的值。已计提月份必须严格按照该资产在其他单位已经计提或估计已计提的月份数，不包括使用期间停用等不计提折旧的月份，否则不能正确计算折旧。

（2）在固定资产系统中，执行"处理→批量制单"指令，调出批量制单条件设置界面，如图 9 - 23 所示。

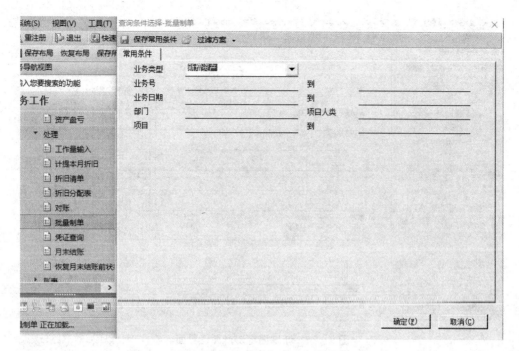

图9-23 批量制单条件设置界面

（3）在图9-23中，点击"确定"按钮，进入制单选择界面，在"选择"下框的空白处双击选择要制单的记录，如图9-24所示。

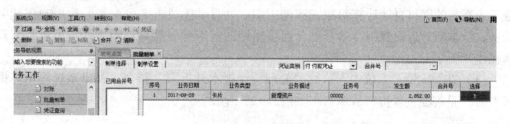

图9-24 制单选择界面

（4）在图9-24中，点击"制单设置"页签，补充应借应贷科目，如图9-25所示。

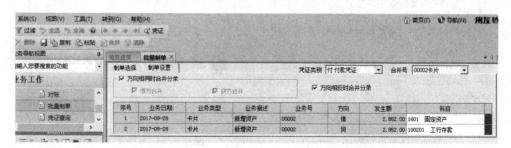

图9-25 新增固定资产制单设置界面

（5）在图9-25中，点击工具栏"凭证"按钮可完成新增资固定资产凭证填制处理，如图9-26所示。点击"保存"按钮即可保存凭证。

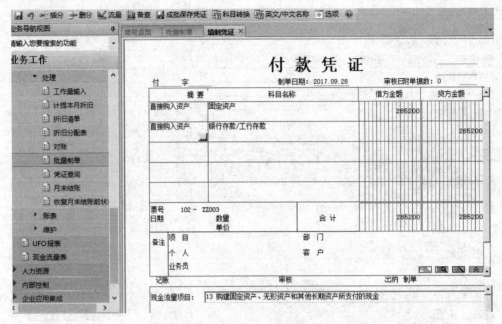

图9-26 新增固定资产凭证界面

二、固定资产折旧处理

自动计提折旧是固定资产系统的主要功能之一。系统每期计提折旧一次，根据企业录入系统的资料自动计算每项资产的折旧，并自动生成折旧分配表，然后制作记账凭证，将本期的折旧费用自动登账，即将当期的折旧额自动累加到累计折旧项目。具体操作步骤如下：

（1）在固定资产系统中，执行"处理→计提本月折旧"指令，弹出系统提示计提折旧后"是否要查看折旧清单?"，如图9-27所示。

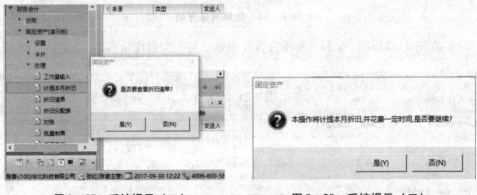

图9-27 系统提示（一）   图9-28 系统提示（二）

（2）在图9-27中，单击"是"，系统再次提示"本操作将计提本月折旧，并花费一定时间，是否要继续?"，如图9-28所示。单击"是"，稍候，系统计提折旧完毕，自动打开"折旧清单"，如图9-29所示。

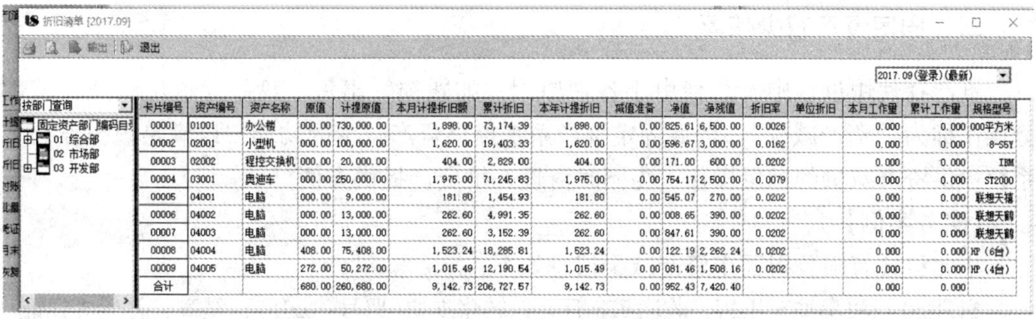

图 9-29　固定资产折旧清单界面

本系统在一个期间内可以多次计提折旧，每次计提折旧后，只是将计提的折旧累加到月初的累计折旧，不会重复累计。如果上次计提折旧已制单，把数据传递到了账务系统，则必须删除该凭证才能重新计提折旧。计提折旧后又对账套进行了影响折旧计算或分配的操作，必须重新计提折旧，否则系统不允许结账。如果自定义的折旧方法使月折旧率或月折旧额出现负数，自动中止计提。

计提折旧凭证制作的步骤为：选择制单，录入折旧科目，选择凭证类别，修改金额，也可修改任何科目，增加科目，最后保存即可。

（3）在固定资产系统中，执行"处理→批量制单"指令，调出批量制单条件设置界面，选择"折旧计提"，点击"确定"按钮，进入制单选择界面，在"选择"下框的空白处双击选择要制单的记录，点击"制单设置"页签，补充应借应贷科目，点击工具栏"凭证"按钮可完成计提折旧凭证填制处理，如图 9-30 所示。点击"保存"按钮即可保存凭证。

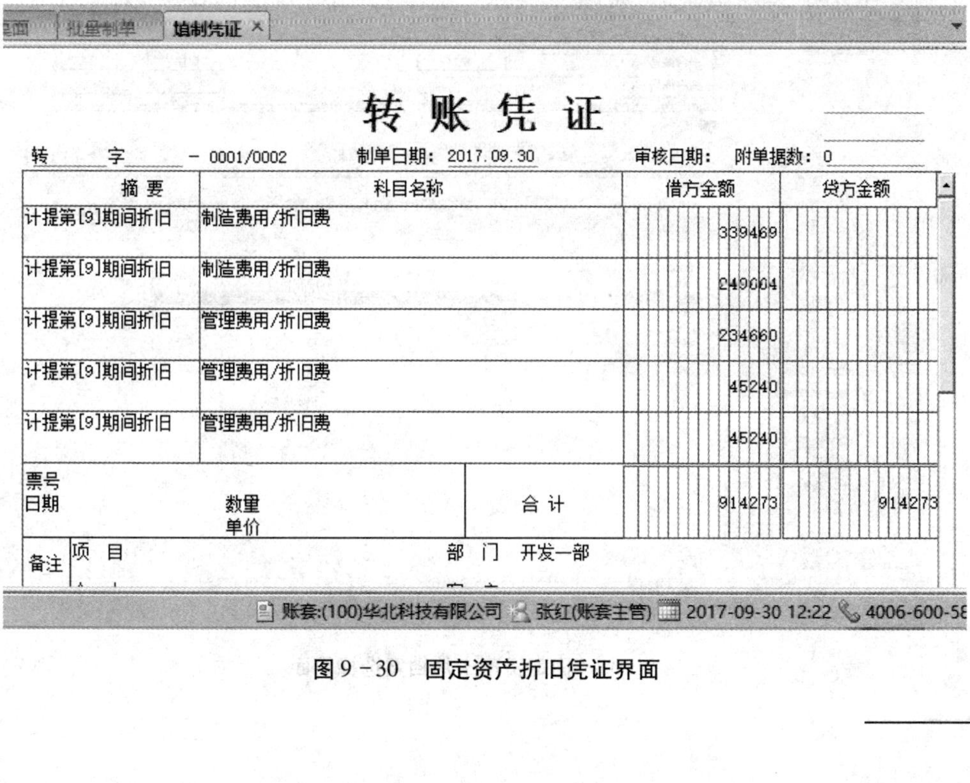

图 9-30　固定资产折旧凭证界面

233

三、固定资产减少核算

资产在使用过程中，总会由于各种原因，如毁损、出售、盘亏等退出企业，该部分操作称为"资产减少"。因此固定资产系统提供资产减少的功能，以满足该操作。本系统提供资产减少的批量操作，为同时清理一批资产提供方便。

【实务案例】

华北科技有限公司固定资产减少信息如下：

当月 30 日将奥迪车出售，收回 7.8 万元，转账支票(票号：zz157)结算，并生成凭证。

相关凭证：（1）借：累计折旧　　　　　　　　　　　　　71 245.83

　　　　　　　　固定资产清理　　　　　　　　　　　178 754.17

　　　　　　　贷：固定资产　　　　　　　　　　　　　　　　　　250 000.00

　　　　　（2）借：银行存款——工行存款　　　　　　　78 000.00

　　　　　　　　营业外支出　　　　　　　　　　　　　100 754.17

　　　　　　　贷：固定资产清理　　　　　　　　　　　　　　　　178 754.17

注：（1）通过固定资产系统自动生成，（2）在总账系统中通过"凭证—填制凭证"填制。也可将（1）（2）合并通过固定资产系统自动生成。

【操作步骤】

具体操作步骤：

（1）在固定资产系统中，执行"卡片→资产减少"指令，调出固定资产卡片档案选择界面，选择要减少的"0004 奥迪车"，如图 9 - 31 所示。

图 9 - 31　固定资产卡片档案选择界面

（2）在图 9-31 中，点击"确定"，进入资产减少界面，点击"增加"将资产添加到资产减少表中，补填减少方式：出售，清理费用：78 000，清理原因：出售，如图 9-32 所示。

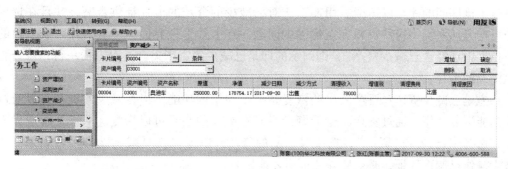

图 9-32 固定资产减少界面

（3）在图 9-32 中，单击"确定"，即完成该资产的减少，进入资产减少凭证界面，在"资产减少——清理收入"分录行补填科目：100201，再插入分录：营业外支出 100 754.17，改"固定资产清理"的贷方金额 78 000 为 178 754.17，如图 9-33 所示，点击"保存"凭证。

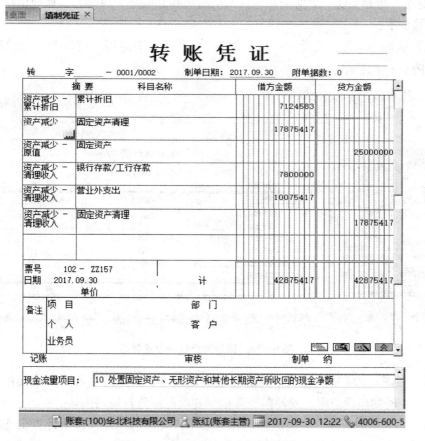

图 9-33 固定资产减少凭证界面

所输入的资产的清理信息可以通过该资产的附属页签"清理信息"查看。若当前账套设置了计提折旧，则需在计提折旧后才可执行资产减少。

查看已减少资产：根据会计档案管理规定，原始单据要保留一定时间供查阅，只有过了该期间的才可以销毁。用友系统对已减少的资产的卡片提供查阅，并且在选项中可定义从系统将这些资料完全删除的时限。在卡片管理界面中，从卡片列表上边的下拉框中选择"已减少资产"，则列示的即是已减少的资产集合，双击任一行，可查看该资产的卡片。

撤销已减少资产：资产减少的恢复是一个纠错的功能，当月减少的资产可以通过本功能恢复使用。通过资产减少的资产只有在减少的当月可以恢复。从卡片管理界面中，选择"已减少的资产"，选中要恢复的资产，单击"恢复减少"即可。如果资产减少操作已制作凭证，必须删除凭证后才能恢复。

四、固定资产变动核算

资产在使用过程中，除发生下列情况外，价值不得任意变动：根据国家规定对固定资产重新估价；增加补充设备或改良设备；将固定资产的一部分拆除；根据实际价值调整原来的暂估价值；发现原记固定资产价值有误的；本系统原值发生变动通过"原值变动"功能实现。原值变动包括原值增加和原值减少两部分。如原值增加，具体操作步骤如下：

（1）执行"卡片→变动单→原值增加"，进入"固定资产变动单—原值增加"界面，如图9-34所示。

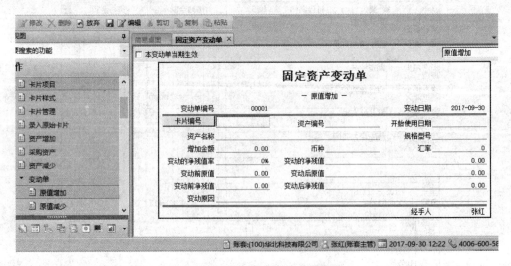

图9-34　固定资产变动设置界面

（2）在图9-34中，输入卡片编号或资产编号，资产的名称、开始使用日期、规格型号、变动的净残值率、变动前净残值、变动前原值自动列出。

（3）输入增加金额，参照选择币种，汇率自动显示。并且自动计算出变动的净残值、变动后原值、变动后净残值。

（4）如果缺省的变动的净残值率或变动的净残值不正确，可手工修改其中的一个，另一个自动计算。

（5）输入变动原因，单击"保存"，即完成该变动单处理。卡片上相应的项目（原值、净残值、净残值率）根据变动单而改变。

通过"处理→批量制单"制作固定资产原值变动的记账凭证。

其他变动，如原值减少、部门转移等操作方法和步骤与上相似。

第四节　固定资产核算业务月末处理

一、对账

对账是固定资产系统和账务系统相关账户的发生额和余额进行核对，如果对账结果不平衡，则不允许结账。如果在初始化中选择了对账不平的情况下允许结账，则可结账。一般如果账务系统和固定资产系统集成使用，则不必选择"对账不平的情况下允许结账"。

固定资产系统在运行过程中，应保证本系统管理的固定资产的原始价值和累计折旧与账务系统中固定资产和累计折旧科目的数值相等，而两个系统的资产价值和累计折旧是否相等，通过执行本系统提供的对账功能进行核对检查，对账操作不限制执行的时间，任何时候均可进行对账。系统在执行月末结账时自动对账一次，给出对账结果，并根据初始化选项中的控制参数判断确定不平情况下是否允许结账。执行"处理→对账"指令，可完成固定资产系统和财务系统的对账，如图9-35所示。

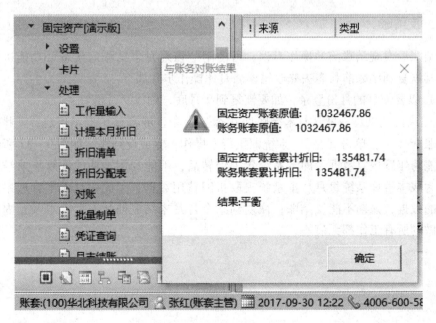

图9-35　对账结果界面

二、月末结账

在手工会计处理中,每月月底都要有结账的过程,电算化处理也应该体现这一过程,因此本系统提供"月末结账"功能。月末结账每月进行一次,结账以后当期的数据不能修改。12月底结账时系统要求完成本年应制单业务,也就是说必须保证批量制单表是空的才能结账。执行"处理→月末结账"指令,可完成固定资产系统的月末结账,如图9-36所示。

结账完成后,系统会提示系统的可操作日期已转成下一期间的日期,只有以下一期间的日期登录,才可对账套进行编辑。

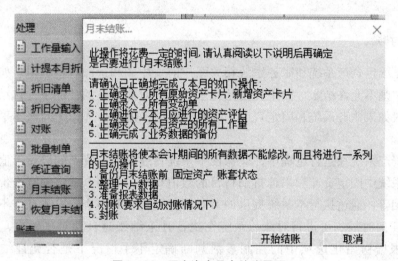

图9-36 固定资产月末结账界面

三、反结账

在结账后发现结账前的操作有误,可使用"恢复月末结账前状态"功能进行反结账,使其恢复到结账前状态去修改错误。具体操作步骤如下:

(1)以要恢复的月份登录,如要恢复到9月底,则以9月份登录。

(2)执行"处理→恢复月末结账前状态"指令,屏幕显示提示信息:"此操作将恢复本账套...",单击"是",系统即执行本操作,完成反结账,如图9-37所示。

不能跨年度恢复数据,即本系统年末结转后,不能利用本功能恢复年末结账前状态;因为成本管理系统每月从本系统提取折旧费用数据,因此一旦成本管理系统提取了某期的数据,该期不能反结账;恢复到某个月月末结账前状态后,本账套内对该结账后所做的所有工作都无痕迹。

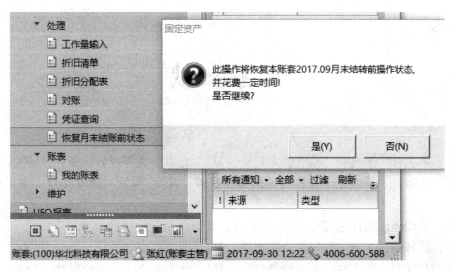

图 9-37 固定资产反结账界面

思考题

1. 图示固定资产核算系统的数据流程。
2. 固定资产管理系统账套初始设置的内容有哪些?
3. 简述固定资产的期初数据录入方法。
4. 简述固定资产多部门使用的设置方法。
5. 简述固定资产增减变化的处理方法。

参考文献

［1］ 鄂大伟，王兆明. 信息技术导论［M］. 北京：高等教育出版社，2007.

［2］ 张增良，李生元. 计算机网络实用教程［M］. 西安：西安交通大学出版社，2004.

［3］ 嵇俊康. 会计电算化［M］. 上海：立信会计出版社，2005.

［4］ 萨师煊，王珊. 数据库系统概论［M］. 北京：高等教育出版社，2006.

［5］ 甘嵘静，陈文林. 电子商务概论［M］. 北京：电子工业出版社，2006.

［6］ 会计从业资格考试辅导教材编写组. 会计电算化基础［M］. 北京：中国财政经济出版社，2007.

［7］ 重庆市会计电算化协会. 会计电算化［M］. 重庆：重庆出版社，2004.

［8］ 杨宝国. 会计信息系统［M］. 北京：高等教育出版社，2001.

［9］ 励景源. 会计电算化［M］. 上海：立信会计出版社，2000.

［10］ 艾文国. 会计电算化［M］. 北京：高等教育出版社，2002.

［11］ 孙万军，陈伟清. 财务软件应用技术［M］. 北京：清华大学出版社，2002.

［12］ 宋晓华，史富莲. 会计信息系统实用教程［M］. 北京：高等教育出版社，2004.

［13］ 唐云锦. 会计电算化［M］. 重庆：重庆大学出版社，2002.

［14］ 江希和，向有才，张小军. 会计电算化［M］. 北京：电子工业出版社，2001.

附录　ERP‐U8 综合模拟实务案例

一、总账系统和 UFO 报表系统应用

（一）实务案例账套基本信息

账套号：200　　　　　　　　　　账套名称：华北科技有限公司

账套路径为默认　　　　　　　　　启用时间：2017 年 9 月；

单位名称：华北科技有限公司　　　单位信息的其他项为空

行业性质：2007 年新会计制度科目　按行业性质预置会计科目

客户、供应商、存货分类　　　　　客户、供应商分类编码级次：22

有外币核算　　　　　　　　　　　存货分类编码级次：22

客户、供应商和部门编码级次：22　科目编码级次：42222

客户权限组级次：22　　　　　　　供应商权限组级次：22

其他项目的编码方案为默认值　　　数据精度为默认值

启用总账、固定资产和薪资管理系统　启用日期为：2017 年 9 月 1 日

（二）系统操作人员及权限信息

华北科技有限公司的会计电算化系统操作人员及权限一览表见表 1。

表 1　操作员及其权限一览表

操作员编号	操作员姓名	系统权限
0201	宋佳	账套主管
0202	工晓	出纳
0203	刘勇	总账、薪资管理、固定资产管理

【操作步骤】

（1）在"系统管理"主界面，执行"权限→用户"指令，进入用户管理功能界面。

（2）在用户管理界面，点击"增加"按钮，调出"操作员详细情况"设置界面。此时录入编号、姓名、用户类型、认证方式、口令、所属部门，E‐mail，手机号、默认语言等内容，并在所属角色中选中归属的内容。然后点击"增加"按钮，保存新增用户信息。

以系统管理员身份注册登录，然后在"权限"菜单下的"权限"中进行功能权限分配。

先选定账套"［200］华北科技有限公司"，再从操作员列表中选择操作员，点击"修改"按钮后，勾选用户或者角色的权限。系统提供52个子系统的功能权限的分配，此时可以点击⊞展开各个子系统的详细功能，在□内点击鼠标使其状态成为☑后，系统将权限分配给当前的用户。如果选中目录的上一级则系统的相应下级则全部为选中状态。

（三）系统公共基础信息

1. 机构人员信息

（1）部门档案（见表2）。

表2　部门档案

编号	名称
01	综合部
0101	总经理办公室
0102	财务部
02	市场部
03	生产部
0301	生产一部
0302	生产二部

【操作步骤】

在企业应用平台中，执行"基础设置→基础档案→机构人员→部门档案"指令，进入部门档案设置主界面，单击"增加"按钮，在编辑区输入部门编码、部门名称、负责人、部门属性、电话、地址、备注、信用额度、信用等级等信息即可，点击"保存"按钮，保存此次增加的部门档案信息后，再次单击"增加"按钮，可继续增加其他部门信息。

（2）人员类别（见表3）。

表3　人员类别一览表

人员类别编码	人员类别名称
101	高级
102	中级
103	初级

【操作步骤】

在企业应用平台中，执行"基础设置→基础档案→机构人员→人员类别"指令，进入人员类别设置主界面，单击功能键中的"增加"按钮，显示"添加职员类别"空白页，可根据自己企业的实际情况，在相应栏目中输入适当内容，点击"保存"按钮，保存此次增加的人员类别信息后，再次单击"增加"按钮，可继续增加其他类别信息。

（3）人员档案（见表4）。

表4　人员档案一览表

人员编码	姓名	行政部门名称	雇佣状态	人员类别	性别
010101	肖剑	总经理办公室	在职	高级	男
010102	李好	总经理办公室	在职	高级	男
010201	宋佳	财务部	在职	高级	女
010202	王晓	财务部	在职	中级	女
010203	刘勇	财务部	在职	中级	男
020101	赵斌	市场部	在职	中级	男
020102	周悦	市场部	在职	初级	女
020103	李悦	市场部	在职	中级	女
030101	孙健	生产一部	在职	高级	男
030102	杨兰	生产一部	在职	中级	男
030201	刘兵	生产二部	在职	高级	男
030202	林达	生产二部	在职	初级	男

【操作步骤】

在企业应用平台中，执行"基础设置→基础档案→机构人员→人员档案"指令，进入人员档案设置主界面，在左侧部门目录中选择要增加人员的末级部门，单击"增加"按钮，显示"添加职员档案"空白页，企业可根据自己企业的实际情况，在相应栏目中输入适当内容。其中蓝色名称为必输项。然后，点击"保存"按钮，保存此次增加的人员档案信息后，再次单击"增加"按钮，可继续增加其他人员信息。

2. 客商信息

（1）供应商分类。

华北科技有限公司的供应商分类信息如表5所示。

表5　供应商分类信息

分类编码	分类名称
01	沿海
02	华南
03	华北

【操作步骤】

在企业应用平台中，执行"基础设置→基础档案→客商信息→供应商分类"指令，进入供应商分类设置主界面，单击"增加"按钮，进入增加状态，填写相应的分类编码和名称，点击"增加"按钮保存此次增加的供应商分类信息，并增加空白页供继续录入供应商分类信息。

（2）客户分类。

华北科技有限公司的客户分类信息如表6所示。

表6　客户分类信息

分类编码	分类名称
01	长期客户
02	中期客户
03	短期客户

【操作步骤】

客户分类设置步骤同供应商分类信息设置相似。

（3）供应商档案。

华北科技有限公司的供应商档案如表7所示。

表7　供应商档案

供应商编码	供应商名称	所属分类	供应商简称	对应的客户	税号	开户银行	账号
01001	上海公司	沿海	上海公司	上海实达公司	12345678901238	工行上海分行	12345678901288
02001	联想万科有限公司	华南	联想万科		98765432109878	工行北京分行	98765432109888

【操作步骤】

在企业应用平台中，执行"基础设置→基础档案→客商信息→供应商档案"指令，进入供应商档案设置主界面，单击"增加"按钮，进入增加状态。选择"基本""联系""信用""其他"页签，填写相关内容。如果设置了自定义项，还需要填写自定义项页签。然后，点击"保存"按钮，保存此次增加的供应商档案信息；或点击"保存并新增"按钮保存此次增加的供应商档案信息，并增加空白页供继续录入供应商信息。

（4）客户档案。

华北科技有限公司的客户档案如表8所示。

表8　客户档案

客户编码	客户名称	所属分类	客户简称	对应的供应商	税号
02001	北京实验学校	中期客户	北京实验		25689222233588
03001	上海实达公司	短期客户	上海实达	上海公司	78906543212388

【操作步骤】

客户档案的增加、修改和删除功能按钮操作与供应商档案相似。

3. 存货计量单位和档案

（1）计量单位。

华北科技有限公司的计量单位信息如表9所示。

表9　计量单位信息

计量单位组	计量单位编号	计量单位名称
01 基本计量单位 （无换算率）	1	册
	2	套
	3	箱

【操作步骤】

在企业应用平台中，执行"基础设置→基础档案→存货→计量单位"指令，进入计量单位设置主界面。第一步点击"分组"进入设置计量单位组界面，单击"增加"按钮后，输入计量单位组编码和组名称，点击"保存"，保存添加的内容。

第二步设置计量单位，在计量单位设置主界面的左边选择要增加的计量单位所归属的组名后，按"单位"，弹出计量单位设置窗口；按"增加"，录入计量相关信息后；按"保存"，保存添加的内容。

（2）存货分类。

华北科技有限公司的存货分为两类：01 原材料，02 库存商品。

【操作步骤】

在企业应用平台中，执行"基础设置→基础档案→存货→存货分类"指令，进入存货分类设置主界面，点击"增加"输入相关信息后保存即可。

（3）存货档案。

华北科技有限公司的存货档案如表10所示。

表10　存货档案

存货编码	存货名称	计量单位组名称	主计量单位名称	税率	存货属性
01	多媒体教程	基本计量单位	册	13%	自制、内销
02	多媒体课件	基本计量单位	套	13%	自制、内销
03	甲材料	基本计量单位	箱	13%	外购、生产耗用

【操作步骤】

在企业应用平台中，执行"基础设置→基础档案→存货→存货档案"指令，进入存货档案设置主界面，在左边的树型列表中选择一个末级的存货分类（如果在建立账套时设置存货不分类，则不用进行选择），单击"增加"按钮，进入增加状态。选择"基本""成本""控制""其他""计划""MPS/MRP""图片""附件"页签，填写相关内容。然后，点击"保存"按钮，保存此次增加的存货档案信息；或点击"保存并新增"按钮保存此次增加的存货档案信息,并增加空白页供继续录入存货信息。

(四)财务系统基础信息

1. 总账系统参数

总账系统参数有:制单序时控制、支票控制。凭证编号为系统编号,自动填补凭证断号,可以使用应收受控科目、应付受控科目和存货受控科目,出纳凭证必须由出纳签字,凭证必须由主管会计签字,其他参数为系统默认。

【操作步骤】

在企业应用平台中,执行"业务工作→财务会计→总账→设置→选项"指令,进入总账参数设置主界面,依据企业会计核算要求逐一勾选相关项目。

2. 总账基础设置

(1)凭证类型。

华北科技有限公司的会计凭证类别如表11所示。

表11　会计凭证类别

类别字	类别名称	限制类型	限制科目
收	收款凭证	借方必有	1001,1002
付	付款凭证	贷方必有	1001,1002
转	转账凭证	凭证必无	1001,1002

【操作步骤】

在企业应用平台中,执行"基础设置→基础档案→财务→凭证类别"指令,进入凭证类别设置主界面,单击"增加"按钮,在表格中新增的空白行中填写凭证类别字,凭证类别名称并参照选择限制类型及限制科目等栏目。

(2)结算方式。

华北科技有限公司的结算方式如表12所示。

表12　结算方式

结算方式编号	结算方式名称	是否票据管理
1	库存现金	否
2	支票	否
201	现金支票	是
202	转账支票	是
9	其他	否

【操作步骤】

在企业应用平台中,执行"基础设置→基础档案→收付结算→结算方式"指令,进入结算方式设置主界面,单击"增加"按钮,输入结算方式编码、结算方式名称和是否票据管理。点击"保存"按钮,便可将本次增加的内容保存,并在左边部分的树形结构中添加和显示。

（3）银行档案及本单位开户银行。

【实务案例】

银行档案信息：银行编码：01，银行名称：中国建设银行，账号长度：14 位。

【操作步骤】

在企业应用平台中，执行"基础设置→基础档案→收付结算→银行档案"指令，进入银行档案设置主界面，单击"增加"按钮，输入银行档案相关信息后，点击"保存"按钮，便可将本次增加的内容保存。

【实务案例】

本单位开户银行：编号：001　银行账号：67676767676789

开户银行名称：中国建设银行攀枝花市炳草岗支行

【操作步骤】

在企业应用平台中，执行"基础设置→基础档案→收付结算→本单位开户银行"指令，进入本单位开户银行设置主界面，单击"增加"按钮，输入开户银行相关信息后，点击"保存"按钮，便可将本次增加的内容保存。

（4）外汇及汇率。

华北科技有限公司的外汇为"美元"，汇率采用固定汇率 6.50 进行核算。

（5）会计科目。

华北科技有限公司的会计科目如表 13 所示。

表13　2017 年 9 月初华北科技有限公司会计科目表及期初余额

科目名称	方向	币别/计量	辅助账类型	账页格式	期初余额
库存现金（1001）	借			金额式	6 775.70
银行存款（1002）	借			金额式	1 579 488.89
工行存款（100201）	借			金额式	1 579 488.89
中行存款（100202）	借	美元		外币金额式	
其他货币资金（1012）	借			金额式	
外埠存款（101201）	借			金额式	
存出投资款（101202）	借			金额式	
信用卡（101203）	借			金额式	
其他（101299）	借			金额式	
交易性金融资产（1101）	借			金额式	
应收票据（1121）	借		客户往来	金额式	
应收账款（1122）	借		客户往来	金额式	157 600.00
预付账款（1123）	借		供应商往来	金额式	
应收股利（1131）	借			金额式	
应收利息（1132）	借			金额式	
其他应收款（1133）	借		个人往来	金额式	3 800.00

表13（续）

科目名称	方向	币别/计量	辅助账类型	账页格式	期初余额
坏账准备（1141）	贷			金额式	788.00
包装物（1221）	借			金额式	
材料采购（1401）	借			金额式	
原材料（1403）	借			金额式	186 900.00
甲材料（140301）	借			数量金额式	9 345.00
	借	箱			20.00
库存商品（1405）	借			金额式	199 976.00
多媒体教程（140501）	借			数量金额式	87 976.00
	借	册			3 142.00
多媒体课件（140502）	借			数量金额式	112 000.00
	借	套			3 200.00
持有至到期投资（1501）	借			金额式	
可供出售金融资产（1503）	借			金额式	
长期股权投资（1511）	借			金额式	666 000.00
长期股权投资减值准备（1512）	贷			金额式	
长期应收款（1531）	借			金额式	
固定资产（1601）	借			金额式	16 320 680.00
累计折旧（1602）	贷			金额式	197 584.84
固定资产减值准备（1603）	贷			金额式	
在建工程（1604）	借			金额式	
固定资产清理（1606）	借			金额式	
无形资产（1701）	借			金额式	59 136.97
累计摊销（1702）	贷			金额式	
长期待摊费用（1801）	借			金额式	
待处理财产损溢（1901）	借			金额式	
短期借款（2001）	贷			金额式	400 000.00
应付票据（2201）	贷		供应商往来	金额式	
应付账款（2202）	贷		供应商往来	金额式	276 850.00
预收账款（2203）	贷		客户往来	金额式	
应付职工薪酬（2211）	贷			金额式	210 222.77
应交税费（2221）	贷			金额式	− 13 000.00
应交增值税（222101）	贷			金额式	
进项税额（22210101）	贷			金额式	
销项税额（22210102）	贷			金额式	
转出未交增值税（22210103）	贷			金额式	

表13（续）

科目名称	方向	币别/计量	辅助账类型	账页格式	期初余额
未交增值税（222102）	贷			金额式	－13 000.00
应交消费税（222103）	贷			金额式	
应交所得税（222104）	贷			金额式	
应交个人所得税（222105）	贷			金额式	
其他（222199）	贷			金额式	
应付利息（2231）	贷			金额式	
应付股利（2232）	贷			金额式	
其他应付款（2241）	贷			金额式	
长期借款（2501）	贷			金额式	
应付债券（2502）	贷			金额式	
长期应付款（2701）	贷			金额式	
实收资本（4001）	贷			金额式	16 560 000.00
资本公积（4002）	贷			金额式	1 020 000.00
盈余公积（4101）	贷			金额式	666 000.00
本年利润（4103）	贷			金额式	
利润分配（4104）	贷			金额式	－120 922.31
其他转入（410401）	贷			金额式	
提取法定盈余公积（410402）	贷			金额式	
提取法定公益金（410403）	贷			金额式	
提取储备基金（410404）	贷			金额式	
提取企业发展基金（410405）	贷			金额式	
提取职工奖励及福利基金（410406）	贷			金额式	
利润归还投资（410407）	贷			金额式	
应付优先股股利（410408）	贷			金额式	
提取任意盈余公积（410409）	贷			金额式	
应付普通股股利（410410）	贷			金额式	
转作资本的普通股利（410411）	贷			金额式	
未分配利润（410415）	贷			金额式	－120 922.31
库存股（4201）	借			金额式	
生产成本（5001）	借		项目核算	金额式	17 165.74
直接材料（500101）	借		项目核算	金额式	155.00
直接人工（500102）	借		项目核算	金额式	15 000.00
制造费用（500103）	借		项目核算	金额式	2 010.74
制造费用（5101）	借		部门核算	金额式	

表13（续）

科目名称	方向	币别/计量	辅助账类型	账页格式	期初余额
工资（510101）	借		部门核算	金额式	
福利费（510102）	借		部门核算	金额式	
加班费（510103）	借		部门核算	金额式	
折旧费（510104）	借		部门核算	金额式	
办公费（510105）	借		部门核算	金额式	
其他（510199）	借		部门核算	金额式	
主营业务收入（6001）	贷			金额式	
其他业务收入（6051）	贷			金额式	
汇兑损益（6061）	贷			金额式	
公允价值变动损益（6101）	贷			金额式	
投资收益（6111）	贷			金额式	
营业外收入（6301）	贷			金额式	
主营业务成本（6401）	借			金额式	
其他业务成本（6402）	借			金额式	
税金及附加（6403）	借			金额式	
销售费用（6601）	借			金额式	
管理费用（6602）	借			金额式	
财务费用（6603）	借			金额式	
利息支出（660301）	借			金额式	
利息收入（660302）	借			金额式	
其他（660399）	借			金额式	
营业外支出（6711）	借			金额式	
所得税费用（6801）	借			金额式	

①将上述会计科目表对照系统中预置的会计科目表，增加系统中没有而上表有的会计科目，修改系统中与上表不一致的会计科目，删除系统中有而上表没有的会计科目表。

②指定现金、银行存款和现金流量科目。

现金科目：库存现金；银行存款科目：银行存款；

现金流量科目：库存现金、工行存款、中行存款、外埠存款（101201）、存出投资款（101202）、信用卡（101203）、其他（101299）。

③科目成批复制：由1405复制到6001和6401，选择"数量核算"。注意：将6001下的明细科目的余额方向改为"贷"方。

（6）项目档案。

华北科技有限公司的项目档案信息如下：

项目大类：大类名称："生产成本"，选择"普通项目"，项目级次：12，项目结构为默认值。

选择核算科目：500101、500102、500103。

项目分类：1 自行开发项目　　　2 委托开发项目

项目目录（在维护中录入）：　　101　A1 软件产品　自行开发项目

　　　　　　　　　　　　　　102　A2 软件产品　自行开发项目

　　　　　　　　　　　　　　201　B1 网络工具　委托开发项目

　　　　　　　　　　　　　　202　B2 网络工具　委托开发项目

【操作步骤】

①在企业应用平台中，执行"基础设置→基础档案→财务→项目目录"指令，进入项目档案设置主界面，单击"增加"按钮，进入"项目大类定义—增加"界面，输入：生产成本，点击"下一步"；定义项目级次：一级：1，二级：2，点击"下一步"。

②定义项目栏目：采用默认项目栏目（不增加、修改和删除任何栏目），点击"完成"；返回项目档案设置主界面。

③在项目档案设置主界面，选择项目大类：生产成本；将待选科目：生产成本、直接材料、直接人工和制造费用全部选到已选科目框中，点击"确定"。

④点击"项目分类定义"页签，点击"增加"，输入分类编码和名称，点击"确定"保存。

⑤点击"项目目录"页签，点击"维护"，在项目目录维护界面点击"增加"，输入项目编号、项目名称和所属分类，点击"退出"保存后，返回项目档案主界面。

（7）期初余额。

华北科技有限公司 2017 年 9 月初会计期初余额见前会计科目表，无借贷方累计发生额。

①录入 1131 应收账款明细余额表（见表 14）。

表 14　应收账款明细金额表

日期	凭证号	客户单位名称	摘要	方向	金额
2016 – 10 – 25		北京实验学校	销售商品	借	99 600.00
2016 – 11 – 10		上海实达公司	销售商品	借	58 000.00

②录入 1133 其他应收款——个人明细余额表（见表 15）。

表 15　其他应收款——个人明细余额表

日期	凭证号	部门	职员	摘要	方向	金额
2017 – 12 – 25		总经理办公室	肖剑	出差借款	借	3 800.00

③ 2121 应付账款明细余额表（见表 16）。

表 16　应付账款明细余额表

日期	凭证号	供应商单位名称	摘要	方向	金额
2016 – 09 – 20		联想万科有限公司	购买商品	贷	176 850.00
2016 – 11 – 25		上海公司	购买商品	贷	100 000.00

项目目录期初都是项目 A2 软件产品的余额。

【操作步骤】

在总账系统中，执行"设置→期初余额"指令，进入期初余额录入界面，将光标移到需要输入数据的余额栏，直接输入数据即可。有辅助核算的科目余额，需双击其对余额栏，进入其明细录入界面后，再录入辅助核算的明细余额。录完所有余额后，用鼠标点击"试算"按钮，检查总账、明细账、辅助账的期初余额是否一致。

注：本案例的期初平衡余额为：18 999 150.46。

（五）总账日常业务处理

华北科技有限公司 2017 年 9 月份日常主要业务如下：

（1）填制凭证。

①9 月 1 日，出纳王晓用现金支票（票号：XJ001）从银行提取备用现金 10 000 元。

借：库存现金	20 000.00
贷：银行存款——工行存款	20 000.00

②9 月 5 日总经理办公室肖剑报销差旅费 3 600 元，交还现金 200 元。

借：管理费用——其他费用（总经理办公室）	3 600.00
库存现金	200.00
贷：其他应收款（肖剑）	3 800.00

③9 月 19 日总经理办公室用转账支票（票号：ZZ001）支付业务招待费 1 200 元。

借：管理费用——其他费用	1 200.00
贷：银行存款——工行存款	1 200.00

④1 月 19 日，市场部李悦收到北京实验学校转来转账支票 2 张（票号分别为：ZZ301 和 ZZ305），面值分别为：40 000 元和 59 600 元，用以归还货款。

借：银行存款——工行存款	99 600.00
贷：应收账款（北京实验学校）	99 600.00

⑤9 月 19 日，市场部李悦用转账支票（票号：ZZ002）归还欠万科公司部分货款 100 000 元。

借：应付账款（联想万科有限公司）	100 000.00
贷：银行存款——工行存款	100 000.00

⑥9 月 19 日，市场部李悦向北京实验学校售出《多媒体教程》3 000 册，单价 32 元；《多媒体课件》3 000 套，单价 80 元，货税款尚未收到（适用税率 13%）。

借：应收账款（北京实验学校）	393 120.00
贷：主营业务收入——多媒体教程	96 000.00
主营业务收入——多媒体课件	240 000.00
应交税费——应交增值税——销项税额	57 120.00

⑦9 月 19 日，市场部李悦从万科公司购入《多媒体课件》3 000 套，单价 35 元，货税款暂欠，商品已验收库（适用税率 13%）。

借：库存商品——多媒体课件   105 000.00

  应交税费——应交增值税——进项税额 13 650.00

 贷：应付账款（联想万科有限公司）   118 650.00

⑧9月20日收到泛美集团用转账支票（票号：ZZ057）支付的投资资金100 000美元。

借：银行存款——中行存款 650 000.00（外币：100 000 汇率：6.50）

 贷：实收资本   650 000.00

⑨9月28日用转账支票（票号：ZZ003）购入惠普传真机一台，含税价2 852元，总经理办公室使用，使用年限5年，平均年限法，净残值率10%。

借：固定资产   2 437.60

  应交税费——应交增值税（进项税额） 414.40

 贷：银行存款   2 852.00

⑩9月29日用转账支票（票号：ZZ004）购进笔记本电脑一台，含税价为18 935.86元。

借：固定资产   16 184.49

  应交税费——应交增值税（进项税额） 2 751.37

 贷：银行存款——工行存款   18 935.86

⑪计提折旧。

借：制造费用——折旧费/生产一部   19 057.09

  制造费用——折旧费/生产二部   14 243.44

  管理费用——折旧费/总经理办公室   6 262.20

  管理费用——折旧费/财务部   4 368.00

  管理费用——折旧费/市场部   4 368.00

 贷：累计折旧   48 298.73

⑫当月29日将奥迪车出售，收回7.8万元，转账支票（票号：ZZ157）结算。

A. 借：累计折旧   71 245.83

   固定资产清理   178 754.17

  贷：固定资产   250 000

B. 借：银行存款 工行存款   78 000

   营业外支出   100 754.17

  贷：固定资产清理   178 754.17

⑬计提工资。

借：生产成本——直接人资/A2软件产品 8 060.00

  生产成本——直接人资/B1网络工具 7 550.00

  管理费用——工资/总经理办公室   12 923.00

  管理费用——工资/财务部   17 910.00

  管理费用——工资/市场部   16 120.00

 贷：应付职工薪酬   62 563.00

⑭先将③号凭证生成常用摘要和常用凭证后，再删除③号凭证，不整理凭证断号，将凭证编号方式改为手工编号后，再用调用常用凭证功能生成③号凭证。

（2）凭证汇总：生成科目汇总表。

（3）审核凭证：审核凭证时务必注意，凭证审核人与制单人不能相同。

（4）出纳签字：出纳签字发现补填 1 号凭证的结算方式错误，要求改填：现金支票，票号：XJ2000（新增）。练习签字和取消签字。

（5）主管签字：需要注意，主管签字与制单人不能相同。

（6）记账。

（7）查账。①现金日记账，②银行日记账（人民币、外币）③总账，④余额表，⑤明细账，⑥序时账，⑦多栏账，⑧辅助账（客户往来、供应商往来、个人往来、部门、项目）。

（六）总账期末处理

华北科技有限公司期末主要业务如下：

1. 自动转账

（1）自定义。

2017 年 9 月 30 日，计提短期借款利息，按短期借款期末余额的 0.2% 进行计提当月借款利息；计提职工福利费，按"生产成本——直接人工""管理费用——工资"当月发生额的 14% 进行计提当月职工福利费。

A. 计提利息：

借：财务费用		800
贷：应付利息		800

B. 计提福利费：

借：生产成本——直接人资/A2 软件产品		1 128.40
生产成本——直接人资/B1 网络工具		1 057.00
管理费用——工资/总经理办公室		1 809.22
管理费用——工资/财务部		2 507.40
管理费用——工资/市场部		2 256.80
贷：应付职工薪酬		8 758.82

（2）销售成本结转。

（3）汇兑损益结转：2017 年 09 月 30 日的美元汇率为 6.875。

（4）期间损益结转。

2. 对账（略）

3. 结账

结账后，发现第三号凭证货款金额错误，应改为：

借：管理费用——其他费用		1 800.00
贷：银行存款——工行存款		1 800.00

4. 数据输出、数据引入（略）

5. UFO 报表应用

（1）根据前述资料，通过自定义编制本公司 2017 年 9 月份管理费用明细表，其格式如表 17 所示。

表 17 管理费用明细表

单位名称：华北科技有限公司　　　　　　2017 年 9 月　　　　　　　　　单位：元

项　　目	管理费用	工资	福利费	折旧费	加班费	办公费	其他
总经理办公室							
财务部							
市场部							
生产一部							
生产二部							
合计							

审核人：　　　　　　　　　　　制表人：

（2）根据以上资料编制 2017 年 9 月份的资产负债表和损益表。

二、薪资管理系统应用

（一）实务案例账套基本信息

账套号：200　　　　　　　　　　　账套名称：华北科技有限公司
账套路径为默认　　　　　　　　　　启用时间：2017 年 9 月
单位名称：华北科技有限公司　　　　单位信息的其他项为空
行业性质：2007 年新会计制度科目　　按行业性质预置会计科目
客户、供应商、存货分类　　　　　　客户、供应商分类编码级次：22
有外币核算　　　　　　　　　　　　存货分类编码级次：22
客户、供应商和部门编码级次：22　　科目编码级次：42222
客户权限组级次：22　　　　　　　　供应商权限组级次：22
其他项目的编码方案为默认值　　　　数据精度为默认值
启用总账和薪资管理系统　　　　　　启用日期为：2017 年 9 月 1 日

（二）薪资管理账套参数信息

华北科技有限公司建立工资套选择的是：多类别进行薪资核算，币种：人民币，从工资中代扣个人所得税，工资由银行代发不扣零、人员编码 6 位。

（三）薪资管理账套基础信息

1. 华北科技有限公司工资类别信息如下：

管理人员类别，所属部门为总经理办公室、财务部和市场部，启用时期为"2017

年9月1日"。

生产人员类别,所属部门为生产一部、生产二部,启用时期为"2017 年 9 月 1 日"。

【操作步骤】

在企业应用平台,执行"业务工作→人力资源→薪资管理→工资类别→新建工资类别"指令,可进入新建工资类别的增加界面,输入新工资类别名称,点击"下一步",选择所属部门后,点击"完成"。

2. 华北科技有限公司人员档案(见表18)

表18 人员档案

人员编码	姓名	行政部门名称	雇佣状态	人员类别	性别	所属工资类别
010101	肖剑	总经理办公室	在职	正式工	男	管理人员类别
010102	李好	总经理办公室	在职	正式工	男	管理人员类别
010201	张红	财务部	在职	正式工	女	管理人员类别
010202	王晓	财务部	在职	正式工	女	管理人员类别
010203	刘勇	财务部	在职	正式工	男	管理人员类别
020101	赵斌	市场部	在职	正式工	男	管理人员类别
020102	周悦	市场部	在职	正式工	女	管理人员类别
020103	李悦	市场部	在职	正式工	女	管理人员类别
030101	孙健	生产一部	在职	正式工	男	生产人员类别
030102	杨兰	生产一部	在职	正式工	男	生产人员类别
030201	刘兵	生产二部	在职	正式工	男	生产人员类别
030202	林达	生产二部	在职	正式工	男	生产人员类别

【操作步骤】

第一步:在企业应用平台,执行"基础设置→基础档案→机构人员→人员档案"指令,可进入人员档案的增加、修改和删除界面,点击"增加"可逐一增加各人员信息。

第二步:在企业应用平台,执行"业务工作→人力资源→薪资管理→工资类别→打开工资类别"指令,可打开需增加人员档案的工资类别。

第三步:在企业应用平台,执行"业务工作→人力资源→薪资管理→设置→人员档案"指令,可进入薪资系统人员档案的增加、修改和删除界面,点击"批增"可一次性将基础公用平台中已录入的人员档案信息增加到薪资管理系统中。

3. 华北科技有限公司代发薪资银行信息

银行名称:中国建设银行,银行账号定长为6位。

【操作步骤】

在企业应用平台,执行"基础设置→基础档案→收付结算→银行档案"指令,可进入银行档案的增加、修改和删除界面，点击"增加"可增加银行的信息。

4. 华北科技有限公司薪资核算工资项目信息

华北科技有限公司薪资核算公用工资项目及各具体工资类别的工资项目均如表 19 所示。

表 19　薪资核算公用工资项目及各具体工资类别的工资项目

工资项目	类型	长度	小数点	增减及其他
基本工资	数字	10	2	增项
岗位工资	数字	10	2	增项
生产工人补助	数字	10	2	增项
津贴	数字	10	2	增项
住房补贴	数字	8	2	增项
交补	数字	8	2	增项
加班工资	数字	8	2	增项
应发合计	数字	10	2	增项
病假天数	数字	3		其他
病假扣款	数字	8	2	减项
事假天数	数字	3		其他
事假扣款	数字	8	2	减项
扣公积金	数字	8	2	减项
扣款合计	数字	8	2	减项
扣税基础	数字	8	2	其他
实发合计	数字	10	2	增项

【操作步骤】

（1）在企业应用平台，执行"业务工作→人力资源→薪资管理→设置→工资项目设置"指令，可进入工资项目设置界面，逐一增加各工资项目。

（2）在薪资管理系统中，打开各具体工资类别，执行"设置→工资项目设置"指令，可进入工资项目设置界面，逐一增加各工资项目。

华北科技有限公司薪资核算相关计算公式定义如下：

管理人员类别：扣税基础 = 基本工资 + 岗位工资 + 津贴 + 住房补贴 + 加班工资

　　　　　病假扣款 = 病假天数 ×5　　　　事假扣款 = 事假天数 ×15

生产人员类别：扣税基础 = 基本工资 + 岗位工资 + 津贴 + 住房补贴 + 加班工资

　　　　　　　　　 + 生产工人补助

　　　　　病假扣款 = 病假天数 ×5　　　　事假扣款 = 事假天数 ×15

【操作步骤】

（1）在薪资管理系统中，打开管理人员工资类别，执行"设置→工资项目设置"

指令，可进入工资项目设置界面，点击公式设置选项卡即可进入公式设置窗口。

（2）在公式设置窗口，点击"工资项目"下的"增加"按钮，在"工资项目"下拉列表框中选择"事假扣款"，在公式定义区，直接输入事假扣款的公式：事假天数×15，然后点击"公式确认"按钮即可。其他公式定义相似。

生产人员类别的公式定义与管理人员类别的公式定义相似。

（四）业务处理

1. 薪资数据

华北科技有限公司管理人员薪资如表20所示。

表20　管理人员薪资

姓名	基本工资	岗位工资	津贴	住房补贴	交补	病假天数	病假扣款	事假天数	事假扣款	扣公积金
肖剑	1 500	4 280	320	158	30	4	20	2	30.00	36.80
李好	1 800	4 290	320	195	30	4	20	2	30.00	39.20
张红	3 200	4 295	320	195	30	4	20			39.80
王晓	900	1 500			30			2	30.00	39.00
刘勇	4 600	2 295	320	195	30					68.20
赵斌	810	1 500			30					18.50
周悦	4 200	2 295	320	195	30					96.20
李悦	3 900	2 295	320	195	30					69.20

生产人员薪资如表21所示。

表21　生产人员薪资

姓名	基本工资	岗位工资	生产人员补助	津贴	住房补贴	交补	病假天数	病假扣款	事假天数	事假扣款	扣公积金
孙健	1 800	2 200	200	100	50	30	1				68
杨兰	1 200	2 100	200	100	50	30			2		50
刘兵	1 500	2 200	150	100	50	30			1		68
林达	1 000	2 100	240	100	50	30	2				50

注：其他未列出工资项目为自动计算出来，无须输入。

【操作步骤】

（1）在薪资管理系统中，打开管理人员工资类别，执行"设置→选项"指令，进入选项设置界面，将个人所得税申报表中"收入额合计"项所对应的工资项目改为"扣税基础"，点击"税率设置"，将基数改为"3 500"，点击"确定"及保存其设置。

（2）在薪资管理系统中，执行"业务处理→工资变动"指令，可进入工资录入界面，录入完相关工资数据后，再进行汇总和计算。

2. 个人所得税申报信息

依据华北科技有限公司汇总工资表计算职工的代扣个人所得税，生成个人所得税申报表。

【操作步骤】

（1）在薪资管理系统中，关闭所有工资类别后，执行"维护→工资类别汇总"指令，选择"管理人员""生产人员"两种工资类别汇总生成汇总工资类别。

（2）打升汇总工资类别，执行"业务处理→工资变动"指令，进入工资变动界面，汇总和计算。

（3）执行"业务处理→扣缴所得税"指令，进入个人所得税申报表模板界面，选择第一个模板，可生成华北科技有限公司的个人所得税申报表。

3. 薪资费用分摊

依据华北科技有限公司汇总工资表计提本月工资费和福利费。

【操作步骤】

第一步：在"工资分摊"界面点击"工资分摊界面"按钮，进入"分摊类型设置"界面，点击"增加"按钮，可增加新的工资分配类型；点击"修改"按钮，可修改一个已设置的工资分配类型；点击"删除"按钮，可删除一个已设置的工资分配类型，已分配的类型不能删除。

（五）期末处理

9 月 30 日，结账和清零。

三、固定资产管理系统应用：

（一）实务案例账套基本信息

账套号：200　　　　　　　　账套名称：华北科技有限公司
账套路径为默认　　　　　　　启用时间：2017 年 9 月
单位名称：华北科技有限公司　单位信息的其他项为空
行业性质：2007 年新会计制度科目　按行业性质预置会计科目
客户、供应商、存货分类　　　客户、供应商分类编码级次：22
有外币核算　　　　　　　　　存货分类编码级次：22
客户、供应商和部门编码级次：22　科目编码级次：42222
客户权限组级次：22　　　　　供应商权限组级次：22
其他项目的编码方案为默认值　数据精度为默认值
启用总账和固定资产管理系统　启用日期为：2017 年 9 月 1 日

（二）固定资产参数信息

华北科技有限公司固定资产电算化管理的初始信息如下：

主要折旧方法平均年限法（一）；

折旧分配周期为 1 个月；

资产类别编码长度：2－1－1－2；

自动编号（类别编号＋序号，序号长度 3 位）；

与总账系统进行对账科目 1601 固定资产 1602 累计折旧；

对账不符不结账。

华北科技有限公司固定资产管理系统与财务系统接口相关信息如下：

业务发生后立即制单；月末结账前一定要完成制单登账业务；

［固定资产］缺省入账科目：1601；［累计折旧］缺省入账科目：1602；

［减值准备］缺省入账科目：1603；［增值税进项税］缺省入账科目：22210101；

［固定资产清理］缺省入账科目：1606。

选项其他参数采用默认值。

（三）固定资产管理基础信息

（1）华北科技有限公司固定资产管理，其部门及对应折旧科目信息如下：

部门 折旧科目

0101 总经理办公室 660204

0102 财务部 660204

02 市场部 660204

0301 生产一部 510104

0302 生产二部 510104

【操作步骤】

①在固定资产核算系统中，执行"设置→部门对应折旧科目"指令，进入部门对应折旧科目设置界面。

②在部门对应折旧科目设置界面，选择要设置的部门，单击"修改"按钮，双击折旧科目即可输入对应折旧科目。

（2）华北科技有限公司固定资产分类管理信息。

固定资产类别：

01. 房屋建筑物；02. 专用设备；03. 交通设备；04. 办公设备。

【操作步骤】

在固定资产核算系统中，执行"设置→资产类别"指令，进入资产类别设置界面。

（四）固定资产原始卡片信息

华北科技有限公司固定资产原始卡片信息如表22所示。

表22 固定资产原始卡片信息

名称	类别	规格	部门	存放地点	使用年限	开始使用日期	原值（元）	累计折旧（元）	残值率	已计提折旧月数
办公楼	01	2000平方	多部门	办公室	30年	2004-10-01	15 790 000	71 276.39	5%	38
小型机	02	8-S5Y	生产一部	生产一部	5年	2015-09-01	100 000	17 783.33	3%	23
程控交换机	02	IBM	生产二部	生产二部	4年	2017-02-01	20 000	2 425.00	3%	6
奥迪车	03	ST2000	总经办	总经办	10年	2014-09-01	250 000	69 270.83	5%	35

表22（续）

名称	类别	规格	部门	存放地点	使用年限	开始使用日期	原值（元）	累计折旧（元）	残值率	已计提折旧月数
电脑	04	联想天禧	总经办	总经办	4 年	2017－01－01	9 000	1 273.13	3%	7
电脑	04	联想天鹤	财务部	财务部	4 年	2016－02－01	13 000	4 728.75	3%	18
电脑	04	联想天鹤	市场部	市场部	4 年	2016－09－01	13 000	2 889.79	3%	11
电脑	04	HP（6 台）	生产二部	生产二部	4 年	2016－09－01	75 408	16 762.57	3%	11
电脑	04	HP（4 台）	生产一部	生产一部	4 年	2016－09－01	50 272	11 175.05	3%	11
合计							16 320 680	197 584.84		

注：①原始卡片增加方式，均为直接购入的方式，使用状况均为在用，各卡片均为"平均年限法（一）"。

②办公楼各部门的使用比例为：总经办"10%"，财务部"10%"，市场部"10%"，生产一部"40%"，生产二部"30%"。

【操作步骤】

①在固定资产系统中，执行"卡片→录入原始卡片"指令，调出"固定资产类别档案"对话框，选择录入卡片所属的资产类别，以便确定卡片的样式，点击"确定"即可进入固定资产原始卡片录入界面。

②单击"固定资产卡片"选项卡页面，输入对应的卡片信息后，点击"保存"。

（四）日常业务

1．资产增加

华北科技有限公司固定资产新增信息如下：

（1）9 月 28 日用转账支票（票号：ZZ003）购入惠普传真机一台，含税价 2 852元，总经理办公室使用，使用年限 5 年，平均年限法，净残值率10%。

借：固定资产　　　　　　　　　　　　　　　　　　2 437.60

　　应交税费——应交增值税（进项税额）　　　　　　414.40

　　贷：银行存款　　　　　　　　　　　　　　　　　2 852.00

（2）9 月 29 日用转账支票（票号：ZZ004）购进笔记本电脑一台，含税价为18 935.86 元。

借：固定资产　　　　　　　　　　　　　　　　　16 184.49

　　应交税费——应交增值税（进项税额）　　　　　2 751.37

　　贷：银行存款——工行存款　　　　　　　　　　18 935.86

【操作步骤】

①在固定资产系统中，执行"卡片→资产增加"指令，调出资产类别界面，供选择新增固定资产所属资产类别，选择资产类别后点击"确定"进入新增固定资产卡片录入界面，录入相关信息后，点击"保存"。

2．计提折旧：

在固定资产系统中，执行"处理→计提本月折旧"指令，可完成计提折旧。本月折旧处理分录如下：

借：制造费用——折旧费/生产一部　　　　　　　　　　　19 057.09

　　制造费用——折旧费/生产二部　　　　　　　　　　　14 243.44

　　管理费用——折旧费/总经理办公室　　　　　　　　　 6 262.20

　　管理费用——折旧费/财务部　　　　　　　　　　　　 4 368.00

　　管理费用——折旧费/市场部　　　　　　　　　　　　 4 368.00

　　　贷：累计折旧　　　　　　　　　　　　　　　　　　　　48 298.73

3. 资产减少

华北科技有限公司固定资产减少信息如下：

当月 30 日将奥迪车出售，收回 7.8 万元，支票结算，并生成凭证。

相关凭证：（1）借：累计折旧　　　　　　　　　　　71 245.83

　　　　　　　　　固定资产清理　　　　　　　　　178 754.17

　　　　　　　贷：固定资产　　　　　　　　　　　　　　 250 000

　　　　（2）借：银行存款——工行存款　　　　　　 78 000

　　　　　　　营业外支出　　　　　　　　　　　 100 754.17

　　　　　　　贷：固定资产清理　　　　　　　　　　　 178 754.17

注：（1）通过固定资产系统自动生成，（2）在总账系统中通过"凭证—填制凭证"填制。也可将（1）（2）合并通过固定资产系统自动生成。

【操作步骤】

①在固定资产系统中，执行"卡片→资产减少"。

（五）月末处理

1. 9 月 30 日，对账。

2. 9 月 30 日，结账。